电子商务类创新融合精品教材

“互联网+”教育改革新理念教材

网络营销

郑　丹　周佳琪　石亚娣　主　编

傅广仁　李皎洁　薛　洋　陈　香　季竹青　副主编

中国商业出版社

图书在版编目（CIP）数据

网络营销 / 郑丹，周佳琪，石亚娣主编. -- 北京 ：中国商业出版社，2024. 8. -- ISBN 978-7-5208-3123-9

Ⅰ. F713.36

中国国家版本馆 CIP 数据核字第 2024JH1951 号

责任编辑：滕　耘

中国商业出版社出版发行

（www.zgsycb.com　100053　北京广安门内报国寺1号）

总编室：010-63180647　　编辑室：010-83118925

发行部：010-83120835/8286

新华书店经销

唐山唐文印刷有限公司印刷

*

880毫米×1230毫米　16开　13.5印张　340千字

2024年8月第1版　2024年8月第1次印刷

定价：48.00元

* * * *

（如有印装质量问题可更换）

前　言

第 53 次《中国互联网络发展状况统计报告》表明，截至 2023 年 12 月，我国网民规模达 10.92 亿人，较 2022 年新增网民 2480 万人，互联网普及率达 77.5%，网络购物用户规模达 9.15 亿人，占网民整体的 83.8%。从国家层面来讲，党的二十大擘画了以中国式现代化全面推进中华民族伟大复兴的宏伟蓝图，作出了“加快建设网络强国、数字中国”“加快发展数字经济”的战略部署，以数字化、网络化、智能化助力中国式现代化成为每一位互联网工作者责无旁贷的历史使命。从社会与个人层面，互联网正以其无可比拟的优势和不可逆转的趋势渗透到经济社会的方方面面，奠定了我国数字经济快速发展的基石，在改变人们沟通、交流、购物等生活方式的同时，不仅让人们充分享受了网络科技发展的成果，也对商务活动运作模式和企业经营方式提出了新的挑战，强烈地冲击并深刻影响着传统市场和传统企业。

本书内容：

本书共九章，分为三个部分，每部分的具体内容如下。

第一部分（第一章）网络营销基础。主要讲解了网络营销概述、网络消费心理与购买行为、网络营销策略。

第二部分（第二章～第四章）网络营销策略。主要讲解了网络口碑营销、内容营销、跨境电商营销。

第三部分（第五章～第九章）网络营销工具。主要讲解了微信营销、微博营销、社群营销、视频与直播营销、营销带货。

本书特色：

(1) 思路清晰，知识全面。本书从网络营销的基础知识出发，通过合理的知识结构布局，全面阐述了网络营销的各项内容，循序渐进、层层深入，帮助读者全面了解网络营销的特点、方法、操作等。

（2）案例丰富。本书每章均以开篇案例的方式引导读者学习，并在介绍相关知识的过程中穿插对应的案例，具有较强的可读性和参考性。

（3）实操性强。本书注重网络营销的实操性，不仅在讲解理论知识的同时穿插了实际操作内容，还设置了实训以帮助读者巩固所学的知识和技能。

在本书的编写过程中，编者参考了大量的与网络营销相关的资料，在此向这些资料的作者致以诚挚的谢意。由于编者水平有限，书中难免存在不足和疏漏之处，欢迎广大读者、专家批评指正。

目录

第一章

网络营销基础

本章导读

本章介绍了网络营销的内容与发展趋势、网络消费心理的特点、消费心理学理论在网络营销中的运用、网络消费需求与行为特征、影响网络消费者购买行为的主要因素、网络消费者的购买决策过程、4P营销策略等内容。

开篇案例

华为：创造顾客价值——从跟随者到引领者

华为创立于1987年，是全球领先的信息与通信技术（Information and Communications Technology，ICT）基础设施和智能终端提供商。尽管华为全球化供应链体系面临一系列外部压力，但其发布的2023年度报告显示，华为整体经营稳健，实现全球销售收入7042亿元人民币，同比增长9.6%；净利润为869亿元人民币。在运营商业务领域，华为实现了全球170多个国家和地区的1500张运营商网络的稳定运行，满足了人们在社交中在线办公、在线教育和在线购买生活物资的需求。华为联合运营商，在机场、煤矿、钢铁、港口、制造等20多个场景和行业展开超过3000个5G创新项目的实践。

1. 一切为了用户，大胆创新永无止境

实施"技术创新+客户需求"双轮驱动，是华为公司创造价值、实现公司愿景的途径。

华为在手机产品种类上实现了从商务白领到中产阶层、价格敏感的上班族、学生群体的全覆盖，在产品设计上满足了青年追求个性、中年注重隐私的需求。如Mate系列外观稳重低调，功能上包括3D结构、无线充电、超快充等，深受商务人士的喜爱。2020年9月发布的Mate 40系列搭载的EMUI 11诠释了华为对用户体验不一样的理解。在手机系统或者用户体验设计上，曾经存在一个误区，就是单纯地追求"快"，但其实这种"单纯的快"在体验上并不完善。EMUI 11基于人因研究的最新成果，通过研究用科学量化用户体验，让用户感到真正的舒适流畅，让科学因人而异；通过理解用户，发现其高频刚需，帮助用户提高交互和操作效率，让科学因人而异。其中"一镜到底"的转场动效让人印象深刻。在实现这一转场动效的过程中，EMUI 11团队引入了名为"眼动仪"的专业设备，其能够记录人接收视觉信息时眼睛的反应，并通过记录用户的"注视点"形成"注视轨迹"，由此洞察用户的心理活动，持续推进转场动效的优化。华为人因研究团队以日历视图切换转场动效为例进行眼动实验，发现在一镜到底的转场动效之下，用户在日历界面中搜索目标的平均时间比普通转场动效短1.2秒。而在这1.2秒的背后，华为足足做了超过1000个小时的眼动实验。历经多年的"硬件大战"，智能手机尤其是旗舰手机的硬件性能无疑都属于顶级的存在，很难说彼此间会有质的差异。如今，手机市场无疑是到了比拼"软实力"的阶段，拼的是对用户需求和使用习惯的理解，以及对用户体验的精益求精。

除了在手机领域做出创新提升用户体验，华为也不断深化ICT与其他场景的融合度，为各行各业贡献华为智慧。

即使作为大湾区的核心交通枢纽、“全球最佳机场之一”的深圳机场，偶尔也能出现这样的现象——出于天气等原因出现航班大面积延误的时候，8000人以上同时出港。在复杂情况下，多跑道、多航站楼如何进行管控，是深圳机场面临的重要挑战。深圳机场为此想过很多的办法，也采取了诸多措施，但是信息部门一直是业务驱动，十分被动。而华为直击用户需求，携手深圳机场大胆创新智慧机场建设新模式：基于“平台+生态”的理念构建“未来机场数字化平台”，以华为ICT基础设施为基础，通过平台整合物联网、“大数据+人工智能”、视频云、地理信息系统和融合通信五大数字化技术，并联合合作伙伴构建平台生态系统，最终让机场实现大运控、大安防和大服务。例如，基于大数据和人工智能的智慧机位分配，可以让靠桥位效率至少提高10%，意味着每1000个航班中就有100个不再需要通过摆渡车，实现机位资源调优，以提高廊桥机位的使用效率，旅客的体验也会更好。华为携手深圳机场等生态合作伙伴，统筹推进“未来机场”规划和建设，进行企业标准和行业标准建设，打造未来机场样板点，为中国机场未来发展指明了方向。

2. 提升顾客感知价值，打造多方位顾客服务体系

京东与益普索（中国）联合发布的白皮书数据显示，华为手机用户品牌忠诚度高达89%，相比第二名高出了近40个百分点。今日头条公布的数据显示，2020年上半年国内手机用户对华为品牌的关注度位居第一，并且是排名第二品牌的2.36倍，华为的领先趋势同样明显。

为了更方便用户送修，华为自2015年底开始提供“快递双向免费”的寄修服务，并从2018年起在各省建立寄修中心，在寄修过程中会有工作人员致电用户告知维修进展。伴随智慧全场景“1+8+N”策略的推行，华为针对用户售后需求与终端类型的快速变化，提出了针对性的解决方案。比如，严格认证技术顾问团队，不但为智慧屏用户提供上门服务，而且安装完成后还会提供智慧屏特色功能详细讲解。针对个人计算机用户，华为还提供包括服务日硬盘扩容免手工费、双向免邮费寄修、远程在线支持、5年系统免费换新等多种差异化服务。华为通过多样化的活动提升自己的售后活动价值，让消费者觉得“物超所值”。屏幕意外破碎或者开裂时，消费者可以通过“碎屏服务宝”免费更换原装屏幕。更进一步，华为还推出了“延长服务宝”，在标准保修服务期的基础上，再次延长一年或半年的保修时间。而面对P40系列、P30系列、Mate 30系列等旗舰机用户，华为向用户承诺2年官方质保和2年内2次低价意外故障维修服务。

华为对准了用户最关心的“实惠”问题，2018年9月开始推出“久久续航——电池一口价”活动，降低更换原装电池的费用，解决了用户非常关心的保外电池更换问题。面对PC端用户主板、屏幕等核心元器件的保外高维修费用问题，华为以相比更换全新原厂备件降低40%左右的价格提供器件修理优惠服务。同时，华为推出了“特惠板”活动，对80余款机型提供最低3折的特惠原装主板更换服务，而且享受官方90天全国联保。

3. 锁定多方联动，多圈层精准营销

华为在如微信公众号、知乎和微博等多个社交平台上都有自己的账户，不仅会发布大量的产品信息、企业动态，而且与粉丝、网友保持着良好的互动。更为创新的是，华为会用自己的手机拍摄一些视频，剪辑之后发布到哔哩哔哩（俗称B站）上面，产品在其中的呈现低调不张扬，更容易获得受众的好感。2020年，华为联合人民日报在五四青年节发布视频广告《我的未来，自成焦点》，选取了多位具有“00后”群体特征的代表，通过他们的阐述表达这一代2000年出生的20岁青年群体对未来的看法。《我的未来，自成焦点》中的视频素材均由华为 nova 7 Pro 拍摄，同时，华为在微博上开启的话题“我的 20 岁”，获得 4000 多万次的阅读量；将视频发布在人民日报官方微信平台上，获得超过 10 万次的阅读量。

资料来源：根据网络公开资料整理。

第一节　网络营销概述

网络营销以现代电子技术和通信技术的应用与发展为基础，带来了市场竞争以及营销观念和策略的转变，创造出全新的市场机会。随着互联网技术的不断发展，网络营销已经成为社会组织、团体和个人必备的营销方式。

一、网络营销的内容

网络营销，又名互联网营销、线上营销等。对于网络营销，目前还没有统一的定义，综合各种阐释，可以将网络营销定义为：以现代营销理论为基础，利用数字技术和网络技术、工具或媒体实施营销活动的模式、策略和过程。

互联网的全球性、广泛性、无时空限制等特点，使网络营销呈现出与传统营销不一样的特点，如跨时空、交互性、人性化、整合性、高效性、经济性等。网络营销的这些特点使其迅速成为受企业青睐的营销策略和手段，也成为最有活力的营销领域。

网络营销的具体内容如下。

（一）网上市场调查与数据挖掘及分析

网上市场调查是指利用互联网交互式的信息沟通渠道来实施调查活动，包括通过网络问卷调查等方法收集一手资料以及直接在网上收集需要的二手资料。在大数据时代，基于数据是网络营销的新特点，利用数据挖掘和分析工具研究网络市场已成为网络营销市场研究的重要内容。

（二）网上消费者行为分析

网上消费者行为分析是制定网络营销策略的重要依据。要开展有效的网络营销活动，必须深入了解网上消费者这一群体的需求特征、购买动机和购买行为模式，基于大数据分析网上消费者心理和行为已成为其核心内容。互联网已成为许多兴趣、爱好趋同的群体聚集交流的平台，一个个特征鲜明的网上社区与社群随之出现，了解这些虚拟群体的特征和偏好也是网上消费者行为分析的重要内容之一。

（三）网络营销战略制定

不同企业在市场中处于不同地位，在利用网络营销实现企业的营销目标时，必须制定与企业的营销目标相适应的网络营销战略。网络营销虽然是一种非常有效的营销方式，但企业在开展网络营销时既需要有所投入，又需要承担一定的风险，因而必须进行长远和全面的规划。

（四）网络产品和服务策略制定

互联网改变了传统产品的营销策略，已成为一些无形产品（如软件和远程服务）的传输载体。在制定网络产品和服务策略时，必须结合网络特点重新考虑产品的设计、开发、包装以及品牌塑造。

（五）网上价格策略制定

网络作为信息交流和传播的载体，从诞生之日起就实行自由、平等和信息免费的策略。因此，在制定网上价格策略时不仅要考虑互联网对企业定价的影响和互联网本身独特的免费思想，同时也要考虑互联网所带来的价格信息的透明化以及定价的灵活性。

（六）网上渠道建立

网上渠道对企业营销的影响比较大。例如，网上直销模式解决了传统渠道多层次的选择、管理与控制等问题，最大限度地降低了营销费用。但企业建立网上渠道必须进行一定的投入，同时还要改变传统的经营管理模式。

（七）网上促销活动

互联网是开展促销活动的有效平台，特别是新媒体的迅速发展为网上促销提供了广阔的活动平台。但开展网上促销活动必须遵守网络信息交流与沟通规则，特别是网络礼仪。

（八）网络营销管理与控制

网络营销必将遇到许多传统营销不曾遇到的新问题，如网络产品质量保证问题、消费者隐私保护问题以及信息安全与保护问题等。这些都是在开展网络营销时必须重视和进行有效控制的问题，否则网络营销难以达到预期效果，甚至会产生很大的负面效应。

二、网络营销的发展趋势

根据互联网发展的特点以及营销环境的变化，可以预测网络营销将会有以下发展趋势。

（一）利用大数据分析进行精准营销

大数据营销已成为企业发展中必不可少的战略之一。随着科技的不断驱动，线上与线下的资源整合将成为大数据营销的发展趋势。企业要善于综合运用数据挖掘技术、网络技术、新媒体技术以及心理分析技术等，洞察消费者需求和情绪、情感反应，实现精准营销，提升营销效果。

（二）内容营销的重要性日益凸显

在互联网时代，企业必须借助高质量的内容吸引和打动消费者。企业应加大在移动内容方面的投入力度，包括制作易于在移动设备上阅读的短小内容、了解目标消费者使用移动设备的习惯，并将更多的精力放在制作消费者可以通过移动设备轻松消费的视频和可视化内容上。随着 5G 的发展，超高清的视频画质更具有吸引力与冲击感，内容传播体验更强，视频将成为内容营销传播的主要载体。

案例 1-1

京东的《二十公里》

2023年春节期间，京东推出了微电影《二十公里》，讲述了一个关于京东“春节也送货”的故事。主人公原本计划好好感受一番衣锦还乡的滋味，却因为汽车发生故障而半路抛锚，机缘巧合之下，他搭上了一辆京东快递“顺风车”，但京东小哥却坚持先送货。主人公只能跟随快递员踏上“囧途”。在经历了给电力工人送货、帮老乡抓猪事件之后，京东小哥及时将主人公送到家。在这个过程中，原本傲慢、虚荣的主人公也逐渐意识到，过年的真正意义是与家人团聚。短片以幽默的风格，用插科打诨的故事从侧面展现了京东“春节也送货”的品牌主张，巧妙地把京东重视“每一份对家的寄托”的形象呈现了出来。

资料来源：知乎网。

（三）移动终端场景化营销持续升级

移动终端距离消费场景更近，越来越多的企业开始把移动终端策略纳入网络营销的各个方面。许多企业意识到实施移动社交媒体战略的必要性，于是开始研究移动终端用户的消费模式、消费场景及其与社交媒体推送内容进行互动的方式。

（四）网络广告理念和模式推陈出新

网络广告朝原生广告、程序化购买广告等新模式发展。社交媒体和工具类 App 推出了与场景相融合的原生广告。原生广告不同于传统的推销性质广告，它更加关注用户的需求，用一些诱人的内容直击用户内心，使他们产生需求。与传统的购买方式相比，广告主对网络广告更青睐程序化购买。广告主通过需求方平台能轻松找到目标人群，有针对性地投放广告，从而充分利用广告资源。

（五）社交媒体营销更受重视

随着社交媒体的发展，企业主与用户的信息发布和获取成本都大大降低，这为社交媒体营销提供了更多的可能性。社交媒体因其信任度高、存在口碑效应、可以多级传播、门槛低等特点成为新媒体中最活跃且最有发展潜力的领域，社交媒体营销也因此成为企业青睐的营销模式。

（六）利用私域流量实现变现

公域流量趋于饱和状态，竞争企业仍然不断增多，大品牌占据了主导地位，随着大平台掌控能力的增强，流量成本越来越高。建立私域流量池，是应对获客成本高涨的行之有效的办法。随着直播行业的发展，越来越多的企业使用直播“引爆”私域流量。通过直播，商家可以获得用户的关注，拉近与用户的距离。直播可以直接、全方位地展示产品的特点，商家不断强化产品的特点价值，更容易获得用户的信任，刺激用户消费，提升购买率。另外，私域流量运营将更加趋向于让品牌 IP（Intellectual Property，知识产权）化，企业对私域流量进行品牌人格化运营，打造出自己的私域流量品牌 IP。

（七）VR、AR、AI 等新型营销方式增速提升

随着 5G 的正式商用与广泛普及，直播、VR（Virtual Reality，虚拟现实）、AR（Augmented Reality，增强现实）等强体验、高观感的内容传播方式将会得到广泛热捧。在电商领域，VR、AR 这种打破空间限制的技术和设备，可以让用户在购买产品时，得到全方位、鲜活立体、身临其境的超强体验感，从而高度刺激用户的购买欲望，促使用户完成购买决策。

AI（Artificial Intelligence，人工智能）开辟了营销新格局，元宇宙、数字人、数字藏品等得到用户和企业的广泛关注，AI 营销已成为企业最期待的营销方式之一。随着人机交互方式的演进发展，从智能语音交互、智能搜索，到智能出行、智能家居、智能办公等场景，AI 在用户生活中的全面渗透，为营销创造了更多的触点，对于众多品牌而言，这是实现增长突破的新机会。

案例 1-2

元宇宙汽车产品发布会

2022 年 3 月 18 日，一汽奔腾打破传统新车上市的固定模式，在百度希壤元宇宙世界打造了第一场汽车产品发布会，任何用户都可塑造个人角色并进入元宇宙会场，360°全场景观赏发布会。奔腾 B70S 以 1：1 的仿真比例进行了真车还原，用户可进行虚拟试驾。同时，奔腾大楼也正式“入驻”希壤元宇宙世界，用户可自行前往奔腾数字展厅，了解更多品牌及产品信息。这次发布会让用户从观看者变为参与者，自行驱动内容获得体验，不仅拉近了品牌与年轻群体的距离，而且提升了年轻用户对品牌的认知度及好感度。

资料来源：《2022 AI 营销白皮书》。

第二节　网络消费心理与购买行为

网络营销正在改变人们的消费心理和购买行为，同时，人们的消费心理和购买行为也对网络营销提出了新的要求。企业要想很好地把握网络市场，就必须正确分析消费者的网络消费心理和购买行为，把握其变化，明确影响网络消费心理与购买行为的主要因素，为消费者打造个性化的产品和服务，提升消费者的网络购物体验。

一、网络消费心理的特点

分析消费者的网络消费心理是网络营销中的一个重要环节。在网络环境条件下，消费者的心理状态与以往相比呈现出新的特点和趋势，具体体现在以下六个方面。

（一）个性化的消费心理

目前网络用户以年轻人为主，他们拥有独特的思想和喜好，有独立的见解和想法，在判断能力

方面也比较自信。他们的消费需求越来越独特、多变，对自己选择的商品不只是注重其本身具备的使用价值，更重要的是想通过商品表现出自己的与众不同，以此来体现个体价值，个性化消费越来越明显。网络营销的双向沟通、实时、超越时空、便捷等特点，给网络消费者追求个性、张扬自我提供了技术基础，满足个性化定制信息需求和个性化商品需求成为营销的发展方向。

（二）实惠化的消费心理

价格是影响消费者消费心理和购买行为的重要因素之一，消费者大多存在追求廉价的心理特征。消费者在寻求符合自我标准的商品的同时，还追求物有所值和物美价廉，都希望以尽可能低的价格购买到称心如意的商品。与线下销售渠道相比，线上销售渠道较短且降低了人工成本和场地费用，使其销售的商品具有较大的价格优势；同时还可以更详细、更全面地让消费者了解商品的信息和性能，消费者可以在几个商家之间进行比较和挑选，确定自己认为实惠或者心仪的商品。网络销售降低了销售成本，网上商品大多比实体店销售的商品价格要低，能更好地满足消费者追求实惠的消费心理。

（三）便捷化的消费心理

现代生活节奏日益加快，人们在繁重和忙碌的工作与生活中，越来越趋向于方便、快捷的购物方式，以节约时间成本和其他成本。网络销售的形式可以提供全天候的服务，消费者可以随时通过网络购买需要的产品和服务，并且网络化操作日渐便捷和简化，很多商品足不出户就可以轻松采购。此外，快递公司送货上门，免除了消费者自取自提的麻烦，极大地满足了消费者对购物省时省力的要求。

（四）好奇的消费心理

网络信息的丰富性、快速更新性为网络消费者提供了各种新奇、颇具特色的信息。这些信息又进一步激发了消费者的好奇心和求知欲。网络消费者往往爱好广泛，无论是对新闻，还是对网上娱乐、产品或品牌信息，都具有浓厚的兴趣，并且对未知的领域有强烈的好奇心。企业应主动为网络消费者提供具有知识性、趣味性或娱乐性的信息，以吸引他们的注意力。同时，企业也要审慎地发布宣传内容，应结合社会要求对信息进行监管，正确引导消费者的兴趣，注重营造充满正能量的社会氛围。

（五）好胜的消费心理

网络消费者以年轻人为主，很多年轻人好胜心强，但比较缺乏耐心。他们搜索信息时往往会比较关注搜索所花费的时间，一旦网络连接、传输的速度比较慢，就会马上离开当前页面或站点。另外，对于限量版商品，部分网络消费者存在好胜心理，因而更愿意花时间、花精力去购买，购买成功对他们来说是一种“隐性的炫耀资本”。企业应仔细分析网络消费心理这方面的特点，在网页、App或网店等的设计中优化页面的转换和加载速度；或者改进加载等候的界面，使其变得更生动有趣、更人性化。同时，企业也应策划针对网络消费者好胜心理的营销活动，以吸引和留住他们，如品牌利用饥饿营销策略限量发售新款产品，正是迎合了消费者的好胜心理。

（六）求安全的消费心理

网络消费者非常关注包括个人隐私信息和重要支付记录等在内的安全问题。网络消费者购物的支付环节是对信息安全性要求最高的环节。这一环节如果出现问题，企业就会失去消费者的信赖，引发信任危机，造成交易失败。因此，企业必须加强网络交易支付过程、消费者个人隐私记录的安全性，通过多方合作为消费者提供健康、安全的购物环境。

二、消费心理学理论在网络营销中的运用

结合网络消费心理的上述特点，可将心理账户、锚定效应、比例偏见、损失规避、沉没成本等经典消费心理学效应灵活运用于网络营销领域。

（一）心理账户效应

心理账户效应是指人们会在心里无意识地把财富划归不同的账户进行管理的效应。不同的心理账户有不同的记账方式和心理运算规则。心理账户有三种情形：一是将各期的收入或者各种不同方式的收入分在不同的账户中，不能相互填补；二是对不同来源的收入有不同的消费倾向；三是用不同的态度对待不同数量的收入。

心理账户效应在网络营销中得到广泛运用，主要的策略是转移心理账户。例如，当收到从网店购买的商品却意外发现商家附赠了小礼物时，消费者会感觉特别愉悦，从而提升购物体验，这是使消费者的注意力从必需开支账户转移到令人愉悦的免费获得账户上。又如，商家宣称“998 元就可以送家人一份舒心，送爱人一份爱心”，巧妙地将生活必需开支账户转移到情感维系账户上。再如，在线健身课程如果只是单纯地告诉消费者课程很好，消费者往往会觉得贵，或者因网上有类似课程而觉得没有购买的必要，但如果同时传达健身课程也是对自己的投资，使消费者将注意力从大额开支账户转移到个人发展或家庭建设账户上，或许消费者就乐意接受了。

（二）锚定效应

锚定效应是指当人们需要对某个事件作定量估测时，会将某些特定数值作为起始值，起始值像锚一样制约着估测值。在作决策的时候，人们会不自觉地给予最初获得的信息更多的重视。

在网络营销中巧设价格锚点就是运用了锚定效应。避免极端、权衡对比是消费者在不确定价格时最常用的原则，设置价格锚点，就是让消费者有一个可以对比的价格。例如，网店商品标价“¥178 元（原价 809 元，2.2 折）”，这样的标价对消费者比较有吸引力。又如，在线培训课程只有 1399 元和 2288 元两个价位的时候，1399 元较畅销，而当特意推出 4399 元的课程后，2288 元的课程却开始畅销了，价格锚点在此起重要作用。

（三）比例偏见效应

比例偏见效应是指在很多场合，本来应该考虑数值本身的变化，但是人们更加倾向于考虑比例或者倍率的变化。也就是说，人们对比例的感知，比对数值本身的感知更加敏感。

网店促销中的换购、打折促销、组合套餐、抽奖、降价等都可以运用比例偏见效应。例如，与买 500 元的锅送 20 元的勺子相比，买 500 元的锅加 1 元换购 20 元的勺子更能打动人，前者给消费者的

感觉是优惠了 4%，后者会让消费者有一种花 1 元买到 20 元商品的感觉。又如，网店经常用的打折促销，1 件九折、2 件八折、3 件七折，消费者因为递增的折扣，可能选择多买几件。再如，砸金蛋是很多电商平台使用的促销手段，10 个里面有 1 个大奖，中奖概率是 1/10；100 个里面有 10 个，中奖概率仍是 1/10，比例并没有变化，但给人的感觉是第二种情况更容易中奖。

网络营销中运用比例偏见效应可以通过放大促销价值、巧设参照对象和善用搭配销售等方式实现。一般来说，当商品价格低于 100 元时，折扣比优惠金额更能吸引消费者；当商品价格高于 100 元时，则优惠金额更加吸引人。适当地转移参照对象，在消费者心中形成新的比例，会让消费者觉得自己少花钱多办事了。把相对廉价的商品搭配在较贵的东西上卖，相比单独卖廉价商品，更容易让消费者有价值感。

（四）损失规避效应

损失规避效应是指人们在遭受损失时所产生的痛苦往往远大于获得收益时所带来的快乐。研究显示，损失带来的负效用为收益正效用的 2～2.5 倍。损失厌恶反映了人们的风险偏好并不是一致的，当可能获得收益时，人们表现为风险厌恶，即倾向于选择低风险；当可能遭受损失时，人们则表现为风险寻求，即更倾向于选择高风险。

网络营销中运用损失规避效应，就是帮助消费者规避损失。例如，线上家具商场要收取 20 元的配送费，直接收取可能会触发消费者对损失的厌恶心理，那么可以换一种方式，将 20 元的配送费增加到产品的价格中，不需要配送，则可以便宜 20 元。

（五）沉没成本效应

沉没成本是一种历史成本，对于现有决策而言是不可控成本，会在很大程度上影响人们的行为方式与决策。

在网络营销中应善于利用沉没成本效应。例如，网店进店可以领取 38 元优惠券，可能的情况是很多用户领取了优惠券，但是实际购买的用户却很少；如果换一种方案，进店的用户可以用 9.9 元购买价值 38 元的优惠券，有效期 7 天，购买优惠券的用户则大部分可能会转化为现实用户。又如，线上课程 1 元上课（价值 589 元的课程），但要收 10 元定金，上课可退，不上课不退还；还有充 100 元抵 300 元，预交 1000 元抵 4000 元，这些营销策略都是利用了沉没成本效应。

三、网络消费需求与行为特征

随着网络市场的发展，消费理性决策依据和引发冲动消费的网络场景越来越丰富，网络消费者的消费观念、消费需求发生了重要的变化，其个性化、多元化的需求给企业带来了挑战和机遇。

（一）消费需求的个性化

工业化和标准化生产方式的发展，使消费者的个性需求被低成本、标准化的产品“淹没”。网络营销发展起来后，产品选择范围全球化、产品设计生产多元化、信息沟通渠道便利化使产品定制成为可能，使营销回归个性化，个性化消费成为消费的主流，个性化营销也成为网络营销的特色和核心。

案例 1-3

王老吉的"姓氏+图腾"罐营销

在众多领域的消费报告中，"个性化""定制化"成为被反复提及的词汇，这反映出消费者关注重心的转移。消费者不再将重心完全放在产品功能上，而是更侧重于情感和附属价值的体验。王老吉凉茶2022年春节期间推出的"姓氏+图腾"罐一经面世就迅速"出圈"，"李老吉""宋老吉"等"姓氏+图腾"罐吸引了消费者的眼球。这种营销方式非常贴合时下消费趋势，将"姓氏"作为个性化和定制化的部分，突出专属和独一无二。这次王老吉凉茶百家姓罐将2021年春节定制姓氏罐的创意进行了升级，添加了图腾关联元素，用家族文化与图腾文化双重"召唤"，唤起消费者内心的情感共鸣。

资料来源：快资讯。

（二）消费需求的差异性

一方面，消费需求的个性化使网络消费需求呈现出差异性。另一方面，不同的网络消费者因所处的环境不相同，会产生不同的需求；不同的网络消费者即使处于同一需求层次，他们的具体需求也不同。企业在从产品的构思、设计、制造到产品的包装、运输、销售的整个过程中，都应认真考虑消费需求的差异性，进而采取相应的措施和方法。

（三）消费目的的多元化

网络营销使人们消费心理的稳定性降低、转换速度加快，直接表现就是消费品更新换代的速度加快。与此同时，这种情况又使消费者求新、求变的欲望进一步得到增强。由于网购的便利性，消费者在满足购物需求的同时，又希望能获得网购的种种乐趣。因此，消费者在进行网购时，对消费结果和消费过程的关注并存。网络消费者既有以购买产品、享受服务为目的的，又有以享受购物过程为目的的。面对消费目的不同的消费者，企业应提供不同的服务，采取不同的营销策略。

（四）购买行为的主动性

在社会分工日益细化和专业化的背景下，消费者的消费风险感随着他们选择的增多而增强，在许多大额或高档的消费中，消费者往往会主动通过各种可能的渠道获取与商品有关的信息，并进行比较和分析，以便从中得到心理平衡，减轻消费风险感或购买后的后悔感，增加对商品的信任和心理上的满足感。购买行为的主动性还表现在网络消费者主动表达对商品及服务的需求，根据自己的需求主动上网寻找合适的商品，或者通过网络主动向企业表达自己对某种商品的欲望和要求。针对购买行为的主动性特点，企业不应再对消费者进行"填鸭式"的宣传，而应通过和风细雨式的影响，让消费者在主动比较与分析中作出购买决策。

（五）消费沟通的互动性

在网络环境下，消费者能直接参与企业产品的生产和流通，与生产者直接进行沟通，主动表达自己的需求，为企业进行产品设计提供灵感；同时，买卖双方在消费过程中的互动与沟通也降低了市场的不确定性和信息的不对称性。

（六）需求弹性的显性化

从消费的角度来说，价格虽然不是消费者决定购买商品的唯一因素，但一定是消费者购买商品时要考虑的因素。网上销售的很多商品价格都比较低，这极大地刺激了消费需求的增长。尽管企业都倾向于以各种差别化来减弱消费者对价格的敏感度，以免发生恶性竞争，但价格始终对消费心理产生着重要影响。相比传统市场，网络市场的需求弹性更为显性化。

四、影响网络消费者购买行为的主要因素

网络消费者购买行为是指网络消费者在寻找、购买、使用、评估和处理满足其需求的商品或服务的过程中所做出的反应或行动。网络消费者购买行为受到诸多因素的影响，这些影响因素可以分为内在因素和外在因素。内在因素包括心理因素和个人特征因素，心理因素主要包括动机、知觉、学习、信念和态度、风险感知等因素，个人特征因素主要包括网络消费者的年龄、性别、所处的家庭生命周期阶段、个性、生活方式、网络购物经验以及自我观念等因素。外在因素包括商品特性、商品价格、购物的便利性、购物的安全性与可靠性等因素。与传统购物相比，本书仅对具有特色的影响网络消费者购买行为的因素进行阐述。

（一）商品特性

在网上销售商品，一般要考虑其新颖性和个性化、消费者的购买参与程度等。

1. 商品的新颖性和个性化

追求商品的新颖性和个性化是许多网络消费者主要的购买动机，他们特别重视商品的款式、格调、流行趋势或对自身个性化需求的满足，不太关注商品的价格高低。这类商品一般是个性化商品、新式高档消费品，如新式家具、时髦服装等。

2. 消费者的购买参与程度

一般来说，要求消费者参与的程度比较高，消费者需要现场体验，并需要很多人提供参考意见的商品，不宜在网上销售。这类商品可以采用网络营销推广的方式来扩大宣传，以辅助传统的营销活动；也可以采用新零售模式，整合线上线下资源开拓市场。

（二）商品价格

价格虽然不是消费者决定购买商品的唯一因素，却是非常重要的影响因素，消费品的需求弹性一般比较大。互联网的起步和发展都依托于免费和低价策略，因此，消费者对网络商品或服务拥有免费和低价的心理预期，网络商品或服务普遍具有价格优势是网络销售的生命力所在。

（三）购物的便利性

消费者网络购物的便利性表现在以下两个方面。

1. 时间和空间的便利性

消费者可以减少传统购物过程中逛街购物所花费的时间和精力，不会受到天气、交通等外界环境因素的限制和干扰。没有时间限制，消费者可以 24 小时随时购买需要的商品，同时不受地域限制，消费者坐在家中就可以购买全国各地甚至国外的商品。许多研究表明，方便和节约时间是许多消费者选择网上购物的首要因素。

2. 挑选商品的便利性

消费者在进行网络购物时可以突破地域限制，足不出户地货比多家，挑选商品的余地非常大。消费者挑选商品通常有两种方法：一是消费者可以通过网络提供的众多检索途径，方便快速地搜寻全国乃至全世界的相关商品信息，挑选自己满意的品牌和商品；二是消费者可以通过电商平台、社会化媒体等主动发布自己所需要的商品或服务，吸引商家与自己联系，从中筛选出能满足自己需求的商品或服务。

（四）购物的安全性与可靠性

购物的安全性与可靠性会影响消费者的网络购物行为。对个人隐私及交易安全的担心是影响网上购物的两大因素，加上对产品质量的怀疑等，这些因素都会阻碍消费者的网络购物行为。

基于互联网进行的电子商务活动一般都需要消费者向注册网站或 App、小程序等提供相关的个人信息。然而对于这些用户信息，很多网站、App、小程序等并没有像事先承诺的那样采取保密措施，存在私人信息泄露的漏洞。

网上交易的付款和收货一般是分离的，容易让人有一种失去控制的感觉。安全与可靠的购物环境，如网购平台作为中介提供七天支付期限，保障了消费者权益，增强了消费者的网络购物信心，满足了消费者对购物安全的基本需求。

另外，网上购物的虚拟特性很强，消费者通过网络与商家进行交流、购买商品。消费者在获得商品之前没办法像传统购物方式那样亲自触摸、感觉商品，一些比较保守、谨慎的消费者会对网络购物产生怀疑，甚至打消网络购物的念头。

（五）消费者的风险感知

风险感知理论在解释消费者购买行为方面，主要是把消费者行为视为一种风险承担行为。消费者在考虑购买时并不能确定产品的使用效果，因而消费者承担了某种风险。消费者在网上购物过程中感知到各种风险，这些风险感知严重地影响了消费者的网络购物行为。网络消费者一般会选择公众影响力较大、声誉较好的网站和商家的商品。

（六）消费者的网络购物经验

由于网络购物的虚拟性，消费者网络购物经验对其重复购买行为具有非常重要的影响。很多网络消费者会在自己熟悉的电商平台、网店、直播间等进行购物，同时对网店信誉、商品、在线评论等有自己的判断标准和方法，这些都会在很大程度上影响消费者的重复购买行为。

案例 1-4

“卖故事”的奢侈花店

诞生于微博的“野兽派”花店，从 2011 年 12 月底开通微博到 2023 年 4 月，已吸引了 100 多万名粉丝。与传统的花店相比，野兽派花店绝对称得上是奢侈花店。野兽派花店出售的花卉礼盒售价少则三四百元，多则近千元。然而售价如此高的商品仍然受到了众多消费者的追捧。

野兽派花店在虚拟的网络平台上，以一种鲜活的形象存在，更重要的是富有人情味。它最有特色的服务是“故事订花”，用花将顾客的故事表达出来，一束束带有故事的鲜花既需要顾客的积极参与，也充分满足了顾客的个性化需求。对于许多野兽派花店的粉丝来说，成为故事的男女主角，围观寻常生活中有趣的细节，已经成为购买花卉等商品之外的惊喜。当然除了故事，商品本身始终是这一花卉礼盒店最大的卖点。设计、包装、价格、定位等与商品相关的因素才是真正促进花卉礼盒店形成优势的关键。

资料来源：文秘帮网。

五、网络消费者的购买决策过程

网络消费者的购买决策过程可以分为五个阶段：诱发需求、收集信息、比较选择、购买决策和购后评价。

（一）诱发需求

网络消费者购买决策过程的起点是诱发需求。消费者的需求是在内外因素的刺激下产生的，这是消费者作出购买决策不可缺少的基本前提。在网络环境下，诱发需求的动因主要是视觉和听觉，但仅靠这些吸引消费者有一定的难度。进行网络营销的企业要注意了解与自己商品有关的需求，了解这些需求在不同时间、空间的程度和水平，了解诱发这些需求的因素，巧妙地设计促销活动以吸引更多的消费者上网浏览企业信息，诱发他们的需求和欲望。

诱发需求阶段的营销任务主要包括两个方面：一是了解引起与企业商品有关的现实需求和潜在需求的因素，即了解引起网络消费者购买企业商品的原因；二是设计让网络消费者对商品产生需求的诱因，刺激他们的需求，促进他们作出购买决策。

（二）收集信息

网络消费者在购买过程中收集信息的渠道主要有内部渠道和外部渠道两种。内部渠道是指消费者以购买商品的实际经验（经验渠道）、对市场的观察以及个人购买活动的记忆等作为信息来源的通道。外部渠道包括个人渠道、商业渠道和公共渠道等。

收集信息阶段的营销任务主要包括：一是了解不同信息来源对网络消费者购买行为的影响程度，二是注意在不同文化背景下收集的信息的差异性，三是有针对性地制定合理的信息传播策略。

（三）比较选择

为了使自己的购物需求与购买能力相匹配，比较选择成为网络消费者购买决策过程中必不可少的环节。在选择商品时，消费者主要考虑商品属性、品牌信念、属性权重、效用要求、售后服务等因素。

（四）购买决策

网络消费者的购买决策主要有商品种类决策、商品属性决策、品牌决策、购买时间、购物平台和商家决策等。网络消费者在决定购买某种商品时，一般必须满足三个条件：一是对企业有信任感，二是对支付和物流有安全感，三是对商品有好感。所以，树立企业形象、改进货款支付和物流方式、全面提高商品质量、提供更加优质的售后服务是进行网络营销的企业必须重点抓好的工作。

（五）购后评价

购后评价是指消费者在购买商品以后产生某种程度的满意或不满意所引发的一系列行为表现。商界流传着这样一句话："最好的广告就是满意的顾客。"网络市场更能体现满意的顾客的重要性，因为消费者的在线评论能得到迅速且大范围的传播，进而影响其他消费者的购买行为。

满意度是商品的价格、质量和服务与消费者期望值的匹配程度。企业对消费者期望值的管理非常有必要，消费者对商品的期望值越高，不满意的可能性就越大。企业在进行网络营销时，如果盲目地提高消费者的期望值，虽然在短期内会增加商品销量，但极易引起消费者心理失衡，导致投诉、退货等问题增加。长期来看，这样有损企业形象，影响网络消费者以后的购买行为。

购后评价阶段的营销任务包括三个：一是采取有效措施降低或消除网络消费者的购后失调感，如及时处理消费者的意见、为他们提供多种消除不满情绪的渠道；二是采用的广告宣传等促销手段要实事求是，引导网络消费者形成合理的期望值，提高他们的满意度；三是建立与网络消费者的长期沟通机制，积极主动地与他们联系和沟通。

第三节　网络营销策略

由于市场形势的复杂多变，网络营销发展出了多种策略，4P 营销策略便是其中一种。该策略由美国市场营销学者杰尔姆·麦卡锡（Jerome McCarthy）提出，其中的 4P 分别是产品（Product）、价格（Price）、渠道（Place）、促销（Promotion）。制订市场营销计划时，企业需要围绕用户需求这一核心从以下四个方面进行考虑。

产品：为用户提供所需产品或服务，要考虑产品的效用、质量、外观、样式、品牌、包装和规格等方面。

价格：为产品或服务制定用户愿意支付的价格，包括基本价格、折扣价格等。

渠道：产品或服务转移所经过的路径，由参与产品或服务转移活动以使产品或服务便于使用或消费的所有组织构成。各方应减少产品流通的中间环节，促进渠道扁平化，实现厂家、商家和消费者三方共赢。

促销：企业为促进产品销售而进行的各种推销活动，如加强广告宣传力度，派出销售人员直接向中间商或用户兜售产品等。

在现实的商业活动中，可以通过考虑产品、价格、渠道和促销四个要素制订企业的营销计划。

一、产品策略

产品策略是指企业制定经营战略时，明确企业提供什么样的产品和服务以满足用户需求的策略。原则上讲，多数产品都可以在网上营销，但为了取得更佳的营销效果，选择合适的产品有助于更好地开展网络营销。刚进入电子商务领域的企业，可以从以下角度选择网络营销的产品。

- 选择具有持续性或后续性消费特征的产品（如零食、生活用品等）。
- 选择单价相对较低的产品，以降低压货风险。
- 选择体积小、质量轻的产品，便于物流运输。
- 选择分享性强的产品（如美妆护肤类产品等），有利于产品信息的传播。
- 选择正规厂家生产的产品。
- 选择利润率较高的产品，这样更适合网络分级代理销售。

二、价格策略

价格策略是指企业通过对用户需求的估量和成本分析，选择的能吸引用户、实现市场营销目标的策略。在互联网时代，价格是公开透明的，用户可以同时知晓某种产品的多个甚至全部厂家的价格。企业要想在价格上取胜，就必须重视价格策略，以不同的产品定价吸引用户。常见的网络营销定价策略如下。

（一）免费定价策略

免费定价策略是市场营销中常用的定价策略，是指企业的产品或服务以零价格的形式提供给用户使用的定价方式。采用免费定价策略的企业一般都利用零价格的产品或服务占领市场，从其他渠道获取收益，为未来企业在市场中的发展打下基础。一般来说，免费定价策略适合复制成本几乎为零的数字化产品和无形产品。例如，奇虎360将旗下360安全卫士、360杀毒软件等系列安全产品免费提供给互联网用户，以吸引用户使用，在此基础上推出增值服务以获取利润；淘宝网在发展初期让商家免费入驻，以免费定价策略吸引商家，培养商家的使用习惯，通过为商家提供营销工具等增值服务获取利润。

“免费”一直以来都是吸引用户的有效方式。免费定价策略如果运用得当，就可以成为企业的营销利器。

（二）渗透定价策略

渗透定价策略是指在产品刚进入市场时，制定较低的价格，以吸引大量用户，便于迅速占领市场，抑制竞争者进入该市场的定价策略。采用渗透定价策略的好处较多：一是市场需求对价格较敏感，低价会刺激市场需求迅速增长；二是企业的生产成本和经营费用会随着市场份额和销量的增加而下降；三是微利可阻止竞争者的进入，可增强企业的市场竞争能力。渗透定价策略一般适用于如日常生活用品等购买率高、周转快的产品，或用于推广网站。

（三）撇脂定价策略

撇脂定价策略是指在产品刚进入市场时，把产品价格定得很高，以便在短期内获取较多利润的定价策略。采用撇脂定价策略的好处主要有三个方面：一是市场有足够多的购买者，即使把价格定得很高，市场需求也不会大量减少；二是高价使市场需求减少，但不会抵消高价所带来的利益；三是在高价情况下，可以保持独家经营的状态。撇脂定价策略一般适用于周转慢、销售与储运成本较高的特殊产品、耐用品等。

（四）满意定价策略

满意定价策略是介于撇脂定价策略和渗透定价策略之间的定价策略，是指企业为新产品制定适中的、合理的价格，所定价格比撇脂定价策略中所定价格低，比渗透定价策略中所定价格高，一般适用于需求弹性适中、销量稳定增长的新产品。采用满意定价策略，既能对用户产生一定的吸引力，也可以防止过低的定价为企业带来损失，达到企业和用户双方都满意的效果。

（五）竞争导向定价策略

竞争导向定价策略是指企业根据竞品的定价来制定或调整自己产品定价的策略，此策略有助于企业保持相对价格优势。采用这种价格策略，企业除了要重视竞品的定价外，还必须随时关注用户的需求变化。

（六）特有产品特殊价格策略

当某种产品足够独特（如创意独特的新产品或有特殊收藏价值的产品），市场对该产品有很特殊的需求时，企业不用过多地考虑其他竞争者，只需制定合理的价格。

（七）使用定价策略

使用定价策略是指企业根据用户的使用次数进行定价，用户不需要完全购买产品的一种定价策略。使用定价策略比较适合虚拟产品，如计算机软件、音乐、电影、电子出版物和游戏等。在这种定价策略下，用户只需根据使用次数付费，节省了完全购买产品、安装产品、处置产品等方面的开销。对于企业而言，使用这种定价策略有助于吸引用户使用产品，扩大市场份额。

（八）定制定价策略

定制定价策略是企业在实行定制生产的基础上，利用网络技术和辅助设计软件，帮助用户自行设计能满足其需求的个性化产品并制定产品价格的一种定价策略。例如，用户通过网络平台向提供服装定制生产的企业提交个性化服装设计，由企业根据用户指定的服装材料、尺寸等来制作服装，每件服装的定价由用户自行选择的材料、尺寸等来决定。

（九）差别定价策略

差别定价策略是指企业根据用户、销售区域等方面的差异，对同一种产品或服务设置不同的价格，以达到获取较多利润的目的的定价策略。例如，同一种产品以较低的价格销售给 VIP 用户，并为其提供一对一的售后服务，而其他普通会员则无法享受这种优惠和待遇。

（十）品牌定价策略

在网络营销中，定价除了考虑产品的成本和质量外，有时还需要考虑品牌。品牌是影响产品定价的重要因素，如果品牌形象良好，那么企业就可以制定自己认为合理的价格。例如，某知名品牌采用“优质高价”的策略，既增加了盈利，又让用户在心理上获得极大的满足。

小贴士

网络营销中，产品价格的制定受诸多因素的影响和制约，因此，企业要想制定合理的网络营销价格，需要注意以下几个方面的事项。首先，企业要通过调研活动获取并分析用户的需求；其次，企业要对产品的成本进行评估；再次，企业要分析市场中同类产品与替代品的价格策略，为企业选择定价策略提供依据；最后，企业在初步确定网络营销价格后，需要根据用户的反馈调整定价。

三、渠道策略

网络营销渠道是指借助互联网将产品从生产者手中转移到用户手中所经历的通道或路径。完善的网络营销渠道应具备订货功能、支付功能和配送功能。

在传统营销渠道中，中间商处于重要地位。但互联网的发展和商业应用改变了营销渠道的结构，简化了传统营销渠道的诸多环节，形成了两类主要的网络营销渠道：网络直接营销渠道和网络间接营销渠道。

（一）网络直接营销渠道

网络直接营销渠道又称网络直销，是指开展网络营销的企业直接通过网络将产品销售给用户的模式。在这种模式下，企业可以通过自建电子商务网站或在电子商务网站开设直营网店，进行产品销售，用户可以通过网络站点直接订货。此外，企业还可与金融机构合作提供网上结算货款服务，解决资金流问题；与物流快递企业合作提供货物运输、配送服务，或自建高效物流体系。网络直接营销渠道的建立，让生产者和用户可以直接沟通，让用户对产品的意见和建议可以直达企业，便于企业改进产品质量和提高服务水平。

同时，网络直接营销渠道省去了中间交易环节，能够大大降低企业运营成本，从而使企业降低产品售价，但网络直接营销渠道的建立对企业自身的运营能力要求较高。

（二）网络间接营销渠道

网络间接营销渠道是指企业通过网络中间商将产品销售给用户的模式。在这种模式下，企业常以授权、代理的形式，让其他企业或个人在网上销售本企业产品。通过建立网络间接营销渠道，企业可以利用网络中间商的强大分销能力迅速覆盖市场并提高产品销量。

基于互联网的传统间接分销渠道与网络间接营销渠道有很大不同：传统间接分销渠道可能存在多个中间商（如一级批发商、二级批发商、零售商）；而网络间接营销渠道只需要一个中间商，从而大幅度提高了销售效率，降低了渠道建设成本。但网络间接营销渠道容易使企业受制于中间商，市场信息反馈不如网络直接营销渠道通畅，并且中间商的存在会提高产品售价，使得产品缺乏价格竞争优势。

四、促销策略

网络促销是网络营销活动中极为重要的一项内容。网络促销即利用互联网来组织促销活动，以促使用户购买和使用产品或服务。根据网络营销活动的特征和产品或服务的不同，常见的网络促销策略有以下六种。

（一）红包促销

红包促销虽然不再新颖，但依然是非常有效的促销手段。在网络营销中，红包一般可以抵扣现金，能够快速集聚人气，并推动用户下单。常见的红包促销形式有注册或登录送红包、购买产品参与领红包、分享活动页面给好友领红包、二维码扫一扫关注领红包、签到领红包、口令红包等。红包促销虽然是一种快捷、高效的促销方式，但红包不能随意发放，要配合一定的营销活动使用，如周年庆促销活动等，并且红包的金额要有一定的吸引力，红包的数量也应当有一定的限制。

（二）折扣促销

折扣促销是网络营销中普遍使用的一种促销手段。企业开展折扣促销，使网上销售的产品的价格低于商场、超市等传统购物场所的价格，以此来激发用户的购物热情。一般折扣幅度越大，越能促使用户作出购买决定。折扣促销的形式主要包括直接降价策略、满额/满量折扣等。

（三）抽奖促销

抽奖促销是利用抽奖的形式销售产品或服务的促销手段，可用于产品或服务销售、庆典活动、产品推广活动等场景。使用抽奖促销时应注意：网上抽奖活动流程要简捷，便于用户参加，流程较复杂或难度较大的抽奖活动会减弱用户参与活动的兴趣；奖品应具有一定的价值，否则对用户没有太大吸引力；为保证抽奖的真实性，应及时通过各种渠道向参加者公告活动进度和结果。

（四）积分促销

积分促销的操作简单。企业一般会设置价值较高的奖品，用户通过多次购买或多次参加某项活动来增加积分以获得奖品，或者将积分直接用于购物时抵扣现金。积分促销在一定程度上可以增加用户购物和参加某项活动的次数，提高用户的忠诚度等。例如，很多网店采取积分制，用户只要在网店购物就会积分，积分达到一定值即可兑换优惠券等。

（五）赠品促销

一般情况下，在推出新产品、更新产品、开辟新市场等情况下，利用赠品促销可以达到比较好的促销效果。赠品促销主要有两种表现形式：一种是满额送，即购买金额达到一定额度时送赠品；

另一种是满量送，即达到一定购买数量时送赠品。有时赠品不止一个，也可能有多个。赠品既可以是本产品，也可以是互补产品，如购买手机赠送手机壳、蓝牙耳机等。总之，赠品对于用户而言应该具备实用性，这样才可以取得更好的促销效果。

（六）联合促销

联合促销是指由不同企业或品牌联合进行的促销活动。联合促销的费用由各方分摊，降低了各方的促销成本，同时联合促销的产品或服务可以起到一定的优势互补、提升各自价值等效应。

小贴士

营销人员应遵守职业道德，只有立足本职、精通业务，按章办事、不谋私利，文明礼貌、诚实守信，才能更好地维护良好的网络营销环境，给广大用户提供更好的服务，推动社会健康、稳定发展。

思考题

1. 简述网络营销的具体内容。
2. 简述网络营销的发展趋势。
3. 简述网络消费者心理状态呈现出的新特点和趋势。
4. 简述心理账户在网络营销中的运用，请举例说明。
5. 简述网络购物为消费者带来的便利。
6. 你认为4P营销策略的核心策略是什么？

课后实训

对消费者购买意愿做在线问卷调查

实训目的

练习运用问卷调查法分析网络市场和网络消费者，完成调研计划的拟订、调查问卷的设计、问卷调查的实施、调研报告的写作。

实训内容

（1）拟订调研计划。计划内容包括主题、目的、研究模型、抽样方案（包括研究对象、抽样方法、样本量、实施措施）、时间进度和人员安排。

（2）设计调查问卷。根据研究问题及研究模型设计调查问卷，并进行试卷调查及问卷修改。问卷内容包括主题、说明语、主体、感谢语。

（3）实施问卷调查。采取随机抽样方法进行问卷调查。

（4）撰写调研报告。内容包括封面（主题）、摘要与关键词、目录、调研设计（研究背景、研究框架、调查方法）、统计结果、结论与管理策略（或建议）、附录（问卷）。

第二章

网络口碑营销

本章导读

网络口碑依赖于网络用户自发性的分享活动，往往更具有可信度和说服力。为了吸引网民自发传播，网络口碑营销应遵循趣味横生、便于传播、令人满意、赢得顾客的信任和尊敬的法则。网络口碑营销“5T”模型包括谈论者、话题、工具、参与、跟踪五大要素，其中话题策划是网络口碑营销的关键，可以从服务、情感、公益等角度策划口碑话题。

东方甄选抖音直播“出圈”

东方甄选是新东方旗下农产品直播电商平台，2021 年 12 月 28 日在抖音开启直播，到 2023 年 5 月粉丝已近 3000 万人。东方甄选主打的知识直播、双语直播风格，与抖音打造的兴趣电商定位一拍即合，在国内直播电商领域独树一帜。东方甄选的主播们没有吆喝着“3，2，1，上链接”“全场最低价”，他们只是不急不躁、安安静静、娓娓道来，让观众觉得真诚、不浮夸。网友们被东方甄选直播间“种草”，纷纷在社交媒体上分享其直播视频。

2022 年 1 月起，东方甄选启动自营农产品探索，开始尝试打造自营品牌农产品，深度参与产品研发、生产、制造、包装、物流、客服等全环节，为消费者提供健康、安全、高品质、美味、高性价比的产品。东方甄选已推出的自营产品，涉及生鲜、休闲零食、肉制品、饮料等品类。凭借高品质、高性价比的产品特点，东方甄选自营品受到越来越多消费者的追捧，这些自营产品也帮助众多农业企业打开了销路、增加了收入。高品质带来的口碑传播，成为东方甄选自营产品快速发展的重要因素。

资料来源：电商报。

第一节　网络口碑营销概述

口碑是人与人之间对某种产品或服务非正式的口头交流，它既可以是正面的也可以是负面的，但与广告、公关、促销等商业目的明显的传播不同，口碑传播是非商业性的。口碑传播是指人与人之间自发地就某一个产品、品牌、组织和服务而进行的非正式、非商业的交流与沟通。口碑传播具有非商业性、可信任度高、主动性强、团体性明显、提升企业形象、成本低廉等显著特征。

一、网络口碑传播的概念及特点

网络口碑传播是指网民通过社交媒体等网络渠道，与其他网民分享的关于企业、产品或服务的文字及各类多媒体信息。网络口碑传播不仅承继了传统口碑传播可信度高、说服力强等优点，还呈现出如下特点。

（一）传播主体的匿名性

网络的匿名性使消费者能够以匿名或化名的方式发表自己的意见或想法，消费者能更自由地在网络上分享自身使用产品或服务的正面或负面的体验。由于传播主体的匿名性，网络口碑未必具有传统口碑的非商业性。网络口碑传播不一定是C2C（Consumer to Consumer，个人与个人之间的电子商务）传播，因为传播者可能是匿名的企业人员，也可能是第三方代理机构或者市场权威与意见领袖。

（二）传播形式的多样性

传统口碑传播以声音、动作、表情为主，网络口碑传播的表现方式更加丰富多彩。文字、图片、声音、视频都是网络口碑传播可用的媒介，它们使网络口碑传播变得更加生动有趣。消费者可以通过社会化媒体等多元化的传播渠道获取或分享口碑信息。

（三）能突破时空的限制

传统口碑传播只能将信息传播给周围的少数人，而且信息不能保存，而网络口碑传播则不然。通过互联网，消费者所传达的信息不再受到时空的限制，可以传播到世界的各个角落，而且信息能够被永久保存。

（四）传播效率极高

互联网允许消费者之间以不同的对应关系进行信息的传播。消费者既可以使用微信等即时通信工具进行一对一的口碑信息传播，也可以使用微博等社交平台进行一对多的口碑信息传播，还可以使用聊天群、讨论组等进行多对多的口碑信息传播。网络口碑信息的传播变得更为直接，相对于传统的口碑传播，网络口碑传播的效率大大提高。

（五）互动性强

网络口碑传播能够实现一对一、一对多或多对多的交流沟通，传播主体可以在第一时间获得反馈并及时回应，提升了传播者和接收者之间的互动频率与质量，并且让双方的关系更加紧密。

（六）具有相对可控性

某些网络口碑信息可以人为控制，例如，亚马逊网站的营销人员可以设置在网站上是否显示消费者的评论，并且规定了消费者对商品的评论模式。这些都会对网络口碑信息接收者的行为产生一定的影响。

（七）传播成本更低

相较于传统的口碑传播，网络口碑传播耗费传播主体的时间和机会成本更少。

案例 2-1

喜茶口碑营销之道

诞生于广东江门的喜茶，有人爱它的口味，有人爱它的外表，大家也爱能够晒在社交平台上的“喜茶”。2012 年，聂云宸在江门市开了一家名为“royaltea 皇茶”（后因商标问题于 2016 年改为“喜茶”）的奶茶店。最初生意并不好，聂云宸常坐在前台和顾客聊天，前一天跟顾客聊得很开心，可第二天就看到这个顾客在别的店面买奶茶，“这是很伤人的”。也正是在那时，他想到了茶饮年轻化。为此，他开始研发新产品，以增加顾客黏性。

渐渐地，喜茶有了一小批忠实的顾客，他们愿意排队很久只为喝一杯喜茶。之后聂云宸开了第二家店，后来还走出江门开到了中山，但是喜茶在中山遇冷，一天的营业额只有几百元。他琢磨：喜茶的竞争力主要在于口碑传播，可是中山市区的新店并没有发挥口碑传播的效果。他调整了战略，在离原来的店只有 1 小时车程的地方新开了一家喜茶，很多人慕名而来，很快喜茶在新店附近就引发了口碑传播。之后，他在佛山、广州、深圳、上海开店都以此为思路，喜茶新店开业前往往就已形成了口碑传播，事实证明这的确有效。

资料来源：大众网 。

二、网络口碑营销的法则

若想让口碑营销吸引网民的眼球，并且让网民愿意自发传播，就要遵循网络口碑营销的法则。

（一）趣味横生

网上的各种信息非常多，平庸而无趣的信息很快就会被网民忽略。在做网络口碑营销的时候，一定要做得有趣且有自己的特色，这样才能吸引网民，使他们在接收信息的同时也愿意分享信息，让更多人知道信息。

（二）便于传播

口碑具有惰性，它只有被推动才能传播开来。营销人员需要做的事情有两件：一是找出简明的信息，二是促进人们对它的扩散。一旦找到了口碑点子，就要通过各种方法使之易于扩散。

（三）令人满意

口碑营销成功的前提是要生产优质的产品，为顾客提供卓越的服务和完美的体验。企业所做的工作一定要使人们受到鼓舞，感到兴奋、激动，急于告诉朋友。令顾客满意是企业赢得口碑的最佳途径，胜于企业能做的其他任何事情。

案例 2-2

《长津湖》为何口碑票房双丰收？

根据艺恩数据，截至 2022 年初，内地总票房排名第一的《长津湖》累计票房达 57.7 亿元。

这部以抗美援朝战争中长津湖战役为背景的影片，为何有如此大的魅力，取得了口碑和票房的双丰收？根据新华社的分析，主要有三方面原因。

第一，打破常规。《长津湖》的导演是陈凯歌、徐克、林超贤，三位导演都是华语影坛的重量级人物，由他们共同完成一部电影，这种打破常规的做法是难得一见的。三位导演的合理分工与互相配合是影片成功的关键之一。陈凯歌负责拍摄志愿军入朝部分，徐克注重影片故事的完整性和生动细节的展示，林超贤则偏重战斗场面创作，并在动作设计中完成人物性格和情感的塑造。三位导演各自发挥所长，让影片兼具他们各自的特色，既有细腻的情感表达和鲜明的时代风貌，又有战士的铁血硬朗和战斗的紧张刺激。

第二，情感共振。在国庆假期这样一个特殊的时间节点，观看一部兼具故事性和思想性的主旋律影片，在很多人看来，有着特殊意义。《长津湖》生动描绘了七连战士的人物群像，人物塑造成为影片主题表达的关键要素。影片中，伍千里想为家中的父母盖座新房，伍万里在战争的残酷中不断成长，梅生惦念着教家中的女儿算数，雷公在英勇牺牲前唱起了《沂蒙山小调》……这些贴近生活的人物形象，实现了对人性的充分挖掘，让影片中的情感表达成功落地，也更好地起到了提振精神力量、引发观众共鸣的作用。

第三，有效探索。《长津湖》蕴含我国电影人对战争题材影片的诸多新探索，在一定程度上代表了我国电影工业水准的新高度。《长津湖》在延续我国战争题材影片史诗风格的同时，在技术上也达到了新水准。影片在战火呈现和战争思考之间作出了有益的探索与努力，其在战争叙事上的新探索和新表达，为业界指出了正确的前进方向，为国产战争影片创作提供了可资借鉴的范本。

资料来源：每日经济新闻。

（四）赢得顾客的信任和尊敬

得不到顾客信任和尊敬的企业或产品，不可能有好口碑。若想赢得好口碑，就要永远做一家让人尊重的企业，要将社会责任和伦理道德贯穿一切业务活动，要善待顾客，满足他们的需要，要让顾客在向熟人谈起企业时感到骄傲。

第二节　网络口碑营销策略

消费者进行口碑传播一般源于以下三种驱动力。

一是产品驱动。优质的产品和服务往往可以驱动消费者将其推荐给身边的人。这就需要产品和服务在体验、模式、性价比等方面，明显优于同类产品或竞争者。

二是精神驱动。精神驱动不同于产品驱动，消费者并不是本身实际需求被满足，而是精神需求得到了满足。例如，常有这样的评论——“这手机真有情怀！”“我们都欠他一张电影票！”消费者的这种推荐就来自其精神需求得以满足的驱动。

三是利益驱动。如在产品推广中设计推荐机制，将产品分享、推荐给好友即可获得一定的好处，如返现、送券、优惠、送产品等，消费者会更加乐意向更多的人推荐产品。

一、网络口碑营销的“5T”模型

“5T”模型是由口碑传播大师安迪·塞诺威兹提出的，该模型包括谈论者（Talkers）、话题（Topics）、工具（Tools）、参与（Taking Part）、跟踪（Tracking）五大要素。虽然“5T”模型是对传统口碑传播的概括，但同样也适用于网络口碑传播。

（一）谈论者

谈论者即传播行为的发起者，是所有传播活动不可或缺的关键因素，包括个体、群体和组织。网络口碑的谈论者主要包括一般消费者、品牌追随者、意见领袖、专职评论员和其他利益相关者。

（二）话题

人们谈论的中心内容和主要议题即话题，话题是引发网络口碑传播的关键。任何事物，只要能够引起人们的兴趣或情感的共鸣，进而引发讨论，就可以成为网络口碑传播的话题，如动听的广告音乐、精美的包装设计等都是人们谈论的对象。话题传播具有极强的渗透力，也容易引起关注，引发消费者的兴趣，甚至激起人们的购买欲望，企业可以将网络口碑传播作为宣传推广的重要补充手段。话题传播切记不能违背真实的原则。

（三）工具

新媒体为网络口碑传播提供了绝佳工具。网络口碑的传播工具主要包括：①使用者可以直接沟通交流的工具，如电子邮件、即时通信工具等；②可以发布个性化信息和各类资讯的工具，如微博、微信、抖音；③消费者可以分享经验、交流意见的沟通平台，如贴吧、论坛；④为消费者提供参考意见的评论性网站，如大众点评网、豆瓣网；⑤为消费者提供网上购物服务的电子商务网站，如淘宝、京东商城，消费者可以在交易完成后对所购商品和卖家服务进行评价与打分。

（四）参与

网络口碑的传播过程是企业、谈论者和信息接收者彼此互动交流的过程，需要三者的共同参与。企业若想获得正面的口碑，并使之在网络上持续地传播和扩散：一是要为谈论者提供更多茶余饭后的谈资；二是要通过及时参与交流互动的行为，赢得客户的好感，获得更好的口碑；三是要在交谈的过程中发掘对品牌忠诚度高的意见领袖，鼓励他们吸引更多的人参与谈论。

（五）跟踪

网络口碑真实反映了品牌在消费者心目中的形象。企业通过追踪、收集这些信息，可以更好地了解消费者的想法，把握其需求和消费心理，为产品研发和服务改进提供更可靠的依据。

二、网络口碑营销的策略和技巧

（一）制造好的口碑话题

口碑话题应具有话题性，话题传递的信息应具备成为公众谈论内容的条件。好的话题应该具备以下四个特征。

一是简洁明了。话题一定要简洁明了、令人愉悦。话题应该专门围绕某个观念，要便于人们重复，不要把话题设计得过于复杂。

二是朴实自然。制造口碑话题无须华丽的语言，而应基于企业实实在在的某方面的特色。例如，产品相关的话题应以产品的独特品质为基础，产品一定要值得人们谈论、宣传，这是支持话题传播下去的重要因素。

三是方便快捷。话题应该能在两秒或者更短的时间内叙述完毕，如“在你等待的同时，我们会为你提供免费的冰激凌”。话题太冗长，往往达不到好的传播效果，如“试用我们的产品吧，因为我们善待客户、我们价格实惠、我们经验丰富、我们有卓越的客户服务，并且，在你等待的同时，我们还会为你提供免费的冰激凌”。

四是出人意料。产品隐藏的特性和出人意料的用途、营销活动出人意料的细节或结果等往往能成为让消费者兴奋、激动的话题，从而极具影响力。例如，某种去污剂居然具有除草剂的功能，此类话题因出人意料往往能得到广泛传播。

口碑话题可以自发形成，但好的口碑话题却需要企业主动制造并培育。在主动创造良好口碑效应方面，企业可以借鉴以下方法制造和培育口碑话题。

1. 以服务创造口碑话题

服务是长期性、细致性、高度接触性的工作，服务细节能体现企业对消费者的关怀。服务是创造良好话题的关键，也是消费者尤为关注的问题。通过优良的服务来赢得消费者的口碑，不但要让使用过产品的消费者在人群中产生裂变式口碑效应，而且要尽可能长期维系消费者的忠诚度；不但要为消费者提供最周到的全程式服务以赢得消费者的认可，而且要用增值服务、差异化服务和创新式服务等特别服务赢得消费者。

案例 2-3

海底捞：口碑营销的典型

在海底捞的品牌打造中，口碑传播起了至关重要的作用。口口相传之下，海底捞的生意越来越红火。

在海底捞等待就餐时，客人可以免费吃提供的水果、喝饮料，享受擦皮鞋等服务；如果等待超过半小时，餐费还可以打折。有的年轻女孩甚至为了享受免费美甲服务而专门去海底捞就餐。待客人坐定点餐时，服务员会细心地为长发的女士递上皮筋和发卡；戴眼镜的客人则会得到擦镜布；服务员会主动更换客人面前的热毛巾；如果客人带了小孩，服务员还会帮客人喂孩子吃饭，陪孩子在儿童天地做游戏；餐后，服务员会马上送上口香糖；客人临走时，擦身而过的服务员会向他们微笑道别；如果某位客人特别喜欢店内的免费食物，服务员也会单独打包一份让其带走。所有这些都成为年轻人在互联网上的谈资，而且他们会乐此不疲地将在海底捞就餐的经历和感受发布到互联网上，越来越多的人被吸引到海底捞去体验，以至于形成了“海底捞现象”。

资料来源：根据网络公开资料整理。

2. 以情感创造口碑话题

消费者对产品或服务的功能性需求已经不是他们选择产品或者服务的唯一标准了，他们更关注产品或服务的附加价值，希望产品或服务能带给自己更多情感以及精神上的满足。在口碑营销中，情感非常重要。

3. 以公益行动创造口碑话题

公益行动容易树立企业的良好形象，使企业获得良好的社会美誉度，尤其是公益行动的受益群体往往会成为企业口碑的传播者。

4. 以品质创造口碑话题

俗话说“酒香不怕巷子深”，但关键是酒要香。没有让顾客满意的产品质量，想赢得良好的口碑只能是空谈。产品或服务优良的品质是企业进行口碑营销的基础，在口碑营销中，“重质量者成，轻质量者败”是一条永远不变的真理。

5. 以事件创造口碑话题

重大的事件总是能给人留下深刻的印象，成为人们谈论的话题。企业如果将产品、品牌与重大事件联系在一起，或者策划引人注目的事件，往往能引起人们的关注，达到预期的宣传目的。

案例 2-4

元气森林的独到眼光

2022 年春节期间，北京冬奥会是人们关注的焦点。在此期间，人们见证了多个热门话题的诞生，如“冰墩墩”“谷爱凌”“中国创冬奥会历史最佳战绩”“金博洋和羽生结弦竞技”等。对于品牌来说，这也是一次借势“出圈”、斩获话题的绝佳机会。2022 年 2 月 15 日，17 岁的苏翊鸣在单板滑雪男子大跳台决赛中摘得金牌，一鸣惊人，同时这块金牌也把元气森林送上了热搜。有网友发现，元气森林的三位代言人谷爱凌、徐梦桃、苏翊鸣，早已经在 2021 年签约。签约时他们都是知名度不高的运动员，却都在北京冬奥会成了家喻户晓的奥运冠军。眼光独到的“元气森林”成为人们大量讨论的对象。

资料来源：知乎网。

6. 以体验创造口碑话题

以体验创造口碑，是口碑营销极为成功的一种方式。消费者通过与企业产品、人员和流程的互动，能对企业的产品和服务更加熟悉，对产品质量更为放心，也会从心理上与企业更加亲近，最终成为企业“免费的推销员”。在网络世界，有很多让企业直接与消费者对接的体验方式，包括浏览体验、感官体验、交互体验和信任体验。

（1）浏览体验。浏览体验主要表现在网络内容设计的方便性、网页页面等排版的美观性、消费者与企业沟通的互动性等方面。企业要努力提升消费者对品牌的浏览体验，从而使其对品牌产生感性认识。

（2）感官体验。企业应充分利用互联网可以传递多媒体信息的特点，让消费者通过视觉、听觉等来实现对品牌的感性认识，达到激发其兴趣和增加品牌价值的目的。

（3）交互体验。交互是网络的重要特点，能够促进消费者与品牌之间的信息双向传播。消费者将自身对品牌的体验通过网络反馈给品牌，不仅提高了品牌对消费者的适应性，更提高了消费者的积极性。

（4）信任体验。企业要善于借助网站的权威性、信息内容的准确性以及品牌在搜索引擎中的排名等，增强消费者对自身的信任。

7. 以广告创造口碑话题

好的广告可以成为口碑话题。广告一旦形成话题，引发舆论，就会在大量的信息中脱颖而出，成为人们关注的焦点。例如，2020 年 2 月，钉钉的一支求饶广告刷屏，在微博和 B 站上吸引了一批粉丝。

8. 以故事创造口碑话题

一个关于品牌的好故事总能打动人心，引起消费者的口口相传，从而使其在情感的驱动下选择这个品牌。

9. 以免费创造口碑话题

利用免费来吸引消费者的眼球并促使自己的品牌口碑获得广泛传播也是营销中比较常用的手段，其常用方法主要有三种：免费试用、免费信息及免费服务。

10. 以互动活动创造口碑话题

在口碑营销中，消费者发挥着非常重大的作用。要想确保消费者参与并调动他们的积极性，最有效的办法就是在营销活动中吸引消费者参与进来。这样的活动需要满足三个条件：具有可参与性、简单和有趣味。

11. 以特色创造口碑话题

特色鲜明的话题才能让人们记住企业，因此应尽量创建让人们一谈到就会联想到某企业而不是其他企业的话题。这有点儿类似于营销中的定位概念——使品牌在消费者心中拥有一个独特的位置，而口碑营销则是希望使品牌在消费者的谈话中拥有一个独特的位置。

（二）挖掘消费者的真实需求，找准口碑话题

产品属性有多个方面，消费者最关心哪一方面往往不是一目了然的。企业需要对隐藏在消费者行为背后的心理进行挖掘，发现消费者的真实需求与偏好，有针对性地制造话题。在网络口碑传播中，若要成功洞察消费者需求，就应加强对消费者信息的追踪。一是加强对消费者信息和言论的收集，可派专人负责网络信息的收集工作，对消费者经常访问的社会化媒体进行监测，及时掌握谈论者的观念动向；二是激励消费者互动、反馈，在条件允许的情况下，加大对消费者反馈行为的奖励力度；三是重视企业官方互动平台的建设，提高与消费者互动的频率，方便消费者反馈的同时也便于企业及时了解他们的态度；四是通过搜索引擎了解消费者最关心的产品或品牌属性。

小贴士

寻找杂粮的口碑营销话题

杂粮的口碑切入点有很多，如种植、安全、健康、品牌内涵、环保、营养、口感、烹饪、包装、配送、特色服务等，但如何切入却是一个问题。使用百度指数分析，可以发现和“杂粮”相关度最高的是“杂粮如何做”。这说明大多数受众关注的是“如何烹制杂粮食品”。这样，“烹饪方法”就成了很好的口碑切入点。因此，企业可以设计“烹饪”的口碑话题，并沿着“烹饪”深入到“杂粮食谱”“杂粮和米其林大厨”等子话题。

（三）口碑路径的广泛测试与重点培养

如果不确定某一话题的方向，可以先选择多个方向，经过广泛测试后再重点培养。如上述关于杂粮的案例，在最初时，企业可以选择不止“烹饪”一个口碑点，而是加上“安全”“品牌内涵”“特色服务”等模块设计多个口碑话题，通过企业自有媒体和意见领袖发布相关口碑话题的方式进行一轮初步测试；如果发现大家还是对“烹饪”这个口碑话题的评论和转发更多，那么就可以重点投入资源，围绕“烹饪”来做深入的口碑传播。

（四）争取意见领袖的认可和支持

企业在进行网络口碑传播时，一是要找到目标客户群中的意见领袖，赢得他们的支持和认可；二是要充分发挥意见领袖的作用，通过他们向更多人传递品牌理念，从而在提升传播效果的同时，最大限度地削减成本。企业也可以邀请行业内的专业媒体记者来体验产品，通过他们来传播产品的信息，这样可以提高产品的可信度。

（五）整合媒体资源

选择合适的传播媒体可以让网络口碑传播事半功倍。企业应根据自身需求和属性整合使用口碑传播的网络平台，其中社交媒体的优势比较突出。

社交媒体的优点：一是用户彼此间能够最大限度地相互影响、相互信任，可为品牌传播创造优良的互动环境；二是社交媒体平台蕴含丰富的数据资源，详细地记录了用户的性别、年龄、职业、收入、爱好等信息，可以让企业精准地挖掘用户需求、掌握消费倾向，使营销传播更具针对性；三是二次传播效果好，志同道合的用户在社交媒体聚集，用户所处的圈层、审美品位、兴趣爱好具有相似性，更容易接受彼此的观点和评价，无形间扩大了企业口碑传播的覆盖面。

（六）提高互动频率和质量

消费者接触产品、品牌的时间越长，往往参与互动的积极性就越高，传播正面口碑的概率就越大。企业应高度重视与消费者的沟通交流，及时回应消费者的问题和意见，提高消费者参与网络口碑传播的热情。企业与消费者公开的互动与沟通也能引起其他人的注意，深化在消费者心目中的品牌形象。另外，企业还应通过监测网络信息，及时察觉负面口碑，及时处理问题，挽回消费者。

三、负面口碑的控制与管理

负面口碑是指消费者给予他人对某一产品、品牌或服务的负面意见，这种负面意见来自消费者自身的经验或别人传播的信息。在网络传播时代，负面口碑的传播速度和影响范围很惊人。负面口碑会降低消费者对企业的忠诚度，影响企业的形象，从而减少潜在的消费者，由此会降低企业产品的销售量并导致利润下降，影响企业的长期发展。消费者传播负面口碑的动机主要包括发泄负面情绪、减少认知的不和谐、利他主义、报复心理、寻求建议等。

根据信息传播原理，信息传播分为两个方面：一是作为信息传递过程的“信息流”，二是作为效果形成和散播过程的“影响流”。企业可从控制口碑传递过程的信息流和引导口碑传递方向的影响流两个方面入手控制和管理负面口碑。

（一）控制信息流

控制信息流的目的是使信息顺畅、真实、完整地呈现在用户面前，使用户对事件能做出准确判断。只有信息发布渠道和浏览渠道保持畅通，才能防止虚假或错误信息散布。谣言四起的根本原因是及时、权威的信息缺失或滞后，公众不能从正常渠道得到信息就会转向于其他非官方的甚至是以讹传讹的渠道。保持与用户之间的密切交流是企业控制口碑信息流的有效方法。

1. 搭建企业社区/社群沟通平台

社区/社群沟通平台是用户交流信息的聚集之处。搭建企业社区/社群沟通平台既可以方便企业倾听用户的声音、收集意见，又可以让某一话题的提出者、回应者参与互动，实现参与者与企业之间的互动，减弱负面言论的影响，并尽可能让双方和解，化解矛盾。及时在社区/社群平台上发布消息是企业防止谣言跑在真相前面的最有效措施之一。

2. 追踪网民反馈并及时予以回应

网络社区/社群是用户发表看法的地方，也是网络舆论的重要发源地。企业不仅要了解社区/社群的热点话题，还应积极主动地介入，使用人们能接受和认可的方式及时与他们进行沟通。同时，企业应追踪用户发言，了解目标人群关于产品和服务的想法及对企业的投诉并及时做出回应，避免负面口碑不断集聚和扩散。

（二）引导影响流

影响流是由一系列价值判断信息组成的，不同的人对同一事实的信息可能会做出不同的价值判断，重点是它们是否会影响受众、是否会迅速形成主导舆论、是否会给企业带来负面影响甚至造成危机。引导影响流主要是对价值判断信息进行管理。根据发布信息主体的身份差异和所发布信息的性质差异，价值判断信息可分为权威意见、争议意见、错误意见等类型。要引导口碑影响流，可以从以下四个方面着手。

1. 设置议题以引导舆论

设置议题是引导舆论的常用方法，能收到较好的效果。设置议题应尊重用户的兴趣爱好，不能让用户产生共鸣就会失去引导舆论的功能。企业可选择比较有质量的用户原创帖子或热点主题进行推荐，引导用户对此发表意见、看法，形成主题讨论；企业也可根据用户关心的问题设置话题，鼓励他们参与讨论。例如，肯德基与百度知道联手推出“均衡饮食 KFC”活动后，又与淘宝网合作推出“你的梦想 KFC 来买单”活动，仅 3 周时间就收到了超过 2.5 万条回帖，企业主导的话题得到人们的热烈回应。

2. 培养意见领袖

培养意见领袖的目的是让他们帮助传达正面积极的企业信息，组织协调社群的声音，在危机公关时起到缓解危机、改善口碑的作用。要培养意见领袖，首先，应深入理解各种在线社群的网络文化，识别有影响力的博主、“UP 主”、主播和各大社群核心成员，分析驱动口碑信息形成与扩散的原因；其次，要善于利用意见领袖，如邀请嘉宾就某一话题展开深入探讨、澄清某些传言，使他们在交流中影响并感染其他群体，实现对用户相对集中的情绪倾向和意志倾向的有效引导；最后，要与有影响力的社群成员建立良好的关系。例如，惠普邀请网络意见领袖通过网络社区成立了惠普“粉丝团”，以赞助“粉丝俱乐部”线下活动的方式巩固与意见领袖的关系，企业展现出对目标消费者群体的理解和融入，同时降低了有效沟通的成本。

3. 加强对重点消费者的管理

加强对重点消费者的管理是消除负面口碑影响并转变负面口碑传播方向的关键。重点消费者是指易传播口碑或者易受口碑影响的人。企业需加强干预和指导，用跟踪服务和回访的方法使之转变心态，以达到使这类人群停止负面口碑传播转而传播正面口碑的目的。

4. 正确处理消费者的抱怨

正确处理消费者的抱怨是将负面口碑转化为正面口碑的关键。消费者只要能通过正式渠道发泄心中的不满，一般就不会通过非正式渠道传播企业的负面信息，这时企业将负面口碑转化为正面口碑的可能性会大大提高。企业在处理消费者抱怨时应做到反应迅速、态度坦诚、善于借势等。

思考题

1. 简述网络口碑传播的特点。
2. 简述网络口碑营销“5T”模型的内容。
3. 简述好的口碑话题应具备的特征。
4. 简述挖掘消费者真实需求的方法，并举例说明。
5. 简述引导口碑影响流的方法，并举例说明。

课后实训

餐饮企业网络口碑营销策划方案

实训目的

以某餐饮企业为例，运用网络口碑营销理论为其策划口碑营销活动，实现口碑营销理论的内化。

实训内容

(1) 选择餐饮企业：选择一家熟悉的餐饮企业作为本实训任务的策划对象。

(2) 话题策划：从服务、情感、公益、品质、事件、体验、广告、故事等角度进行话题策划，选择其一进行话题策划，撰写文案，制作视频、音频、图片等。

(3) 传播工具策划：列出可以使用的新媒体，从可用性、易用性、有效性、互动性等方面评估并选择五种新媒体作为传播工具，建立新媒体传播矩阵。

(4) KOL (Key Opinion Leader，关键意见领袖) 或 KOC (Key Opinion Consumer，关键意见消费者) 策划：列出可能的传播者，从影响力、美誉度、与话题的相关性、与粉丝的互动、达成合作的可能性等方面评估选择三位 KOL 或 KOC 作为核心传播者。

(5) 话题传播策划：传播工具传播策略包括确定话题上线时机、频率和监测措施，KOL 或 KOC 传播策略包括与他们接洽、建立合作关系、进行管理等。

(6) 传播效果评价：确定传播效果评价方法及评价指标。

(7) 撰写网络口碑营销策划方案：某餐饮企业简介、网络口碑营销目标、话题策划、传播工具策划、KOL 或 KOC 策划、话题传播策划、传播效果评价、组织与实施计划（人员安排、时间表）、费用预算、风险控制。

第三章

内容营销

本章导读

内容营销是一种战略性营销策略，企业开展内容营销应考虑制定明确的商业目标、使用消费者的话语来描述内容、关注垂直领域的价值和需求等八个方面的要点，具体切入点包括源头、价值、主题、平台、表现形式等。网络营销中的 IP（Intellectual Property，知识产权）概念已大为拓展，不仅包括智力成果，也包括企业、品牌、个人形象。IP 营销，尤其是 IP 跨界营销，已成为网络营销的亮点之一，企业和网红、达人、主播等个人都应特别注意熟悉和运用 IP 营销策略。情感营销、事件营销、饥饿营销是内容营销应用的重要方面，企业应灵活运用这些营销策略。

开篇案例

江小白的内容营销

江小白是重庆江小白酒业有限公司旗下江记酒庄酿造、生产的一种自然发酵并蒸馏的高粱酒，主打年轻化市场。江小白在营销上总结了消费升级的“三从”原则：产品从优、品牌从小、价格从众。江小白在消费者洞察方面花了 40%的时间，在做产品上花了 30%的时间，在品牌上花了 20%的时间。基于对消费者的洞察，可以推导出消费者想要什么样的产品。江小白主要单品是江小白“表达瓶”，这个产品的诞生就是完全基于对消费场景的洞察。江小白专门设计的二两小瓶白酒完美地解决了年轻消费者喝点儿小酒的痛点。

董事长陶石泉希望把江小白做成文化 IP，因为有了江小白的文化 IP，才有同名的江小白白酒的诞生。江小白文化是年轻人对自我认知的一种自谦的态度：“我是一个‘小白’，我还需要学习，需要成长。”它体现了一种谦卑的心态和自信、坦诚的态度。江小白通过将这种文化 IP 和产品有机地统一起来，利用江小白 IP，玩转了内容营销。

江小白白酒品牌以极快的速度占领了年轻人市场。它一改白酒品牌高端的形象，推出了“江小白”人物形象：一个聊漫画、写段子、没有包袱的简单男生。它很快就在行业内打响了品牌名声，引得无数同行争相模仿。江小白成为很多年轻人聚会的必备品，江小白的内容营销策略无疑是成功的。

资料来源：根据网络公开资料整理。

第一节　内容营销概述

内容营销是一种战略性营销策略，即向现有或潜在的消费者传递有价值的内容，与他们建立情感连接，吸引他们主动关注和分享，引导他们产生购买行为，为企业带来利润。内容营销具有多样性、自发性、互动性、有用性等特点。

一、开展内容营销的要点

企业开展内容营销应考虑以下八个要点。

一是制定明确的商业目标。明确影响消费者购买决策的内容和企业创造内容的目的。只有目标明确的营销活动，才能获得满意的效果。

二是通过消费者的话语来描述内容。避免用生硬的术语或行话来表述内容，应使用消费者习惯或喜爱的语言来描述内容。

三是关注垂直领域的价值和需求。如果企业想吸引垂直领域的消费者，就需要关注相关行业的话题并且提供相应的内容。

四是注重创意的表达。企业要想在充满各种内容的互联网上获得消费者的关注，就必须注重加强创意的表达。企业可以重点关注内容的标题与表现形式，以突出内容的有趣性。

五是雇用优秀的写手。企业雇用优秀的写手来创作优秀的内容更容易取得成功。

六是引用消费者的评论。普通网民的话语更接地气，更具有吸引力与说服力，会让更多的人产生共鸣，拉近其与企业的距离。

七是让内容更容易被找到。企业可以将内容发布在企业的网站上，也可以将内容发布到社交媒体上，以让内容更容易被用户找到。

八是让内容分享更容易。在选择内容的发布、传播渠道时，企业需要考虑用户传播的需求，提供用户分享到微博、微信、QQ 等社交平台的链接。

案例 3-1

W 站诗集《不再努力成为另一个人》

W 站出诗集了，书名为《不再努力成为另一个人》。这是 B 站用户共创的诗集作品。

W 站还特意为诗集做了 100 张海报，文案值得细细品味，如“再小的心愿，努力实现了，就很伟大——@我是侠半生”。网友们写下的诗句，大多是对当下生活的记录，以及对人生的感悟和理解。网友们在 W 站畅所欲言，在弹幕里、评论中，大家抒发着自己的感想，在对事物的看法上获得共识，在情绪的感知上收获共鸣。W 站巧用用户沉淀的 UGC（User Generated Content，用户生成内容），通过收录各种原创内容，让用户与平台形成了更深的连接。

资料来源：根据网络公开资料整理。

二、开展内容营销的切入点

（一）源头

内容营销要从产品抓起。当产品还在酝酿的时候，企业就应为其注入内容基因，打造内容性产品，形成自营销。内容性产品有三个特点：可赋予目标消费者一种特定的身份标签，让他们有社群归属感；能让消费者在选择购买这个产品时，有一种强烈的情绪共鸣；将内容植入产品，使产品成为一种实体化的社交工具，消费者可以通过产品产生互动。

案例 3-2

农夫山泉生肖瓶为何让人“上瘾”？

从 2016 年起，农夫山泉按照猴、鸡、狗、猪、鼠、牛……的生肖排序，每年新年如期推出限量版生肖玻璃瓶水。虽然已经推出生肖瓶 9 年，但农夫山泉每次的生肖瓶设计都让人充满期待。农夫山泉生肖瓶的设计灵感来自长白山，农夫山泉通过用瓶身展现长白山的生态文化，把大自然与动物的奇妙关系凝结在瓶身之中，揭示了自然界不同生物之间的依附关系；同时模仿下落中的水滴，设计出更具自然感的水滴状玻璃瓶身，折射出长白山天然矿泉水纯净天然的本质。高颜值的艺术设计背后，离不开农夫山泉的匠心打造。农夫山泉邀请来自 3 个国家的 5 家顶尖设计工作室，前后经历 58 稿、300 余个设计后，才最终确定模仿水滴造型的设计，成就了玻璃生肖瓶的艺术之美。

资料来源：食业头条。

（二）价值

内容营销在为消费者提供实用价值的同时也应使消费者感受到产品的独特价值与内涵，甚至强化或重启一种生活方式、输出一种理念或价值观，形成品牌黏性，实现消费者重复购买。

（三）主题

1. 引发受众价值观共鸣

企业开展内容营销时，应重点关注真实、有个性的普通人，许多成功的内容营销案例具有的一个共同点就是让普通人影响普通人，从而产生情感共鸣。

2. 尊重年轻群体的娱乐方式

年轻群体对于企业来说具有巨大的利润发展空间。因此，越来越多的企业在进行内容营销时会主动迎合年轻人的口味，针对年轻群体的喜好来制定具体的营销策略。需要特别注意的是“二次元”群体，以 ACG，即动画（Animation）、漫画（Comics）、游戏（Games）内容产业为核心的二次元文化与高速发展的互联网擦出火花之后，二次元相关的娱乐活动和社交方式深受我国年轻人的欢迎和喜爱。

（四）平台

内容传播在内容营销工作中尤为重要。企业可以借助多方位的平台和传播渠道，打造生态传播体系，最大限度地扩大品牌内容的传播范围。

（五）表现形式

1. 与艺术融合，让内容更有质感

将内容营销与艺术融合，通过优秀的艺术作品来传递品牌内容，不仅可以增强品牌对消费者的吸引力，还有利于提升品牌形象。

2. 创造可流行的文案或图案

用段子或图案作为营销内容的表现形式，可以增强内容的趣味性，吸引消费者主动关注，并促使其自发地进行传播。UGC 也是内容营销中非常有效的模式之一。企业可以通过创造可流行的文案或图案，引导消费者自发地创造内容并传播，形成病毒式传播。

案例 3-3

旺旺“自己咕自己”

在小学生流行玩咕卡之时，旺旺率先推出创意贴纸，给大家演示了“自己咕自己”。旺旺此次通过让消费者自己动手来打造旺仔形象，在提高大家参与度的同时，也让旺仔罐具备独特性而受到人们的追捧。在瓶身这块，旺旺多次引领潮流，如之前推出的职业罐，刻画了 25 个不同的职业，分为常态款和隐藏款。常态款包括发型师、厨师、护士等传统职业，隐藏款的职业则更为新潮，例如电竞选手、说唱歌手。通过将职业印在包装上，一方面能够引发大众的购买欲，另一方面也表达了对职业人的敬意。再往前，旺旺还推出过民族罐，结合了 56 个民族的文化元素，体现出了中华民族的大团结。

资料来源：根据网络公开资料整理。

第二节　IP 营销

内容营销的应用十分广泛，比较常见的应用有 IP 营销、情感营销、事件营销与饥饿营销等。本节主要介绍 IP 营销。

一、IP 营销概述

IP 意为“知识产权”，也被称为“知识所属权”，指人们就其智力劳动成果所依法享有的专有权利，通常是国家赋予创造者对其智力成果在一定时期内享有的专有权或独占权。新媒体和网络营销的发展使 IP 的表现形式产生了新的变化。IP 可以指通过各种媒介实现多元化呈现的某些智力化成果，可以是一本小说、一部电视剧，也可以是一个故事、一段情节，甚至可以是一个名字，其本质都是智力成果。IP 能够仅凭自身的吸引力，摆脱单一平台的束缚，在多个平台上获得流量，自主进行内容分发。

IP 营销是指品牌捆绑 IP 进而实现人格化，通过持续产出优质内容来输出价值观，再通过价值观来聚拢粉丝，使粉丝在认可其价值观的同时实现身份认同和角色认同，进而信任其产品或服务的一种营销策略。

（一）IP 营销的特点

1. 广泛传播性

综艺、动漫或电视电影作品等 IP 本身都具有话题性和传播性，都有庞大的粉丝基础和市场。品牌通过捆绑 IP 可以将 IP 自带的粉丝和流量引导到品牌本身上来，并且能通过粉丝的自传播有效地扩大营销效果，从而形成裂变传播。

2. 人格化

塑造品牌 IP，既是挖掘品牌的价值和追求文化的认同感，也是实现品牌人格化的过程。每个品牌都有其特定的价值内涵和情感内涵，即品牌在经营过程中所凝练的价值观念、审美观念、时尚品位、情感诉求等精神象征，也就是品牌文化。IP 营销以人的连接为中心，通过人格代理，使品牌变得有温度、更亲民，同时通过价值观和文化的输出，实现粉丝的身份认同和角色认同，打造粉丝经济。

3. 实现品牌溢价

品牌通过捆绑 IP 输出其价值和情感，为消费者提供情感寄托。在品牌 IP 体现出来的特定的情感和价值元素的基础上，通过资源的有效组合为产品增添生机和活力，为消费者提供产品功能以外的购买理由，最终实现品牌溢价。

（二）IP 营销的类型

IP 营销可以分为品牌 IP 营销和 IP 捆绑营销两种。

1. 品牌 IP 营销

品牌 IP 营销适用于那些自身实力比较强大、粉丝基础较好的商家。商家通过对消费者和市场的洞察，将品牌打造为可以延伸和发展的 IP，并为品牌 IP 设计丰富的内容。

2. IP 捆绑营销

IP 捆绑营销是最常见的 IP 营销类型，适用于所有商家。商家通过冠名赞助 IP 节目、与 IP 进行跨界联动合作等形式，以较低成本吸引 IP 本身粉丝的关注和讨论，并采用有效的捆绑和经营战略，将 IP 粉丝逐步转化为品牌、产品自身的粉丝。

案例 3-4

蒙牛讲好世界杯故事

2021 年 10 月 25 日，蒙牛集团与国际足联在北京联合宣布，蒙牛正式成为 2022 年国际足联卡塔尔世界杯全球官方赞助商。此前，蒙牛宣布续签梅西以及新签姆巴佩作为品牌代言人。在国际足联的 11 家全球合作企业中，有 4 家食品企业，蒙牛通过世界杯向世界展现中国企业，特别是中国食品、乳品企业的风采。2022 年 4 月 2 日，蒙牛宣布其广告语正式升级为“世界品质，天生要强”。从世界杯倒计时 100 天到比赛正式开赛，蒙牛在这段时间内打造的许多内容都成为互联网上广泛讨论的焦点。蒙牛发布的《青春不过几届世界杯，营养你的是哪一杯》（“世界杯回忆杀”）和《要强出征》等世界杯主题 TVC（Television Commercial，电视商业广告），凭借细致入微的洞察和饱含情义的笔触，成功引起广大消费者的回忆和共鸣。在短片内外，蒙牛的产品同样没有缺席。在关于“世界杯回忆杀”的短片之中，蒙牛通过情怀来打造品牌的温度，也在短片中埋下了一条产品的暗线。牛奶在短片中多次出现，几乎全程参与了两代人的成长，凸显蒙牛多年来一直在默默地给每一个“要强”的人提供营养支持。此外，蒙牛还先后上线了 12 款“世界杯回忆杀”主题的系列产品和 32 强国旗定制包装产品，以产品承接 TVC 的内容，为消费者怀旧情绪与情感找到承载实体。蒙牛还在世界杯开幕前推出了另一支短片。短片一方面以“要强不分赛场”，直接点明了消费者为追逐梦想不停奔跑与足球运动员在赛场上“要强”精神的共性；另一方面，在片尾的彩蛋中，推出了世界杯每进 1 球蒙牛就送 1000 箱牛奶的福利活动，以“无论谁进球，都来找蒙牛”凸显蒙牛世界杯全球官方赞助商的身份。

资料来源：根据《人民日报》（2021 年 10 月 28 日 18 版）以及网络公开资料整理。

二、IP 营销策略

（一）借助热点事件进行 IP 营销

借势营销是一种“搭便车”的行为，在 IP 营销中具体表现为企业借助 IP 的热度和曝光度把企业品牌、产品或服务等融入 IP 的讨论环境，在提高企业曝光度和知名度的同时对消费者关于该企业的产品和服务的看法产生潜移默化的影响。另外，实力较强的企业也可以通过主动造势来制造热点，在引发社会讨论的同时吸引大众的关注。

（二）结合用户所处场景进行 IP 营销

企业针对人们对品牌 IP 的浏览、讨论等场景开展营销活动，可以凭借营销活动的原生性减少受众对营销广告的抗拒和不满。企业将品牌、产品、服务等与 IP 捆绑，可以使企业的知名度和形象在 IP 自有粉丝的讨论和转发传播中得到进一步的提升，获得新的价值增值。

案例 3-5

B. Duck 小黄鸭的 IP 营销

闪亮的眼睛、翘起的嘴巴、头身等大的体型，搭配个性十足的发型、可爱的笑容，这只独一无二的小黄鸭名为 B. Duck，它是创始人、设计师许夏林送给孩子们的礼物，是我国知名的原创 IP。2022 年 1 月，B. Duck 母公司德盈控股在港交所主板上市，其中小黄鸭（B. Duck）IP 贡献了七成营收。

B. Duck 名字中的“B”指的是“Bathing”，起步于浴室产品，切中当时人们对小鸭子使用场景的想象和需求。单一的使用场景和过小的目标人群都不利于提升品牌认知度，因此 B. Duck 不局限于做儿童玩具。2011 年，B. Duck 开启 IP 授权业务。B. Duck 的身影渗透到人们的每个生活场景，产品包括家电、家纺、文具、服饰、电子产品和节日礼品等。

很多粉丝是从周边产品看到、喜欢上 B. Duck 的。为了保持与年轻群体同频共振，B. Duck 与“和平精英”“第五人格”等手游 IP 碰撞，让更多人看到了 B. Duck 多元化的形象，也让市场窥见了 IP 授权可深挖的可能性。为了满足年轻人的 IP 体验，B. Duck 在北京、上海、广州、成都等城市中心打造了多场线下主题展，拓宽了实景娱乐的边界。诞生于大湾区的 B. Duck 还进军了餐饮行业，将传统粤式点心与小黄鸭联合，让美食也有了个性和风格。2020 年，B. Duck 与南京欢乐谷携手打造了 B. Duck“奇想海洋”主题区；2021 年，兰州万科城建造了 B. Duck 主题公园，在游乐园里营造一个童真世界，给予游客们全方位的沉浸式 IP 体验。B. Duck 还与顶级国潮 IP 故宫携手推出“宫里有只小‘皇’鸭”IP 合作项目，设计具有中国标识性的经典形象，引发了青年群体对悠久历史文化的探索。

资料来源：知乎网。

（三）借助与粉丝的互动进行 IP 营销

IP 营销是以人为中心的营销策略。企业打造自己的品牌 IP 或捆绑大流量 IP，其营销的重点都是在维持原有粉丝和流量的基础上进一步吸引更多粉丝的关注，而维持 IP 与粉丝之间的互动，是维持粉丝关注、深耕粉丝人群的重要策略。对于品牌 IP 来说，把品牌打造成 IP 的实质也是品牌人格化的过程。企业通过品牌 IP 与粉丝的沟通与互动，可以将企业品牌的价值观和情感倾向等源源不断地向其粉丝灌输，并在潜移默化中增强粉丝对品牌的信任和好感，最终促成消费行为。

IP 捆绑营销更需要关注品牌或产品与 IP 原有粉丝的互动。因为对于品牌商来说，不是仅凭借优质 IP 就能立刻引发粉丝的关注、讨论和购买，而是需要通过品牌、产品与 IP 粉丝的沟通与互动，将 IP 的粉丝转化为品牌自身的粉丝。

（四）借助行业融合的边界进行 IP 营销

IP 营销通常表现为一种跨界营销策略。跨界营销通常是指不同品牌或不同行业利用各自的优势和特点，提取核心要素进行整合、相互渗透，从而实现双赢的营销活动。品牌与 IP 的联动合作就是一种常见的跨界营销。

案例 3-6

麦当劳和《全职高手》动画跨界合作升级

2018 年，阅文集团（以下简称“阅文”）延续超人气动画《全职高手》的故事线为麦当劳定制了 3 集动画和全职高手款的 3D 玩具套装，助力麦当劳营销。阅文动画借此成为我国网文以及国漫产业中 IP 商业化的标杆。

阅文没有走简单的“IP 站台”路线，而是采用深度的内容植入，为麦当劳深度定制与剧情相符的桥段。在《全职高手》动画第一季中，主角叶修被迫退役后走进麦当劳，说出了那句让所有粉丝印象深刻的台词“开心时，要吃薯条庆祝；难过时，要吃薯条平复”。

除了主题餐厅、联名主题“麦乐卡”，阅文还对《全职高手》内的虚拟人物以“IP + idol（偶像）”模式进行开发。《全职高手》的主角叶修生日当天，阅文联合旗下元气阅读 App 号召粉丝参与线上应援，将叶修“送上”上海花旗大厦的电子大屏，闪耀黄浦江，成为国漫炙手可热的虚拟明星。

资料来源：中国网。

三、IP 营销的开展形式

企业可以灵活运用以下三种 IP 营销的开展形式。

（一）设计定制产品

品牌和 IP 合作发行定制款产品是 IP 变现最直接的方式。通过发行品牌和 IP 联合的产品，一方面可以满足 IP 粉丝对 IP 的喜爱和追捧心理，促使粉丝购买和收集 IP 衍生产品；另一方面，粉丝购买 IP 的衍生产品，出于分享、推荐等目的，会把其购买的产品发布到社交媒体上展示或与同好交流，这会进一步促进品牌与 IP 联合活动的传播和扩散，吸引更多的用户参与营销活动。

（二）IP 软植入

IP 软植入是指品牌通过与 IP 的深度融合，在潜移默化地向消费者传递 IP 信息的同时将品牌烙印在消费者的心中。软植入的形式不仅新颖、有趣，更有利于减弱受众对硬植入的抗拒和不满，在潜移默化中提升品牌形象。

（三）线下渠道拓展，实现线上线下结合

拓宽线下渠道是互联网 IP 营销进一步深化的体现。营销活动的实体化可以增加品牌、IP 与粉丝之间的互动和联系，提升消费者体验。将粉丝置于营销活动的现实环境中，可以加深其对营销活动的理解和认同，使其对 IP 的认同和信任转移到品牌和产品上来，促进粉丝的购买行为，提升其忠诚度。IP 营销的线下渠道可拓展为 O2O（Online to Offline，线上到线下）的全链打通，以提高营销的转化效率，带动销售。

四、IP 营销的技巧

（一）优质 IP 的特点

优质 IP 需要具有丰富的内容、足够的认知基数、强分享连接感、价值沉淀性和强附着力等特点。

1. 丰富的内容

IP 的内容越丰富，就越容易被拓展和挖掘，并且具有持续的内容生产力。IP 营销就是向用户输出价值观，实现产品的概念化和品牌的人格化，而实现的手段就是持续的内容生产和发布。例如，papi 酱、漫威漫画等都是通过强大的内容生产力成为超级 IP 的，其内容形式多样，可以是文字、音频、视频等。通过内容来建立自身的权威性和专业度，进而赢得用户的信任，聚拢粉丝，这是 IP 营销的基本逻辑。

2. 足够的认知基数

品牌进行 IP 营销时要了解该 IP 是否有足够大的认知基数，即其具有的潜在能量有多大，是否可以为品牌扩大影响作出较大的贡献。

3. 强分享连接感

IP 营销是以人的连接为中心的，是将品牌与人之间冷冰冰的联系转化为品牌人格化以后的形象与人之间有温度的连接，因此，品牌的 IP 营销应该具有强分享连接感，可以吸引用户参与，并促进社交传播。

4. 价值沉淀性

IP 的价值沉淀性体现在时间沉淀性和情感沉淀性两个方面。

在时间沉淀性方面，如“孙悟空”，这个诞生于古代的经典 IP，通过不断的再创作和创新，至今仍然保持着强大的吸引力。IP 的运作不是快餐式消费，而是不断地对其进行再创作，将其打造成一个创意不断、历久弥新的品牌。

在情感沉淀性方面，IP 是有温度的，这是 IP 人格化的必然结果。爱情、亲情、正义、尊严等都能推动 IP 深入人心，如《人民的名义》中的反腐正义，《家有儿女》中展现的亲情，老凤祥代表的“国潮、国风、国韵”，这些内核都是可以跨越文化、地域和时代的，是可以被沉淀下来形成亚文化效应的。

5. 强附着力

强附着力是指 IP 能够吸引消费者、自发引发流行。成功的 IP 应该能在没有强大推动力的情况下

不停地获得新的流量。

（二）IP 营销成功的技巧

IP 营销有以下四个技巧。

1. 正确地选择产品

在 IP 营销中，产品是 IP 人格的载体，没有好的产品，即使有再强硬的人格背书也不可能有持续的营销效果。要打造良好的网络口碑，就要把产品做到极致。同时，企业在选择借助 IP 进行产品营销时，必须保证产品和 IP 有内在的关联，不可强行把 IP 和产品捆绑起来，否则可能会事与愿违。

2. 要有持续的内容生产力

IP 势能的建立离不开强大的内容生产力。在 IP 营销中，内容营销越来越重要。品牌的人格化主要依靠的是持续的内容生产，以此吸引粉丝的关注。以视频、图片、音频、文本等形式生产的内容不仅能丰富 IP 的内涵，还能更好地吸引和维持粉丝。

3. 精准定位，跨屏引流

超级大 IP 的一个重要特征是自带流量，延展性较强。对于超级大 IP 的营销，企业一开始就应该将其定位于跨屏发展，最大化 IP 的价值，实现全方位引流。例如，网红美妆博主不仅在微博上发布信息，也会把相关内容分享到 B 站等社交平台上，有的也会建立自己的公众号用于发布信息，还会和化妆品品牌进行联动，推出联名款限量产品等。但是，跨屏发展不意味着内容的泛化和不受约束，企业应坚守在原有消费者定位的基础上进行多渠道分发和深化，也就是要在精准定位的基础上服务于垂直人群。

4. 深度跨界联合，提升 IP 变现的价值

品牌通过与 IP 进行跨界联合，可以深度挖掘 IP 的粉丝价值，通过多种形式的营销实现品牌的人格化，建立与 IP 粉丝的连接，通过品牌文化和情感影响粉丝，提升粉丝对品牌的信任和黏性，使粉丝愿意消费符合自己价值取向的溢价产品，达到营销效果的最大化。

第三节　情感营销、事件营销和饥饿营销

一、情感营销

情感营销是把消费者个人情感差异和情感需求作为企业品牌营销战略的核心，借助情感包装、情感促销、情感广告、情感口碑、情感设计等策略来实现企业营销目标的策略。

在情感消费时代，消费者在考虑是否购买商品时，关注的不再是商品的质量、价格与服务。品牌与消费者的情感属性是否一致，是否能让消费者产生心理认同、情感共鸣，也是决定消费者是否购买的关键因素。情感营销从消费者的情感需要出发，唤起消费者的情感需求，引导消费者产生心灵上的共鸣。运用情感营销，可以营造温馨、和谐、充满情感的营销环境；也可以把消费者对企业

品牌的忠诚建立在情感基础之上，进而提高消费者的品牌忠诚度；还可以通过树立良好的企业形象，帮助企业在市场竞争中战胜对手。企业可以采用以下策略开展情感营销。

一是情感设计。很多消费者需要商品更多地符合他们的情感需求，这就要求企业设计、开发出个性化、情感化的商品，提升商品的文化附加值。

二是情感包装。除保护商品、便于携带、便于使用、美化商品、促进销售的基本作用之外，还能赋予商品不同的风格和丰富的内涵，引起消费者的情感共鸣，博得其好感和心理认同。

三是情感商标。设计商标时首先要注意简洁明了，易于识别和记忆，使商标能在一瞬间吸引消费者的注意；同时也要讲求艺术，给人以美感。如“舒肤佳”“美加净”，人们一看到名字就联想到其质量、性能，并对其产生好感。商标设计要做到新颖别致、寓意深刻、富有人情味。

四是情感广告。充满人情味的广告会使产品形象上升到一个新的高度，也能自然地消除消费者对广告的本能抵触。情感广告可以使消费者感动和产生情感共鸣，能引发现实的或潜在的消费需求。

五是情感公关。运用公关活动树立企业及其品牌形象，已经成为企业营销战略的重点。情感公关要求企业设身处地地为消费者着想，设法加强与消费者的情感交流，使消费者参与企业的营销活动，让消费者对企业及其品牌从认识阶段升华到情感阶段，最后达到行动阶段。

六是情感服务。商界提出“二次竞争”的概念，即第一次竞争是销售，第二次竞争是售后服务。企业用最具竞争力的服务承诺来劝购，并通过承诺的及时、全面兑现来塑造企业及品牌形象，使自身与竞争对手形成明显的服务差异，增强营销效果，获得差异化竞争优势。

七是情感环境。营造舒适、幽雅的环境，能给消费者带来愉悦的心情和感官上的享受，让消费者产生亲切感，使消费者在情意浓浓的微笑服务中愉快地消费。

案例 3-7

此时无声胜有声

2023 年 5 月，央视新闻官微的一篇博文引起人们的热议。文中介绍山东日照有家无声面馆，面馆由四个聋哑人打理，店里的大骨汤面 4 元/碗，单手比心可以免费加面，双手比心可以 1 元加煎蛋。顾客只需用手势表明需要几碗面，员工便会做好端上，整个过程都是无声的。残疾人士在店内吃面，一律免费。面馆墙上的“关于我们”和“我们的愿景”介绍及其标题“一碗清面，一个世界”，也非常让人“治愈”。网友们被他们的真诚、温暖和友爱感动，纷纷点赞和留言赞美。无声面馆的爆火是源于店主内心的真诚，真诚的定价、治愈的互动、暖心的公益深深地打动了人们。

资料来源：今日头条。

二、事件营销

事件营销是企业通过策划、组织和利用具有名人效应、新闻价值以及社会影响的人物或事件，引起媒体、社会团体和消费者的兴趣与关注，以提高企业或产品的知名度、美誉度，树立良好的品牌形象，并最终促成产品或服务的销售目的的营销手段和方式。

事件营销集新闻效应、广告效应、公关效应、形象传播、客户关系管理于一体，其新闻价值和公众性话题使其具有很强的传播能力，具有事半功倍的营销效果。事件营销具有传播速度快、受众信息接收程度高、投资回报率高、传播度和传播层次高、能引导消费理念等特点。

（一）事件营销策略

1. 借势策略

借势是指企业及时地抓住广受公众关注的事件、社会新闻或者名人的光环效应等，结合企业或品牌在传播上的目标而展开的一系列相关活动。成功的借势营销具有事半功倍的效果，是很多企业选择的营销方式。借势营销可以借助新闻、体育比赛、名人等来达到营销效果，但是其对企业的创意、反应速度有很高要求。

（1）借势新闻热点。企业不失时机地将社会上有价值、影响面广的新闻与自己的品牌联系在一起，可达到借力发力的传播效果。

（2）借势体育营销。体育营销是指企业借助赞助、冠名体育活动等手段来推广品牌的一种营销策略。体育营销作为一种软广告，具有受众量大、传播面广和针对性强等特点。如安踏、匹克等运动品牌通过赞助中国乒乓球队、篮球队等迅速成为全国知名品牌。

（3）借势名人效应。根据消费心理学，当消费者不再把价格、质量当作购买障碍时，可以利用名人的知名度提升产品的附加值，培养消费者对产品产生感情、联想和追捧。

2. 造势策略

造势是指企业通过精心策划具有新闻价值的事件，吸引媒体、消费者的兴趣与关注，实现传播目的。造势型事件营销可以通过借助媒体平台、策划活动以及制造概念来宣传造势。

（1）媒体平台。企业可以通过与相关媒体平台的深度合作，在媒体平台发布企业、品牌的简介或宣传文案及视频进行宣传。

（2）策划活动。策划活动是指企业为宣传自己或推广产品而组织策划一系列活动，以吸引消费者和媒体的关注，达到传播目的。

（3）制造概念。制造概念是指企业为自己的产品或服务创造新理念、新潮流，用独特性与新颖性来吸引消费者的主动关注。例如，农夫山泉宣布停止生产纯净水，只出品天然水，推出“水营养”概念。农夫山泉欲借此倡导健康生活的新理念，提升其在消费者心中的品牌形象。

（二）实施事件营销的步骤

成功的事件营销一般要经过以下几个步骤。

1. 细分市场，准确定位

事件营销必须有明确的营销对象，有的放矢地进行事件营销才能最大限度地提升营销效应。单纯地制造事件、弄点噱头的简单做法是不能取得成功的。

2. 因势利导，找出合理的诉求点

不管是借势还是造势，企业一定要找出产品品牌和事件之间的关联性。如果生搬硬套地将二者捆绑在一起，不考虑其相关性，则最终只会导致产品形象混乱、目标市场模糊，达不到预期的效果。

3. 捕捉营销热点，掀起营销高潮

借势、造势等方式可使企业的产品定位在事件中得到合理体现，引起消费者关注，达到提升品牌影响力的效果。

4. 整合企业资源，完善产品品牌

企业通过调动各种资源、协调各种营销手段，可使产品品牌形象得到巩固和进一步的提升。

5. 把握营销尺度，加强风险控制

媒体的不可控性和新闻受众对新闻的理解偏差会带来事件营销的风险。如果炒作过头，一旦受众得知事情的真相或被媒体误导，他们很可能会对企业产生反感，最终会损害企业的利益。

三、饥饿营销

饥饿营销是指商品提供者有意调低产量以期调控供求关系，制造供不应求的假象，维持商品较高售价和利润率，并达到维护企业品牌形象、提高商品附加值目的的策略。饥饿营销的基础是拥有优质的商品，其关键点是商品对消费者具有吸引力，以及能让消费者感受到供不应求的紧迫感。

限量是饥饿营销常常使用的策略，但是值得注意的是，真正的饥饿营销是在限量供应的背后制造一个隐形战场。只有消费者争夺足够激烈，才能达到好的效果。饥饿营销的关键并不在于供应量的多少，而在于制造消费者的争夺效应。

（一）饥饿营销下的消费者心理

企业的饥饿营销策略会影响消费者的心理，消费者的心理及其变化又会影响企业饥饿营销策略的实施。企业要想更好地实施饥饿营销，了解消费者的心理及其变化至关重要。

1. 求新心理

求新心理是以追求商品的新颖和时髦为主要目的的消费心理，消费者购买商品时喜欢标新立异，注重商品新、款式新、花色新、流行时髦。具有求新心理的消费者大多购买力较强。企业实施饥饿营销的商品多为新款和时尚流行商品，只有这些商品才能吸引消费者购买。

2. 好奇心理

好奇心理是指消费者在购买商品时，追求新奇商品，注重所购商品与众不同之处，对构造奇特、来源神秘的商品有好奇心。在饥饿营销实施中，企业有计划和有节奏地释放商品信息、进行大量的广告宣传而商品却迟迟不面市等会给商品披上神秘的面纱，激发消费者的好奇心。为了解开心中的疑团和揭开商品的神秘面纱，很多消费者会主动搜寻商品信息并产生购买欲望。

3. 攀比心理

攀比心理是以争强好胜或者向别人看齐甚至胜过对方为主要目的的消费心理。在购买商品时，消费者考虑的不是商品本身的实际价值和自己的需要，其往往会在虚荣心和嫉妒心等的驱使下产生消费行为。企业实施饥饿营销的商品大多为限量版、供货紧张、高价、高档次的商品。

4. 求名心理

求名心理是一种以崇尚与追求名牌商品，或仰慕某种商品的名望为主要购买目的的消费心理。求名心理往往与炫耀心理有关，消费者在求名的同时，也体现出其以显示地位、身份、财富、势力为主要目的的炫耀心理。这类消费者通常是高收入者和赶时髦者。企业能成功实施饥饿营销的一个重要原因就是抓住了消费者对某些名牌商品执着追求的求名心理。消费者的求名心理表现为“现在紧缺、断货的商品，我可以等待，甚至可以加价等待”，一旦得到这些商品，他们会因为拥有这些商

品而产生自豪感与满足感。

5. 从众心理

从众心理在各个年龄段和不同经济水平的消费者的消费过程中都很常见，如送礼热、汽车购买热等消费现象，都是消费者从众心理的体现。企业实施饥饿营销，通过制造商品供不应求的现象吸引一些消费者购买，进而激发更多消费者的从众心理，往往会引起消费热潮。

6. 逆反心理

逆反心理是个体心理抗拒的一种特殊形式，在消费过程中也普遍存在。企业实施饥饿营销时制造的商品供不应求、迟迟不面市等现象，会让消费者产生“越是很难得到的东西，我就越希望得到它；越是不想让我知道的事情，我就越想知道”的逆反心理。但是，消费者如果感知到企业过度实施饥饿营销、故意过分吊消费者的胃口、宣传促销方式单一雷同化、企业商品的质量不好等，就会对企业产生不满，甚至拒绝购买。

（二）饥饿营销策略的运用条件

并非所有企业都可以运用饥饿营销策略。如果企业运用饥饿营销时条件不成熟，不但不会为企业带来大量的利润，还会给企业带来严重的负面影响。企业实施饥饿营销策略的条件包括以下几个方面。

1. 市场竞争环境

饥饿营销的成功需要一定的市场环境，即市场竞争不充分。例如，行业进入门槛较高使其他竞争者难以进入，或者企业自身实力雄厚使现有竞争者难以对自己形成显著性威胁等。在这样的市场环境下，企业可适时采用饥饿营销策略，并根据市场环境的变化及时作出调整，量力而行。

2. 消费者心理

饥饿营销能否成功，关键在于消费者是否配合。实施饥饿营销的企业希望消费者能够被人为造势影响，这就要求消费者的购买动机是不理性的。企业要善于利用消费者的求新、攀比、从众等心理，诱导或刺激消费者产生购买欲望，为饥饿营销的有效实施提供动力。

3. 产品综合竞争力

产品的综合竞争力要强，要不可比拟、无法模仿。优质的产品是饥饿营销实施的前提。企业要加强产品和技术创新，只有生产出独具特色、质量优良的新奇产品，才能引领时尚，获得消费者青睐，为饥饿营销策略的运用打好物质基础。

4. 品牌实力

能够采用饥饿营销的商品，通常是一些品牌实力很强的商品，品牌成熟度、知名度和美誉度比较高。品牌被消费者认可是成功实施饥饿营销的市场基础，只有在消费者充分信赖品牌的前提下，饥饿营销才能较好地发挥作用。

（三）饥饿营销的策略

饥饿营销可采用以下几种策略。

1. 科学地宣传造势

新产品上市前，企业可以利用线上线下媒体组合进行强势宣传，结合消费者心理打造卖点，适量地提供信息，不透露关键内容，吊足消费者胃口；新产品上市后，企业应利用媒体实时传播消费者的购买情况，烘托新产品供不应求的气氛，刺激消费者的购买欲望。有效把握消费者心理是饥饿营销成功实施的关键，持续的宣传造势则是维持饥饿营销效果的保障。

2. 帮助消费者建立需求

引起消费者广泛关注后，企业要让消费者发现自己对产品有需求。在营销过程中，企业要注重与消费者之间的沟通，使消费者了解、认同企业产品，乐于接受企业产品的独特优势。

3. 促使潜在消费者产生购买欲望

当消费者开始对企业产品产生需求时，企业要通过产品性能介绍和独特功能展示等，使消费者对产品产生一定的期望，让消费者对产品的兴趣和购买欲望越来越强烈。

4. 持续刺激，促进交易

通过人为制造产品供不应求的现象，适度控制产品供应量，在更新的产品上市前，让消费者持续处于缺货等待之中。当消费者的购买欲望达到顶峰时，顺应时势销售，促使消费者快速购买。

案例 3-8

iPhone 的饥饿营销与小米的饥饿营销

1. iPhone 的饥饿营销

iPhone 饥饿营销的“饥饿”更多地体现在对新产品信息的控制上。这种严密的信息保密制度为 iPhone 营造了一种神秘感，使消费者和媒体对其信息产生迫切渴望，直到新产品发布会上 iPhone 才正式揭开面纱。其传播路线大致为信息控制→发布会→上市日期公布→等待→全方位新闻报道→消费者通宵排队→正式开卖→全线缺货→热卖。iPhone 的整个产品推出过程极其有序，让消费者从渴望了解到渴望拥有再到追捧，一步步变为品牌忠诚者。

消费者对 iPhone 的痴迷与苹果品牌分不开。苹果公司在全球有着数以亿计的消费者和追随者，而且大多数是收入和文化水平较高、乐于享受生活、注重生活品位的群体，他们活跃于社交网络，甚至是某一群体的意见领袖。他们是 iPhone 优质的口碑传播源头，会自发、主动地参与口碑传播，产生的口碑更具客观性、真实性，容易被其他人接受。在产品生命周期的控制上，一方面，iPhone 尽可能地压缩产品的上市期（包括引入期和成长期）和退市期，尽量延长成熟期，为换代产品让出更大市场；另一方面，利用苹果应用程序商店寻求新的商业模式和价值，为自己注入新的生命力。

2. 小米的饥饿营销

小米的饥饿营销的轨迹大致为宣传造势→产品发布→消费等待→销售→全线缺货。小米的饥饿营销体现在整个产品发售过程中，产品分时段、限量供给，频繁出现产品瞬间卖空的现象，从而引发消费者的购买热情。小米并未投放大量广告，仅凭网络口碑和在病毒式营销中添加“饥饿”因素，使信息传播速度更快，造势更强，激发潜在消费者的购买欲望。

小米的成功之处在于以下六点。一是以“发烧”手机为理念，赢得手机发烧友的追捧。产品还未上市，小米就将硬件“发烧”的理念炒得火热。例如，装配了双核处理器的第 1 代小米手机以 1999 元的价格出售，堪称“性价比之王”，不仅引起了手机发烧友的好奇，还吸引了媒体的关注。二是灵活运用饥饿营销策略。凭借高性价比的优势，在营造了巨大的舆论声势后，产品一经推出便被买光，“米粉”只能焦急等待。三是借助舆论力量，多策略营销。以微博、MIUI论坛等为载体，利用公司创始人在社交媒体上的影响力宣传造势，并通过舆论热点炒作，提高关注度。四是商业模式创新。小米探索出“高配置+低价格”模式，进行差异化和低成本的有机结合，这是其他企业到目前为止难以复制的。五是以高技术支持带来人气。MIUI内测版、米聊安卓内测版以及米聊论坛的推出，使小米能够在短时间内迅速聚拢人气，“米粉”可以在米聊论坛反馈意见和问题，也可分享资源、交友、体验核心产品，甚至可以参与手机系统的开发。六是先进的供应链管理。小米采用零库存策略，即按需定制。企业通过网络订单确定市场需求，然后整合供应链采购零部件，最后由其他公司代工完成生产。

资料来源：豆丁网。

思考题

1. 简述内容营销策略的主要内容。
2. 简述IP营销的特点。
3. 简述IP营销的类型。
4. 简述情感营销的作用。
5. 简述饥饿营销策略的运用条件。

课后实训

实训1　为喜欢的品牌策划一次IP营销

实训目的

通过分析喜欢的品牌的特点和受众，找到与之契合的IP，能根据IP和品牌的特点，策划一次IP营销，以实践IP营销的知识。

实训内容

(1) 挑选一个喜欢的品牌，收集该品牌的相关信息，包括产品类型、价格、过往营销风格、品牌文化等。

(2) 选择多个IP，分析这些IP的基本情况，包括特点、寓意、受众类型等，从中挑选出与品牌契合的IP。

(3) 策划IP营销：设想可行的IP营销方案，列举出各方案的优缺点，拟订最终方案的评价方法和指标。

(4) 撰写营销活动策划方案：策划背景、策划目的和意义、营销活动的规划与实施、效果评价等。

实训2　内容营销案例评析

实训目的

通过分析案例，对比三种内容营销方式的优势与劣势、评估实施效果，达到熟悉内容营销策略的目的。

实训内容

(1) 收集内容营销的案例，分别筛选出情感营销、事件营销和饥饿营销的案例各一个。

(2) 对比这些内容营销案例的异同，分析它们的优缺点，评价它们的实施效果，提出改进建议，总结每种内容营销方式的运用条件和实施策略。

第四章

跨境电商营销

本章导读

跨境电商营销既具有网络营销的一般特点，又具有全球性、复杂性、多边化、差异化等特点。跨境电商平台是跨境电商生态圈的中心，企业利用跨境电商平台开展营销活动，应熟悉平台促销活动和店铺促销工具，充分利用平台提供的营销工具和机会。跨境电商独立站是企业开拓境外市场的重要平台，企业应根据自身的资源和能力、营销环境选择合适的独立站运营模式，并做好独立站推广工作。社交媒体营销是建立关系和内容传播的主要渠道，是跨境电商企业最重要的营销策略之一。跨境电商企业应熟悉、掌握和实施国外主流社交媒体或合适的社交媒体的营销策略与技巧。

开篇案例

亚马逊会员日

Prime Day 是亚马逊会员日，为特定国家的 Prime 会员提供促销、打折的优惠活动。包括中国卖家在内，亚马逊全球第三方卖家会为亚马逊全球超过 2 亿的 Prime 会员，送去涵盖各类商品的优惠信息。在卖家圈里流传着这样一句话："玩好一个亚马逊 Prime Day，全年不挨饿。"会员日是旺季前的一个流量高峰。参加 Prime Day 活动可以享有品牌的最大曝光度，获得极大的流量，快速增加销售额，可能当天的销售额就抵得上之前一周的销售额。为了帮助卖家顺利备战年度销售旺季，亚马逊在仓储物流、品牌打造、合规、运营等方面推出了一系列举措和服务。参加 Prime Day 大型购物节必须提前进行品牌注册，新入驻的品牌可以获得亚马逊官方新手大礼包及相关权益。

资料来源：雨果网。

第一节　跨境电商平台营销

跨境电商生态圈一般以跨境电商平台为中心，还包括卖家、买家、跨境电商服务商、政府监管机构四个方面的参与者。很多企业的跨境电商营销活动要依托一定的跨境电商平台，借助平台资源开拓进出口市场。按照货物进出口方向划分，跨境电商平台可分为进口跨境电商平台和出口跨境电商平台。按照交易模式划分，跨境电商平台可分为：B2B（Business to Business，企业对企业电子商务）平台，如阿里巴巴和中国制造网；B2C（Business to Consumer，企业对顾客电子商务）平台，如天猫国际和京东国际；C2C 平台，如易贝（eBay）。按照服务类型划分，跨境电商平台可分为：信息服务平台，如阿里巴巴国际站和环球资源网；在线交易平台，如敦煌网和米兰网。按照平台运营方式划分，跨境电商平台可分为：自营型平台，如兰亭集势和米兰网；第三方开放平台，如敦煌网和阿里巴巴国际站。

进口跨境电商平台为消费者所熟悉的有天猫国际、京东国际、小红书、洋码头、网易考拉海购、顺丰海淘等，本章仅对速卖通、亚马逊、易贝等出口跨境电商平台进行介绍。除这些平台外，非洲的 Kilimall，东南亚的 Lazada 和 Shopee，拉丁美洲的 Linio 等新兴市场的电商平台也值得关注。

一、速卖通营销

速卖通是阿里巴巴集团旗下面向国际市场的跨境电商平台，成立于 2010 年，是我国最大的跨境电商交易平台，被广大卖家称为“国际版淘宝”，其业务覆盖全球 200 多个国家和地区。速卖通在全球战略中着眼于亚马逊、易贝的空白点，也就是进入非发达国家和地区的电子商务领域。选择速卖通的卖家必须针对目标市场制定销售策略，通过提供高性价比、低价、低成本物流乃至普通的电商服务，来满足目标市场的需求。另外，在速卖通开店很难打造爆款，所以长尾理论特别适合速卖通网店的运营。

（一）店铺促销工具

速卖通平台有四大店铺促销工具，即限时限量折扣、全店铺打折、店铺满立减、店铺优惠券，其中限时限量折扣位居四大店铺促销工具之首。

1. 限时限量折扣

限时限量折扣是由卖家自主选择活动商品和活动时间，设置促销折扣及库存量的店铺营销工具。该工具利用不同的折扣力度推出新品、打造爆品、清理库存。其优点是可以在商品主图显示折扣标志，在买家搜索页面额外曝光，并能在买家购物车和收藏夹中显示折扣提醒。卖家需要填写的内容有活动名称、活动开始时间、活动结束时间，所有时间都为美国时间。一般促销时间持续一周，商品数量为 20 个左右。

2. 全店铺打折

全店铺打折是可根据商品分组对全店商品批量设置不同折扣的打折工具，可帮助卖家在短时间内快速提高流量和销量。此工具能根据不同分组的利润率设置不同的折扣力度，也能在买家购物车和收藏夹中显示折扣提醒。卖家可以免费使用全店铺打折，每月最多 20 个活动，总时长 720 小时。卖家可设置 24 小时后开始活动，从创建活动到活动开始前 12 小时为“未开始”状态，在此阶段可以对商品进行编辑和下架；活动开始前的 12 小时是“等待展示”阶段，从这 12 小时到活动结束，都不能编辑和下架商品。卖家需要填写的内容是活动名称、活动开始时间、活动结束时间和各分组的折扣。所有时间均为美国时间。

需要注意的是，限时限量折扣和平台活动的优先级高于全店铺打折，若商品同时参加这些活动，则以限时限量折扣或平台活动为准，两者的折扣不叠加。

3. 店铺满立减

店铺满立减是卖家在商品单价的基础上，设置订单满多少元，系统自动减多少元的促销工具，可刺激买家消费更多的金额。卖家可以在每款商品的下面搭配一些关联产品，在买家想凑足满立减金额时起到推荐的作用。不仅搜索页面可显示满立减标志，店铺首页也具有明显标志，可吸引和刺激买家下单。该工具可免费使用，每月最多 3 个活动，总时长 720 小时。卖家可设置 24 小时后开始活动，具体规则同全店铺打折。

4. 店铺优惠券

店铺优惠券是卖家设置优惠金额和使用条件，买家领取后在有效期内使用的优惠活动工具。该工具可以刺激新买家下单和老买家重复购买，提高购买率及客单价。同一时间段可设置多个店铺优惠券活动，满足不同购买力买家的需求，以获得更多订单。同时可通过平台邮件直接将店铺优惠券推送给买家。店铺满立减和店铺优惠券活动可同时进行，折扣活动也可以同时进行，折扣商品以折价后的价格（包括运费）计入店铺满立减、店铺优惠券订单中，产生叠加优惠，更易刺激买家下单。

卖家可免费使用店铺优惠券，每月最多 5 个活动。创建促销活动 48 小时内，从创建活动开始的 24 小时为“未开始”状态，在这段时间可以对商品进行编辑和下架。活动开始前的 24 小时为“等待展示”阶段，从这 24 小时到活动结束，都不能编辑和下架商品。卖家需要填写的内容包括活动名称、活动开始和结束时间、面额、每人限度、发送总量、使用条件和有效期。所有时间均为美国时间。

（二）平台促销活动

速卖通平台促销活动多种多样，项目丰富，平台每年会有三次大促，分别是“3·28”大促、“8·28”大促和“双 11”大促，通常提前一个月左右招商。“3·28”大促是速卖通平台的周年庆活动，作为仅次于“双 11”的大型促销活动，能为卖家输送海量流量，帮助卖家显著提升订单量。“8·28”大促是旺季来临的标志，衔接“双 11”大促。“双 11”大促是速卖通力度最大的促销活动。此外，速卖通每隔一段时间还有官方举办的促销打折的活动，如以下促销活动。

1. Super Deal

Super Deal 是打造“爆款”的利器，包括 Daily Deal、Weekend Deal、Featured Deal 等活动。每周五开始招商，每周四审查商品，一周 7 天展示，每天更换商品。对商品的要求：满足近 30 天的销量大于 1，包邮，运动鞋折扣 6.5 折起，运动娱乐商品 5 折起。其中，Daily Deal 是 Super Deal 最具代表性的活动，可以看成速卖通的聚划算。每个卖家只能报名一个商品，要求 90 天内的好评率大于或等于 90%，全球免邮。Weekend Deal 即每周精选商品限时购，定期定时在首页以横幅广告展示，可以获取很高的点击量；周五预览，周六、周日售卖，每周四招商并审查商品；产品折扣要求全行业 7.5 折起。此外，参与 Weekend Deal 活动的商品有销量要求且严禁提价打折。

2. 团购

团购活动的特点是利润低，但订单量大，目的是获取曝光度和信誉度。下面以俄罗斯团购和巴西团购为例进行说明。

（1）俄罗斯团购。严禁提价销售，团购商品要求一口价。如果商品折扣大、库存多，则会优先考虑。一周更新 3 次，每期展示 4 天，提前 15 天招商，提前 5 天审查商品。以运动行业为例，其具体要求为：好评率在 92%以上，运动全行业 6 折起，最小促销数为 150，必须是单 SKU（Stock Keeping Unit，最小存货单位）商品。

（2）巴西团购。一周更新 3 次，北京时间每周一、三、五 7 点更新，提前 15 天招商，提前 5 天审查商品。以运动行业为例，其具体要求为：好评率在 92%以上，运动全行业 6 折起，近 30 天的销量大于 3，最小促销数为 200，巴西包邮。

案例 4-1

2023 年速卖通三大核心战略方向

速卖通在“速卖通 2023 年商家峰会”上提出了三大核心战略方向，以满足商家多样化需求，助力中国商家便捷经营、快速“出海”。一是正式推出全托管，商家能选择的经营模式更丰富，如果商家有货品优势，但不熟悉运营和售后等，可以选择全托管。二是提升到货时效，商品到货越快，商家获得的流量激励越多，速卖通将持续加大物流能力投入，提升到货时效。例如，对国内优选仓和海外仓全面进行拓展，总面积将超过 100 万平方米，分拨中心将覆盖全国 200 多个城市，确保产业带的揽收保障，同时物流产品会有相应的提速升级，部分产品价格将更友好。速卖通还将重点通过“合单”的方式，升级物流服务，让商家的订单更快到货，商家无须承担升级所产生的费用。三是提升用户体验，重点关注价格力和售后服务，商家所提供的用户体验越好，店铺的好评率越高，可以获得的曝光量和流量才会越多，成交的概率才越大。

资料来源：搜狐网。

二、亚马逊营销

亚马逊公司（Amazon）的总部位于美国西雅图，创立于 1994 年，从在线经营书籍销售业务发展成商品品类最全、最广的在线零售商。2012 年，亚马逊全球开店业务进入我国，旨在借助亚马逊全球资源，帮助我国卖家发展出口业务，拓展全球市场，打造国际品牌。亚马逊的目标市场是经济发达国家和地区，对入驻商家的要求非常高，对商品质量、服务、价格都有特殊要求，入驻亚马逊的卖家需要有品牌和货源优势。

（一）店铺促销工具

亚马逊店铺促销工具主要有 free shipping、money off、buy one get one、coupon，即免运费、满减、买赠、优惠券。其中满减是促销效果最好的一种方式，满减的折扣规则多种多样，亚马逊卖家可以根据店铺的实际情况设置满减的具体内容。①免运费，只要买家消费够一定金额或者数量，就可包邮配送；②满减，买家消费满多少钱或者多少数量，就可减多少钱或者享受一定的折扣；③买赠，买家购买一定数量产品或者消费满多少钱，就可获赠同类产品或其他产品；④优惠券，针对具体产品订单，可直接减免金额，也可减免百分比折扣，后台设置方式简单，前台买家获取便捷，有利于促成出单。

亚马逊店铺促销的优势有两个方面。

1. 清理库存

库存的积压和仓储成本过高会增加亚马逊卖家的负担，促销活动可以帮助清理库存。

2. 产品联动可减少客户流失

亚马逊卖家可以将自己店铺里的两款产品设置成彼此为促销的对象，也就为两款产品搭建了一个关联的桥梁，这可以明确地告知亚马逊系统这两款产品的关联性。亚马逊系统算法的核心就是通过识别相似产品并将其彼此关联起来，让平台上的产品从彼此独立到彼此交叉，从而牢牢地锁住客户，减少客户流失。

需要注意的是，进行店铺促销前亚马逊卖家需要提前做好调研与准备，观察自身产品是否适合促销，保证自己有所得利润的同时可以提高产品的转化率。

（二）平台促销日或促销活动

亚马逊平台主要促销日或促销活动包括 Prime Day、黑色星期五、网上星期一、LD（Lighting Deal，限时秒杀）和 BD（Best Deal，限时促销）、Back to school 等。

1. Prime Day

Prime Day 可以说是亚马逊销售旺季前的流量高峰，会员日一周的销量很可能达到原来一个月的销量。参加 Prime Day 的产品，获得流量倾斜优势是必然的。长期来看，参与 Prime Day 的产品销量增加、评论增加、曝光度增加、产品排名提升，有利于以后的运营。并非所有卖家都有资格参与 Prime Day，亚马逊卖家参与活动至少要有专业卖家账号、每月至少 5 条买家反馈、平均卖家评级 3.5 星，另外还有折扣、库存等多方面的要求。

2. 黑色星期五

黑色星期五，简称黑五，是感恩节的第二天。黑五这一天的折扣很大，尤其对欧洲卖家的销量影响很大。在这个节点，很多卖家都会进行产品促销，以获得更多的销量。

3. 网上星期一

网上星期一，是每年感恩节后的第一个星期一。这一天，折扣与黑色星期五相似，影响很大。两者都被认为是促销活动日，可以帮助卖家获得更多流量。

4. LD 和 BD

LD，后台可以推荐，每次花费 150 美元。BD，卖家需要申请参与。BD 虽然是免费的，但对卖家有严格的要求，活动标题的所有方面都应该遵循亚马逊的严格要求。这两者都是亚马逊自己的促销活动，可以帮助卖家更好地展示自己的产品，获得销量。

5. Back to school

Back to school 意味着返校季。亚马逊平台针对不同年龄段的学生开设了特定的商店，销售课堂学习必需品。由于销售的目标客户群是明确的，促销活动的影响力在短时间内非常大。卖家可以列出一些学生开学需要的产品。

三、易贝营销

易贝是一个可以让全球民众上网买卖物品的线上拍卖及购物网站。1995 年，易贝创立于美国加利福尼亚州。易贝在全球拥有 30 多个独立平台，考虑到了不同地区消费者的浏览体验，便于不同地区的消费者浏览。易贝与淘宝的模式类似，店铺操作较为简单，开店免费，门槛低，适合各类卖家，但入驻流程中需要办理的手续烦琐，对卖家信誉非常重视。易贝的核心市场是欧美市场。

（一）营销方式

易贝有三种营销方式，即拍卖、一口价、“拍卖+一口价”。

1. 拍卖

通过竞拍的方式进行销售，价高者得，这是易贝卖家常用的销售方式。

2. 一口价（Fixed Price）

一口价方式是以定价的方式来刊登物品，这种销售方式能够方便买家购得商品。

3. “拍卖+一口价”

卖家在销售商品时选择拍卖方式，设置最低起拍价的同时，根据自己对物品价值的评判设置一个满意的保底价，也就是一口价。

（二）店铺促销工具

易贝店铺促销工具主要有 Sales even +Markdown、Order Discount、Shipping Discount、Volume Pricing、Codeless Coupon、Best Offer 等。

1. Sales even +Markdown

这是最直接的促销方式，使用最广泛，直接在原价的基础上减价。这种折扣可以让买家在首页搜索的时候看到原价和折扣价，对提高 listing（商品详情页）的转化率有帮助。

2. Order Discount

对于 Order Discount 的折扣活动，买家在搜索结果页面是无法看到的，只有点进产品详情页，才能看到这个活动。活动最大的作用是绑定不同的产品，如用爆款产品带动新品的销售或者清仓库存。另外，在一些促销日，如黑色星期五，也可以设置这个活动来促销。

3. Shipping Discount

这个活动意味着多件产品减免运费。参与该活动的前提是要设置好合并订单规则，这个活动才能奏效。这个活动方式用得比较少，因为产品总价一样的话，免运费的 listing 的排名会优先于有运费的排名，大多数卖家会将运费直接算进产品售价里面，设置免邮。

4. Volume Pricing

这个折扣活动是 2018 年年底推出的，与 Order Discount 有些类似，都是购买多件打折，这个活动不一样的地方在于只针对单 SKU，只对当前 listing 有效，买家不能跨产品享受这个折扣；产品的数量要大于 1。这个活动与 Order Discount 一样，也不会显示在搜索页面。

5. Codeless Coupon

这个活动是设置一个专属的虚拟折扣券，主要用于站外推广，或者发给老客户以提升回购率。这个活动下买家必须通过专属的 URL（Uniform Resource Location，统一资源定位系统）点进去，才能看到这个折扣券，其他的买家则无法看到。

6. Best Offer

Best Offer 和 auction 一样，有一个专属的流量入口，因此有 Best Offer 的 listing，会有更多的流量。Best Offer 是易贝平台上增长超快的购买方式。但是 Best Offer 也有缺点：让购买的过程拉长，可能会流失一些想要立即购买，但是又不想用原价购买的客户。为了不错过买家议价，或者将购买的过程缩短，可以设置自动接收和自动拒绝的功能。Best Offer 只适用于单属性 listing，高价值新品可以用这个功能快速积累销量。

（三）平台促销活动

易贝提供了丰富的促销活动，主要有以下四种。

1. Buyer Coupon

这是针对买家的优惠券活动，参加这个活动的好处是 listing 的流量和转化有比较明显的效果，特别是旺季的时候，平台会有更多活动支持。

2. Primary Deals

活动会在相应站点的 deals 首页置顶的板块展示，可以带来更多的曝光量和流量。

3. Weekly Deals

活动产品会在 deals 页面的首页下方非置顶位置展示，在活动期间还有 EDM（Email Direct Marketing，邮件营销）推广、当地网红引流、网络联盟推广以及站点优惠券支持。

4. Superweekend

这是易贝主要在法国、意大利、西班牙站三个站点进行的一个特别的周末促销活动，除了在首页 Banner 上进行推广，还有站外曝光的途径。

第二节　跨境电商独立站营销

跨境电商独立站是卖家搭建的属于自己的面向境外客户且具有销售功能的营销官方网站或 App。跨境电商独立站是卖家直接拥有和掌控的电商平台，相比在第三方平台上销售，卖家可以更好地控制产品质量、价格、品牌形象等。

一、跨境电商独立站运营模式

独立站主要运营模式包括 Dropshipping、铺货模式、DTC 模式、垂直品类模式等。

（一）Dropshipping

Dropshipping 即无货源模式，可以说是入门版的跨境电商模式。卖家通过国内平台选品，并将商品上架到独立站中，然后引流到独立站，待消费者下单后，由供应商直接发货到消费者手中。这种模式相当于将商品的制造、物流等环节外包给其他人，一旦有订单，将订单和装运细节提交给供应商，由供应商将货物直接发送给终端消费者。这种模式的优点是风险小，没有资金与库存压力、不用提前囤货。但是这种模式对选品的要求比较高，需要卖家识别能卖出去的商品。

（二）铺货模式

铺货模式是在独立站中大批量地上传商品，商品品类比较多，且多为日常生活用品，价格比较低，能够引起客户下单的欲望。这种模式包括爆品模式和杂货铺。这种模式主要通过社交媒体进行广告投放，获得订单转化。爆品模式就是在这种模式下测试不同商品，针对转化率高的商品加大投放预算从而打造爆品。由于商品比较多，无法精细化运营，所以消费者群体不精准，独立站营销和广告投放难度比较大。

（三）DTC 模式

DTC（Direct to Consumers，直达消费者）模式，即卖家通过独立站与消费者直接互动，在线销售自有商品的运营模式。DTC 模式以消费者为直接导向，通过与消费者的连接反推供应链发展。这有利于塑造品牌、缩短商品的经销环节，为消费者提供独特的购物体验，收集消费者的详细信息，更好地触达消费者，实现消费者多次复购。这种模式的选品非常重要，大众消费品类在这种模式下优势不明显，很多小众品类，如汽车配件、焊工工具，往往可以通过这种模式获得成功。

（四）垂直品类模式

垂直品类模式是在某个行业或者细分市场深化运营的模式。一般从差异化定位和独特的品牌附加值入手，提供更加符合细分领域人群需求的特定类型产品，即精细化运营特定品类。垂直品类模式的优势为：受众相对固定，可以积累客户和品牌效应；因为品类的单一性，网站看起来会更加专业，更容易获得消费者的信任；可以低成本引流、积累私域流量、提升复购率，所以可持续发展性非常强。但是由于品类单一，容错率比较低，如果选错了品类，前期投入就浪费了。需要注意的是，在这种模式下，特定的品类一定要直击客户群，利用广告投放放大效果，其主要的流量来源依赖于广告投放。

（五）品牌站模式

垂直品类模式的独立站在某一领域获得一定的买家数量时，垂直品类模式可以进一步发展成品牌站模式。品牌站的运营模式主要依赖卖家自己的产品，对产品要求非常高，需要有产品设计和研发以及品牌搭建、规划的能力，更重要的是找到适合产品的营销手段。

（六）站群模式

站群模式是指跨境卖家拥有多个独立站，能够通过大量铺货，快速打造爆款，能够在短时间内获取大量的流量。但是站群模式要求跨境电商卖家的经济实力较强，对于中小卖家来说，这是无法实现的。

（七）POD 模式

POD（Print on Demand，按需印刷）模式，即按需定制，提供给消费者定制产品，如印有定制图案的水杯、有涂鸦的短袖、图腾摆饰等。在消费者下单之后进行生产的销售模式都称为 POD 模式。POD 模式一般利润比较高，因为定制产品的定价可以更高，同时卖家可以根据消费者的订单备货，不存在备货压力。此外，POD 模式还能帮助卖家实现差异化，从而获得更多订单。

（八）COD 模式

COD（Cash on Delivery，货到付款）模式，可以快速创建类似淘宝详情页的独立商品页面，在境外的社交媒体做广告，并用货到付款的模式进行交易。COD模式在东南亚以及中东等地区非常常见。相比独立站注重转化率，COD模式更注重消费者的签收率。COD模式可以获得买家信任，可以利用境外的社交媒体平台进行引流，可以实现流量分散化并打破平台的限制，也会帮助卖家形成稳定的客户群。

案例 4-2

跨境电商独立站 Raycon

经营电子产品的独立站Raycon，每月有超过52000名访客。随着精美的高质量图像和社会证明显示在首屏，你会想要一次又一次地访问它。Raycon上最值得注意的页面是“名人目击”页面，你可以在其中看到迈克·泰森（Mike Tyson）所称的“美国最好的耳塞”。极简的产品详细信息页具有精美的优点。Raycon在高质量的图像上投入较大，并最大限度地减少了产品页上各种分散注意力的元素。Raycon的策略可以总结为添加社会证明，尤其是在首屏上，会对买家的思想产生巨大的潜意识影响。使用名人作为社会证明很有效，因为有研究表明，9%的买家决策往往都取决于影响者的推荐。

资料来源：根据网络公开资料整理。

二、跨境电商独立站推广策略

独立站模式让更多的跨境电商卖家把握了主动权，但不同于在跨境电商平台上开店，平台会直接给店铺流量，通常搭建好一个独立站之后，是没有自然流量的，这就要求跨境电商卖家要做好独立站推广工作。

（一）优化产品质量和服务体验

有数据显示，消费者在购买产品时最看重的因素是产品质量和售后服务。独立站需要在产品设计、生产、包装、物流等方面下功夫，确保产品的品质和质量；同时要注重售后服务，及时处理用户的问题和投诉，提高用户满意度和口碑。

（二）打造品牌形象和口碑

独立站可以在社交媒体、口碑平台等渠道积极推广品牌，与消费者建立良好的沟通和互动；通过消费者的推荐和好评来提升品牌形象，提高新客户的转化率。此外，独立站还可以通过赞助活动、公益事业等方式提升品牌形象和口碑。

（三）搜索引擎优化

独立站可以通过优化网站结构、内容和关键词等，提高网站在搜索引擎中的排名，增加流量和曝光率；可以使用关键词研究工具和搜索引擎优化分析工具来辅助搜索引擎优化。

（四）广告投放

独立站应注重以付费广告方式在搜索引擎、社交媒体和其他网站上投放广告，吸引潜在客户。要注意根据目标客户的特征和行为定向投放广告，如 Facebook 广告和 Google AdWords。

（五）社交媒体营销

社交媒体营销可以通过发布有价值的内容、参与社交媒体讨论、合作推广等方式来实现。这种营销方式可以帮助独立站建立品牌形象、提高品牌知名度和客户忠诚度。在选择社交媒体和口碑平台时，独立站需要考虑目标客户群体的特点和喜好。例如，对于年轻消费者，Instagram 和 TikTok 是较受欢迎的社交媒体平台；对于商务消费者，LinkedIn 则是更好的选择。

（六）内容营销

独立站可以通过有价值、有趣、有用的内容吸引访客，提高网站的流量和曝光率。独立站可以通过写博客、发布视频、制作图片等方式进行内容营销。在进行内容营销时，需要注意选择合适的内容类型和形式，以吸引目标受众，并让其产生共鸣。也可以考虑利用 UGC，UGC 可以帮助独立站与消费者建立更加紧密的联系，提高消费者对品牌的认知和信任度。为了利用好 UGC，独立站需要引导消费者创作有价值的 UGC，可以通过发起 UGC 活动、赠送礼品、提供专业的 UGC 创作工具等方式来鼓励消费者参与 UGC 创作。同时，独立站还需要对 UGC 进行管理和监控，及时回应消费者的反馈和评论，保证 UGC 的质量和真实性。

（七）合作营销

独立站可通过与其他网站、博主、社交媒体和跨境电商平台等进行合作推广，扩大品牌知名度和客户群体。独立站可以通过打通电商生态圈、交叉推广、品牌联合等方式进行合作营销。在跨境电商市场中，境外网红营销是一种重要的推广方式。他们在社交媒体上拥有大量的粉丝和强大的影响力，可以帮助品牌吸引更多的关注和用户。独立站可以通过与 KOL 和网红合作，将产品和品牌推广给更多的消费者。例如，可以邀请 KOL 和网红试用产品并发布评测视频，或是邀请 KOL 和网红拍摄产品和品牌宣传视频等。

（八）提供多样化的支付方式

境外消费者的支付方式多种多样，独立站需要提供多种支付方式以满足消费者的需求。贝宝（PayPal）的调查显示，过半的境外消费者倾向于使用贝宝这样的第三方支付平台。除此之外，信用卡、转账等支付方式也得到了消费者的广泛认可。因此，独立站需要提供多样化的支付方式，以便消费者可以根据自己的习惯选择最方便的支付方式。同时，提供安全、可靠的支付平台和支付环节，也是建立口碑的重要因素之一。

（九）关注消费者反馈

在跨境电商业务中，了解消费者的反馈是非常重要的。独立站可以通过调查问卷、在线客服、社交媒体等方式了解消费者的需求和反馈，进而改善产品和服务。一项针对美国消费者的调查数据显示，90%的消费者表示他们会基于网站评分和评论作出购买决策，因此独立站需要及时回应和处理用户反馈，提高用户满意度。

第三节　跨境电商社交媒体营销

社交媒体为企业提供了与现有客户和潜在客户建立联系的独特机会，推动企业进入互动式的关系导向型营销时代。社交媒体营销的核心是关系营销，关系营销强调与客户的互动，已成为留住和赢得客户的绝佳工具，是跨境电商企业最重要的营销策略之一。

全球拥有超过30亿社交媒体用户，国外除几个主流社交媒体外，LinkedIn、Pinterest、Tumblr、VK、Flickr、Tagged、ASK. fm、Meetup、MeetMe、WhatsApp、Snapchat等也较常见。

LinkedIn是美国一家职业社交网站，约有94%的B2B营销人员使用LinkedIn作为内容分发渠道；Pinterest是一家知名的图片社交分享网站，允许用户创建和管理主题图片集合；Tumblr是全球最大的微博客平台和社交网站之一；VK是欧洲的一家社交网站，网站拥有几种语言选项，在世界各地讲俄语的用户中特别受欢迎；Flickr是一个图片存储和视频托管网站；Tagged是一个社交发现网站，允许会员浏览其他会员的个人资料、玩游戏、分享标签和虚拟礼物；ASK. fm是一个问答社交网站，用户可以在网站上向网友提出问题；Meetup是一个线下组织类社交网站，该网站拥有世界各地的线下小组群体，网站允许成员找到并加入有共同利益的群体；MeetMe网站内置Flash游戏，从游戏里赚来的Lunch Money（午餐费）可以在网站其他地方使用；WhatsApp是一款用于智能手机之间通信的应用程序；Snapchat的主要用户群体是13～25岁的人群。

一、跨境电商社交媒体营销策略

（一）确定受众、定位社交平台

确定社交媒体营销的受众群体，即进行“角色开发”。获取买家角色信息可以使企业从许多方面受益，在启动和维护品牌的社交媒体形象方面尤其有用。不同的受众具有不同的社交媒体行为和偏好。如果销售专为“Z世代”设计的产品，社交媒体营销重点应放在Snapchat这样的年轻受众平台上。定位受众与社交平台需要做好三个方面的工作：一是收集有关社交媒体用户的习惯，以及他们与自己喜欢的品牌和业务交互的数据；二是对线上线下客户进行调查，将调查结果作为制定社交媒体营销策略的依据；三是分析竞争对手的社交媒体营销策略，分析竞争对手活跃的平台及其原因。

（二）分析受众需求并鼓励受众参与互动

通过社交媒体，企业可以对消费者的需求进行分析，既包括消费者对品牌、产品的需求，也包括消费者对社交媒体的需求，从而为企业改进产品和社交媒体内容营销提供依据。社交媒体最显著的优势是互动性较强。企业要通过社交媒体吸引粉丝和客户，应为受众提供有价值的内容，鼓励受众积极参与互动。小测试、直播等是让目标受众乐于参与其中的有效方式，企业也可以通过投票、比赛和竞赛等活动来吸引受众，把折扣、促销码和优惠券当作受众参与活动的奖励。企业通过社交媒体推送内容时，还应注意推送的时间。例如，TikTok 的最佳发布时间为周六上午 11 点至中午 12 点（美国东部标准时间）；如果想在工作日发布内容，则宜选择周二和周四的下午 4 点至 7 点（美国东部标准时间）的时段。

（三）推送优质的、可共享的内容

企业开展社交媒体营销的目标往往是创造并推送客户喜欢的、乐意分享的优质内容，而要达到此目标应注意以下四点。

1. 时效性

创建客户喜欢并愿意与朋友分享的内容时，时效性是关键。创建内容日历是一种很好的方式，可以预测时间并在竞争开始之前开发丰富的内容。

2. 创建有用的内容

考虑客户遇到的一些问题，为客户提供解决方案。可以借助常见问题解答创建对现有和潜在客户有用的内容；也可以遵循“4H”法则进行内容创作，“4H”法则即 Humor（幽默）、Honesty（诚实）、Have fun（有趣）、Help people（助人）。同时注意采用二八法则，即 20％的“硬推销”＋80％的非营销内容，80％的非营销内容的主要作用是吸引用户，并为 20％的营销内容“打掩护”。

3. 调整为视觉化内容

网络用户的视觉化阅读习惯更偏好图片和视频形式，视觉化的内容，尤其是彩色视觉的内容更能提高用户阅读量，提高文章互动率。针对用户视觉化阅读习惯来优化内容的跨境电商品牌，更容易引起用户兴趣，增强其对品牌的认知。

4. 设置热搜话题

热搜话题是社交媒体平台当前吸引人的内容营销新趋势。热搜词有助于企业在合适的时间获取合适的受众，把目标受众吸引到其网站上。

（四）影响者营销

影响者营销是利用社交媒体来提高电商网站流量的方式之一。在对影响者市场进行评估后，聘请与企业的产品或服务内容相关的影响者推广产品和品牌，可以有效地将目标受众引导到企业自有媒体上。除了确保影响者的受众群体与企业客户角色匹配之外，还应该考核影响者，确保他们的价值观和输出的内容与企业品牌保持一致。

（五）参与专业社交平台

通过流行的社交媒体与客户建立联系是加强营销活动效果的有效方法，如果想进一步扩展关系网络，专业社交平台是很好的选择。例如，LinkedIn 可以使专业人士能够与其他行业领导者、潜在人才和营销专家建立联系，这些关系有助于促进招聘工作、建立专业合作伙伴关系，拓展关系网络。

二、跨境电商社交媒体营销举例

（一）TikTok 的营销策略

TikTok 越来越受到用户的欢迎，每月有 10 亿活跃用户。它为希望与大量受众建立联系的企业提供了一个强大的营销平台。在 TikTok 上，制作有趣且引人入胜的视频的品牌往往会取得成功，TikTok 为品牌提供了一个可以展示有趣（甚至可以赚钱）特征的平台。TikTok 的用户参与度很高，用户会主动与应用程序上的内容建立联系，而不是简单地下载内容。相关统计显示，典型用户每月使用 TikTok 的时长为 858 分钟，并且这一数字还在增长。因此，企业应针对 TikTok 的功能和平台优势，为自己量身定制营销策略。

1. 创作有趣且信息丰富的内容

任何成功的营销活动的关键都是创作围绕目标受众并引起其共鸣的内容。在 TikTok 上，这意味着创作有趣且信息丰富的内容。在娱乐中为用户提供价值和信息非常重要，这是提升品牌影响力的有效途径之一，也能赢得目标受众的信任。

创作内容应注意内容的真实性，只有真实贴近生活的内容才能更有说服力。创作内容时可以利用产品的先后对比图、产品的专利背书、产品的制作过程、幕后故事等。视频不需要太多的专业摄影技巧和丰富的故事情节，可操作性强，无须太多的修饰，要尽可能地展示产品的价值、内容真实简单。创作内容时还应特别注意确保内容适合 TikTok。TikTok 是一个与其他社交媒体不同的平台，如 TikTok 上的视频最佳时长在 21～34 秒，表现最好的 TikTok 视频中有四分之一是如此，企业在创作内容时应予以考虑。又如 TikTok 视频有自己的小众编辑风格，与其他平台上流行的风格截然不同，包括画外音、转场、滤镜和对流行视频格式的创造性使用，所以用于 TikTok 的内容最好是原创。另外，TikTok 还提供了许多创意工具，企业可以利用它们使品牌视频更具吸引力。这些工具包括视频模板、智能视频、登录页面到视频等。

2. 与影响者和创作者合作

TikTok 是影响者营销的绝佳平台。与 Instagram 相比，TikTok 用户可能更相信有影响力的人的推荐。而且 TikTok 的影响者营销成本较低，是小型企业负担得起的选择。企业可以选择与有影响力的产品或品牌相关创作者合作，这些创作者应拥有忠实粉丝，他们可能是拥有较少但活跃的粉丝群的微型影响者，但他们可以创建与品牌相关的高质量内容，能够覆盖明确的目标受众，并能减少广告支出。

3. 使用 TikTok 广告

TikTok 广告可以帮助企业快速有效地拓宽其营销活动的影响范围，TikTok 的算法会将广告信息精准地推送给目标受众。企业可以选用 TikTok 广告代理商，它们可以帮助企业在平台上创建完美的广告类型组合，有助于优化品牌广告效果。在选择 TikTok 广告代理商时，应重点考察其声誉、专业知识以及为其他客户取得的成果。小型企业也可以尝试使用 TikTok 的自助广告平台，它专为小型企业设计，可以帮助企业创建和开展自己的广告活动。

TikTok 有多种广告类型，其中 Spark Ads 是一种非常有效的广告类型。这种原生广告类型允许品牌创建针对小众受众的信息流广告。对于许多品牌来说，Spark Ads 是它们在平台上最喜欢的广告类型，因为它具有多功能性和经过验证的高转化率。

TikTok 提供了一些深入的分析工具，可以帮助品牌优化营销活动并取得更好的效果。其中 Insights 工具可以让品牌查看用户统计信息、视频统计信息、视频排名信息等。这可以帮助品牌分析广告效果，从而优化广告和促销活动。

4. 建立受众社区

TikTok 用户围绕具体话题创建平台社区，如“＃BookTok”和“＃CleanTok”。找到适合品牌产品系列的社区定位，并为该利基市场创建垂直内容，在引导用户进行共创的同时，可进一步帮助品牌和产品提高曝光度。

5. 策划品牌挑战赛话题

挑战赛是 TikTok 上常见的品牌推广方式。品牌可以创建相关标签，邀请 TikTok 用户创作，免费向创作者提供产品或样品，方便他们体验和创建相关视频。播放量高或有助于品牌获得高销售量的创作者可以获得额外奖励。在品牌挑战赛中，企业可以与影响者合作，借助他们的热度，快速获取流量，提高品牌的曝光率。参与挑战赛的普通创作者可能粉丝数量不多，但作为普通用户，他们更容易为其他用户所信任，他们生产的内容也更具有参考意义。用户参与挑战赛，可以增加话题讨论度，进而提高标签的受欢迎程度。当标签覆盖面越来越广，主题中的视频被推荐给相关用户的可能性就越高。

6. 与粉丝互动

如果品牌能够通过评论区与用户互动，被回复的用户往往可以感受到品牌的温度，与品牌建立情感联系。与用户深入互动，还可以从用户那里获得产品的真实反馈，进一步了解他们的需求，改善产品和账号运营方式，从而吸引更多的用户，促进品牌的发展。加强与品牌粉丝的互动可以激发 UGC 创作热情，更多优质的与品牌相关的 UGC 也将进一步加强品牌与粉丝的情感联系。

案例 4-3

Little Moons 在 TikTok 的推广技巧

冰激凌品牌 Little Moons 在 TikTok 上热度持续不断的趋势，给人一种不跟上这波潮流就会落伍的感觉，这种感觉迫使大家都去商店买这个品牌的冰激凌，并尝试不同的口味。Little Moons 于 2020 年 8 月开设了官方 TikTok 账号，截至 2022 年 6 月，已拥有 6.37 万粉丝，并获得 93.22 万个点赞。它一直紧跟潮流并且喜欢在视频里加入流行歌曲和各种表情包。由于是冰激凌品牌，特别容易吸引美食区粉丝的注意力。其表现最好的两个视频都是关于麻薯冰激凌的吃播视频并配有洗脑的背景音乐。

资料来源：跨境头条。

（二）Facebook 的营销策略

Facebook 是全球最大的社交平台，聚集了各种各样的用户，具备强大的用户社交黏性。对于做跨境电商的企业，引流的主要渠道来自 Facebook。据不完全统计，越来越多的境外用户在购买之前会受到 Facebook 的信息影响。如果想要在跨境贸易中占据有利地位，就必须重视 Facebook 营销。

1. 目标受众定位

在开展 Facebook 营销前，首先要了解目标受众群体，包括目标受众的国家、性别、年龄、语言、职业、兴趣等。勾画出初步的用户“画像”后，接着就要找到他们，并把他们添加为自己的好友或者粉丝，通过 Facebook 与目标受众建立社交连接。

2. 主动添加好友和粉丝

（1）打造令人无法拒绝的 Facebook 个人账号。①需要有稳定的 Facebook 账号。如果账号没有一个稳定的状态，就很难运营下去。②应是真实的个人账号。Facebook 系统生态可以监测到所有账号的操作活动，尤其是新账号，一旦加好友过多，或者散发广告、有害信息，马上就有可能被封号。所以申请注册 Facebook 账号之后，要注意让账号活动得像一个正常账号一样。③注意更换上吸引人的头像，主动添加好友。当账号状态相对稳定之后，可以主动添加目标受众。这些受众可以是企业之前的客户，也可以是 LinkedIn 中的联系人。另外，可以通过 Facebook 提供的加人方法，如可能认识的人、搜索、邮箱导入等方法，发掘新的客户。

（2）创建企业主页，添加行业相关小组，扩大影响范围。①打造专业的企业主页。Facebook 企业主页，即 Facebook 商家页，是品牌营销的主要阵地。定位准确、风格统一的品牌专页，会让受众轻松地形成记忆。创建专业企业主页时需要注意：一是要选择正确的商业类别；二是要选用具有吸引力的封面照片和封面类型，照片应高清、尺寸合适、专业度高，体现品牌、产品、行业特色，封面类型有单图、轮播图、幻灯片、视频等；三是要根据业务需求定制侧边栏内容。②创建添加相关的行业小组。相关的行业小组是受众群最为密集的地方，里面聚集了大量的相关行业客户，是最容易实现转化的地方。Facebook 小组成员没有具体的人数限制，只是人数达到 5000 之后，部分功能会有所限制。添加越多的相关小组，意味着受众范围越大。

3. “创意+互动”以提升效果

企业要做的是以创意吸引客户关注企业账号，成为粉丝，并通过一系列的互动，提高 Facebook 推广活动的成效，实现最终转化。

4. 实施内容营销策略

开展内容营销时，需要注意以下问题。

（1）尝试使用不同的发帖形式。Facebook 提供了丰富的发帖形式，如单图、轮播图、视频、幻灯片、即时体验、优惠、直播、投票、签到、活动等。每种每天发一次也能保证一周不重样，应每种都尝试一下，这样既能丰富 Facebook 企业主页内容，又能全方位地展示企业、产品以及品牌。

（2）使用高质量的多媒体素材，统一风格。Facebook 企业主页的运营，要符合企业、产品、品牌定位。这样不仅可以提升整个 Facebook 企业页面的用户体验，更有利于展示品牌形象以及企业的实力和专业度。在主页发帖的时候还要注意使用高质量的多媒体素材，以提升用户体验。

（3）发帖的时候添加网站链接。这是实现转化的必要步骤，当人们看到你的帖子，并对它产生兴趣后，可以通过你留下的链接了解产品详情，或者进行购买。这也是网站引流的好办法。

（4）适当使用表情符号。相对于单调的文本，适当的表情符号可以使文本更加生动形象，创造吸引用户的机会，但不要放置过多，否则看起来会让人很不舒服，也很不专业。

（5）优化发布时间。发帖时间对帖文的营销成果有非常大的影响，选对了发帖时间，可以显著提升帖文的覆盖率以及活跃度。企业可以根据前期的受众调查，挑选合适的发帖时间进行试验，找出受众最活跃的时间段进行发帖，提升营销成效。

（6）使用 UGC。在 Facebook 营销中，有时也可以分享 UGC，不仅可以节省时间和精力，还能提升用户对品牌的信任度和忠诚度。使用 UGC 最直接的方法是展示用户使用该产品的图片、视频或者评价、感受等，可以将这些发布到公共主页或者 Facebook 小组中。

（7）不断与受众进行互动。受众点赞、分享、转发、评论了主页的内容后，要及时跟进，与受众进行互动，提升受众的黏性。良好的互动不仅可以让访问者对服务产生愉悦感，更能促进转化和品牌的建立。

（8）缩短响应时间。响应时间是指 Facebook 公共主页收件箱的响应时间。Facebook 系统会对公共主页的响应时间进行测评，据此衡量主页的质量。使用在线客服或者接入聊天机器人是较好的优化方法。如果实现不了，就将 Facebook 主页的自动应答打开，这样可以在一定程度上缩短响应时间。

（9）建立属于自己的社区。这里的社区和 Facebook 小组类似，但是这里的社区是依附于 Facebook 公共主页而存在的，主要用于与粉丝进行互动和讨论，粉丝在这里可以分享使用产品的经历或者其他的信息。

（10）在网站中添加社交媒体按钮。访问网站的用户可以点击社交媒体按钮进入企业在社交媒体的官方账号，以进一步了解企业和产品；网站上的访客也可以通过社交媒体按钮分享网站的内容到社交平台，实现社交平台和网站的相互打通。

（三）Instagram 的营销策略

Instagram 从一个简单的照片分享平台已经发展成为一个营销平台，数以百万计的消费者在这个平台上发现新产品和服务并产生交易。对于外贸及跨境电商卖家来说，运用 Instagram 进行营销引流推广是一个很好的选择。

1. 创建信息完整的简介

完整的 Instagram 简介应向用户传达品牌是做什么的、有哪些产品、如何联系团队、企业网站如何查找等。通过这些基本信息的填充，让品牌的潜在用户通过简介就可以获取想要获取的信息。同时也可以在品牌认知建立阶段，让用户对品牌留下好印象。

2. 用户名简单、容易搜索

用户名要注意：字符不要太长，使用简单的品牌名称，不要使用下画线、特殊字符或数字。

3. 切换为专业账号

手机端和 PC 端都可以将个人号切换为企业号，想要推广产品必须有一个信息完整的企业账号。Instagram 的企业号具备了个人号所没有的一些功能，如添加营业时间、地址。它还增加了推广和成效分析的功能，可以对客户做一些简单的数据分析，如互动账号数量、覆盖账号数和粉丝的增长概况，这对提高工作效率和专业度都是有帮助的。

4. 搭建店铺

Instagram 中的一些品牌的账号会有“逛店铺”的按钮，发布的帖子右上角会有店铺的标志，具备这个功能的前提是将个人号切换为企业号。点进去可以看到该帖子和普通帖子的区别：每篇单个图片文章可以标记 5 个商品，每篇多图片文章可以标记 20 个商品；还可以看到有“查看商品”的标志。点击图片上标记的商品和“查看商品”就可以查看此商品的具体情况，点击“逛店铺”，就能看到该账号对应的店铺。对于用户来说，这个功能加快了他们的购买过程，非常便捷。

5. 发布高质量的图片

Instagram 主要进行的是图片社交，倡导分享美好生活。因此企业想吸引其他人来关注自己，那么首先就要保证图片一定要拍得美。Instagram 用户期待的是吸引眼球的精美图片，而不是普普通通的产品陈列。企业可以拍摄产品的使用场景、产品细节、幕后花絮，为照片加入故事、生活的元素。

6. 使用标签

在 Instagram 上推广品牌，必须多使用标签，标签很容易让人记住。每张照片可以最多添加 30 个标签，但这并不意味着一定要添加这么多标签。尽量每张照片使用 2～3 个标签。添加的标签需要与照片主题相关，因为只有这样才能够在用户搜索相关内容时显示。使用与照片无关的标签将使这一过程没有任何意义。不同的产品跟行业对应的标签肯定是不一样的，例如，销售定制行李箱的商家可以使用社区标签 well traveled，卖胡子油的商家可以选择 beard life，出售健康食品的商家可以选择 living fit，等等。

7. 提供折扣和赠品优惠

提供诸如折扣和赠品之类的优惠总是会吸引客户，这也是增加销售额、推广产品并增加网站流量的方法。很多企业经常在 Instagram 上提供折扣和优惠，尤其是在一些特殊场合。如果企业有一些忠实客户，他们经常购买并在社交平台分享喜欢的产品，那么不妨给这些客户提供 VIP 服务和折扣，这样不仅能吸引客户，还可以和客户建立良好的关系。

8. 及时与粉丝互动以建立品牌社区

Instagram 是一个年轻人集中的社交平台，年青一代的显著特征就是喜欢互动，因此品牌在 Instagram 上发帖后，要及时关注评论区。评论区的粉丝少，就逐一回复；粉丝多，就选择比较有趣的评论与其互动。与粉丝进行真正的一对一沟通，不仅能提高粉丝与品牌互动的积极性，也能培养粉丝对品牌的忠诚度。当与品牌互动的粉丝越来越多时，品牌还可以发起投票或者有奖竞猜活动，定时给粉丝送福利，增强粉丝黏性，提升粉丝的购物热情。品牌与粉丝互动成为习惯后，粉丝在购买品牌产品后，也会在 Instagram 上发帖表达使用感受，粉丝自主创建的正向产品介绍内容会更容易吸引潜在客户下单。

9. 与其他营销工具相结合

在 Instagram 上可以看到很多客户信息，如客户的名称、关注量、联系方式等。如果想主动在 Instagram 上寻找客户，可以在 Instagram 主页直接输入产品关键词进行搜索，通过关键词搜索出对应的目标客户，可以直接评论，也可以找到客户的联系方式然后私下联系。输入关键词可以搜索到客户的网站、联系邮箱、电话等，这时候可以通过邮件或 WhatsApp 等营销工具联系客户。

10. 与网红进行推广合作

与网红合作的优势就在于他们有大量粉丝，如果他们发了帖子，就会有很多粉丝看到，从而提高产品的曝光率，让产品被很多潜在用户看到。但应注意判断网红的风格、内容和粉丝是否适合企业的产品和服务。

思考题

1. 简述速卖通平台促销活动的类型。
2. 简述 DTC 模式的产品特点。
3. 简述跨境电商独立站推广策略。
4. 简述 Facebook 的营销策略。
5. 简述 TikTok 的用户特点及其营销策略。

课后实训

实训 1　跨境电商平台模式探索

实训目的

了解几个主流的跨境电商平台的运作模式，包括平台推荐算法、运营方式、仓储物流等，全面分析跨境电商和国内电商的异同。

实训内容

(1) 搜索亚马逊、速卖通、易贝的基本入驻流程，并查找各平台的热卖产品，了解其相关信息。

(2) 归纳整理各个平台的物流模式，并阐述各个物流模式对商家的仓储有何特殊要求。

(3) 对比国内几家电商平台，分析跨境电商和国内电商有何异同点。

(4) 完成个人报告。

实训 2　跨境电商营销活动策划

实训目的

了解常见的几种跨境电商营销活动，体会其中的优点与不足，基于上次的实训项目，尝试策划营销活动。

实训内容

(1) 搜索一些跨境电商品牌的营销活动，分析其营销效果。

(2) 为自己的店铺策划营销活动：根据目标客户的特点，分析哪些营销形式效果更好并阐述原因，继而以打造爆品为目的，策划营销活动。

(3) 完成跨境电商营销活动策划书，内容应包括跨境电商领域常见的营销形式、用户分析、具体营销策划以及结果预期。

第五章

微信营销

本章导读

微信已经成为一个拥有超级流量的大平台，对于当今的企业来说，利用微信进行营销是非常重要的。本章按照微信生态体系将微信内的产品分为微信公众号、微信群、微信朋友圈和微信小程序，并详细讲述了微信公众号的类型与营销步骤、微信群的功能定位与运营要点，以及如何进行微信朋友圈广告投放和营销，使读者对微信平台有较为完整的认知，并且初步懂得应该如何利用微信进行营销。

开篇案例

B站与莫言的《不被大风吹倒》

2022年5月4日，很多品牌推出有关青年的视频，如B站的《不被大风吹倒》、快手的《青春十万米》、伊利的《苏神》、飞鹤奶粉的《奋斗者！正青春》、匹克的《脑动》、金典的《人间》、TCL的《想象力》、网易云音乐的《敢于》、京东的《何为青春》等。B站与莫言的《不被大风吹倒》很快被刷屏了，当天下午5点，这个视频在微信视频号的播放量破千万次，转发量近40万次，远超B站站内的数据（“517万人次阅读量+13.5万人次转发”）。值得一提的是，视频中的信是莫言写的，而非广告公司代笔。莫言通过一个来自年轻人的问题“人生遇到困难，该怎么办”讲述了两个小故事，让人感觉朴实而温暖。

资料来源：今日头条。

微信已成为网络营销的主流工具。随着微信不断升级，其功能越来越多元化和日益完善，给用户带来了很好的体验，同时也为企业的营销活动提供了重要的渠道和工具。本节主要介绍目前网络营销中常用的微信朋友圈、微信群、公众号等功能。

第一节　微信营销模式

一、微信朋友圈营销

在微信朋友圈经常会看到朋友分享的内容，所以有的人就通过加好友在朋友圈发软性文章做推广。微信目前限制好友数量的上限是5000人，假如你拥有5000个好友的话，就相当于拥有了一个活跃度很高的微信账户。朋友圈营销倾向于个人，用来向朋友卖货，通过“熟人”关系的购买率十分高，也被称为“熟人经济”。可以将手机应用、PC客户端和网站中的精彩内容快速分享到朋友圈，支持网页链接方式打开。优点在于交流比较封闭，口碑营销会更加具备效果；缺点是开展营销活动比较困难，因为圈子的人数不够。这种方式适合口碑类产品或者私密性小产品。

二、微信群营销

当前，很多企业都会将老客户按照一定的属性组建微信群，然后在群里发送营销活动海报、链接等相关信息，开展定期或不定期的营销活动推广，同时回答客户的咨询和疑问，处理售后相关事宜，增强老客户的体验感和满意度。

三、微信公众号营销

不管是企业还是个人都可以开通微信公众账户，通过微信公众号推送文章和提供用户需要的服务。微信公众号营销模式更倾向于企业，用来做品牌和推广，维护老客户，吸引粉丝发掘新客户（见图 5-1）。对于大众化媒体以及企业而言，如果微信“开放平台+朋友圈”的社交分享功能的开放，已经使得微信作为一种移动互联网上不可忽视的营销渠道，那么微信公众平台的上线，则使这种营销渠道更加细化和直接。

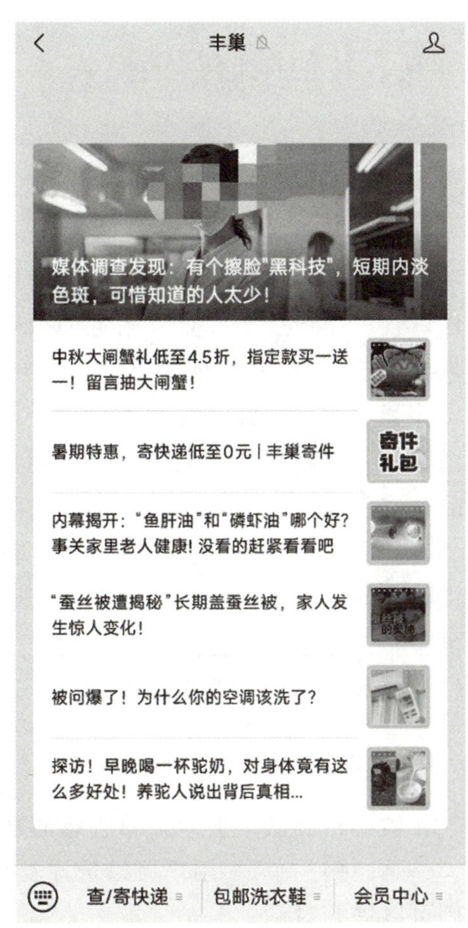

图 5-1 企业微信公众号示意

企业通过微信公众平台，可以实现大量微信群发，有利于扩展品牌的影响力。微信公众平台主要功能体现在消息群发、自动回复、一对一交流、运营数据采集分析和用户管理。可以通过后台对用户进行分组和地域控制，实现精准的消息推送。普通的公众账号可以群发文字、图片、语音三个类别的内容，可以通过后台页面根据“被添加”“消息”“关键字”三种情景设置自动回复内容。在推送信息内容时可以进行引导式的信息回复，通过设定好的信息内容回复给用户，实现针对性地解决顾客需求。也可以通过电子用户姓名，跳到与这个用户一对一沟通的页面，从而实现实时地与用户互动。微信公众平台还可以实现对数据的采集分析，通过首页显示的过去 7 天平台的曲线图概况，包括订阅人数的变化、接收信息的数量，实现对用户管理的管理，根据客户的不同，可以将客户分为“默认组”“屏蔽组”和“星标组”三个固定分组，不能删改。但可以按照个人需要创建不同的组别，在推送信息的时候，可以根据不同的分组进行消息群发。在运营公众平台的时候，建议进行微信认证，因为经过认证的微信公众账号优先排名。

企业通过在微信公众平台上建设企业的网站进行互动和品牌推广，微网站可以将企业信息、产品服务、促销信息、市场活动等通过微信直接展示给用户。微网站完全打通微信个人账号、公众平台（开发模式）的互动交流/客户管理，能够实现病毒式增加精准粉丝，甚至可以实现自动成交系统。作为标准的手机网站，微网站有优先被百度收录，优化在手机搜索引擎的排位，从而引来更多的精准客户，这些客户又可以通过加微信实现微信交流。可以与客户零距离接触，随时随地抓住用户眼球。微网站符合手机操作浏览习惯，实现一键拨打、一键关注微信、一键分享、一键地图、一键询价、一键留言等功能。一些能给用户带来优惠或者利益的互动活动，引导用户到线下实体店进行消费，从而达到营销的最终目的。

四、微信广告营销

微信针对中小企业主推出了广点通业务，也就是开通账户后，可以在微信公众号文章底部插入用户的产品广告链接（见图 5-2）。对于更有实力的企业来说还可以尝试投放朋友圈广告、微信群广告等。

五、其他微信营销模式

（一）查看附近的人

微信中基于位置服务（Location Based Service，LBS）的功能插件“查看附近的人”可以使更多陌生人看到这种强制性广告。用户点击“查看附近的人”后，可以根据自己的地理位置查找到周围的微信用户。在这些附近的微信用户中，除了显示用户姓名等基本信息外，还会显示用户签名档的内容。所以用户可以利用这个“免费的广告位”为自己的产品打广告。

营销方式：营销人员在人流最旺盛的地方后台 24 小时运行微信，如果“查看附近的人”使用者足够多，这个广告效果也会不错。随着微信用户数量的上升，可能这个简单的签名栏会变成移动的“黄金广告位”。

图 5-2　微信广告示意

（二）漂流瓶

在被移植到微信上后，漂流瓶的功能基本保留了原始简单易上手的风格。漂流瓶有两个简单功能：一是“扔一个”，用户可以选择发布语音或者文字，然后投入“大海”中，如果有其他用户“捞”到则可以展开对话；二是“捡一个”，“捞”其中无数个用户投放的漂流瓶，“捞”到后则可以和对方展开对话，但每个用户每天只有 20 次机会。

营销方式：微信官方可以对漂流瓶的参数进行更改，使得合作商家推广的活动在某一时间段内抛出的“漂流瓶”数量大增，普通用户“捞”到的概率也会增加。加上“漂流瓶”模式本身可以发送不同的文字内容甚至语音小游戏等，如果营销得当，就能产生不错的营销效果。而这种语音的模式，也让用户觉得更加真实。但是，如果只是纯粹的广告语，则是会引起用户反感的。

（三）扫一扫

二维码是企业的标志性象征，就如同企业签名一样，如果能够很好地利用起来一定会有好的效果。对于扫二维码的方式，粉丝们普遍比较认可，不仅时尚，也更方便，用手机扫一扫就能够出现产品的相关信息，商家们大可以利用这一点来进行宣传，让粉丝主动地把二维码分享到朋友圈里，吸引更多的粉丝参与，造成一传十、十传百的口碑效应。二维码发展至今，其商业用途越来越多，所以微信也就顺应潮流结合 O2O 展开商业活动。将二维码图案置于取景框内，微信会帮你找到好友企业的二维码，然后你将可以获得成员折扣、商家优惠或者一些新闻资讯。移动应用中加入二维码扫描，然后给用户提供商家折扣和优惠，这种 O2O 方式早已普及。而类似的 App 在应用超市中也多到让你不知如何选择，坐拥上亿用户且活跃度足够高的微信，价值不言而喻。

第二节　微信朋友圈营销

微信朋友圈作为微信的特色功能之一，可以使用户分享的内容（包括自拍图片、图库图片和公众号图文、视频等）被通讯录里的授权好友看到，这些好友能对分享的内容予以点赞、评论，用户也可以实时查看朋友圈里其他好友分享的内容。朋友圈满足了用户进行信息分享，同时得到其他人关注的潜在心理需求。由于朋友圈强大的信息分享和传播能力，微信在朋友圈引入了原生广告。这种广告类似于在朋友圈展示的好友原创或转发的内容，可以点赞和评论，与朋友圈内容毫无违和感，能对用户产生潜移默化的影响。

很多微信用户喜欢在朋友圈分享生活点滴，每天刷一刷朋友圈已经成为很多人的日常，所以如果能做好朋友圈营销，对企业或个人的引流转化有很大的帮助。朋友圈是基于熟人社交的产品，朋友圈营销只有在建立信任后，才能实现最终营销目的。

一、朋友圈的功能

（一）基础功能

1. 图片动态

微信朋友圈可直接发布图片动态。图片可以选择拍照或者从相册中选取，一次最多可以分享 9 张图片。但图片发布出来后会有压缩，不同平台的压缩比率不同。通常来说，iOS 下发布的图片清晰度高于其他平台。

发布图片的同时可以配上文字说明。

2. 小视频

微信朋友圈可以在选择发布内容的时候，选择拍摄小视频发布分享。小视频当前支持最长 8 秒钟的小视频分享。

朋友圈中显示的小视频默认自动播放，但无声音。点击小视频进入单独播放画面时可播放声音。在微信设置中可以关闭小视频的自动播放以节省流量。小视频也可以通过在聊天列表界面下拉直接拍摄发布，以达到快捷分享的需要。

最新版微信中，小视频已支持拍摄后暂时保存稍后发送。但发布后的小视频无法转发或收藏。

3. 纯文字信息

长按发布朋友圈的相机图标，可以进入发布纯文字动态的界面。首次进入会提示这是一个内部测试的功能，可能会在版本更改中取消。纯文字动态支持保存最近一次的草稿，上次编辑未发送或者清空的内容在下次打开时会自动恢复。纯文字动态无法被转发或收藏。不支持位置标示、分组查看和@某人（提醒某人查看）。

4. 网页和链接

微信朋友圈支持其他应用的分享。其他应用可以通过接入微信的分享端口，在应用内部直接分享内容到朋友圈中。分享到朋友圈中的内容以链接形式存在。音乐类应用分享的歌曲可以在朋友圈中点击播放图标直接播放而无须打开链接。

5. 评论和点赞

朋友圈分享可以评论和点赞。自己发表的评论可以随时删除，点赞再点击一次可以取消。每条消息只能进行一次点赞操作。朋友的朋友圈下的评论只有同时也是自己的联系人时才可以看到。

（二）高级功能

自己的朋友圈分享可以随时删除。图片和链接可以收藏和转发，收藏支持标签管理。图片还可以编辑权限为“仅自己可见”。

1. 拉黑

朋友圈和状态支持“不让他看”与“不看他”。

iOS 版本中的设置方法如下。

（1）点击底部栏中的“朋友们”图标，并进入“朋友圈”。

（2）在想拉黑的人头像上长按一秒左右。

（3）这时候就会弹出菜单，选择“设置朋友圈权限”命令。

（4）之后就可以进行设置了。可以选择“加入朋友圈黑名单”（他将无法看到你的朋友圈内容）和“不看他（她）的照片”（你将无法看到他的朋友圈信息）。也可以通过在联系人资料页点击右上角的“…”按钮进入设置。添加新好友时也可以直接设置。在“设置”→“隐私”中可以查看朋友圈黑名单。

2. 分组

朋友圈支持分组分享。在发送图片和小视频时可以选择“谁可以看”，其中可以选择已经创建的分组，将朋友圈消息发送给指定分组好友，或者指定分组好友不可查看。也可以在此页面中管理分组。

3. 地点和@

发送图片和小视频时支持添加地点信息，需要手机打开“允许应用使用位置信息”。位置可以选择已有地标，也可以创建新地标。

高级玩法：目前对于地标的创建无审核，通过创建个性化的地标可以起到为朋友圈分享添加“小尾巴”的效果，如风靡一时的“来自八星八箭 64G 纯金镶钻 iPhone 6 Plus”就是通过创建个性地名达成的。发送图片和小视频时同时可以@某人，被@的联系人会收到提示消息提示查看该条朋友圈。

二、朋友圈营销技巧与注意事项

(一)朋友圈营销技巧

先要给自己一个明确的定位，再围绕定位展开一系列的产品运营和营销。

1. 产品定位

如果想要通过朋友圈来卖货，那么就必须清楚要卖的产品应该针对什么样的消费群体。应该怎么根据这些消费群体的需求来提供产品。

2. 产品选择

卖什么不重要，关键是怎样卖，怎样在卖的过程中不断地优化运营方式。产品宜精不宜多，不要选择代理已经成熟的品牌，也不要选择代理全新的小品牌，而是要选择有潜力和发展空间的品牌去代理，既能保证自己现有的生存空间，又能保证未来的发展空间。

3. 营销有节操

防止微信朋友圈为了提高自己产品的曝光率，无节制地推送产品信息，严重骚扰用户。这样做的后果只有一个，就是被拉黑。朋友圈营销是“熟人社交经济”，要做的是建立信任，并在这个基础上达到营销目的。

(二)朋友圈营销注意事项

微信朋友圈营销是一种很典型的强关系营销。强关系营销中的“强关系”一词是指个人的社会网络同质性较强（交往的人群从事的工作、掌握的信息都是趋同的），人与人的关系紧密，有很强的情感因素维系着人际关系。在强关系营销中，营销活动能够使用户免去购买环节中“考虑”与“比较”的环节，而直接进入“体验”与“购买”的环节，从而大大减少营销的传播时间，能够更好地达到营销目的。

在朋友圈中进行营销信息发布时，对于发布的营销信息的内容必须谨慎，如果不进行思考就随意发送内容，只会引起朋友的反感而造成不好的效果。

1. 信息内容不宜过长

在朋友圈中，发布的信息内容如果太长，朋友圈默认会将多余的字自动收起，而且移动端用户在看朋友圈内容的时候，也懒得点开查看黑压压一片的文字内容。所以在发送内容的时候，需要考虑好发送内容的字数。

2. 内容表达尽量图文并茂

网络上常说：“有图有真相。”在朋友圈进行营销活动，图片是极为重要的“道具”。在朋友圈中发送的内容最好配合使用产品图片或者其他相关图片，这样可以增加信服感，并且好的图片也可以对营销内容进行更好的说明。

3. 信息发送不宜太频繁

持续发送朋友圈营销信息会为朋友带来一些阅读上的影响。如果发送消息的频率过高，那么往往会因为信息太过冗杂而被直接忽略，更有甚者，会选择直接屏蔽这些朋友圈信息或举报。一般发送营销消息一天不要超过 4 次，再多就会给别人留下不好的印象。

4. 产品种类不宜过多

如果在朋友圈中发送的产品种类过多，就没办法给用户留下主体印象，很难产生记忆点。最好发送几个精品商品，并且处于同一类别的商品分类中。

思　考

你认为在微信朋友圈发布哪些内容，能够获得用户好感？请你把它们分享给小组成员。

三、开展朋友圈营销活动

以在朋友圈推广服装为例，叙述朋友圈营销活动的流程。

（一）编辑个人信息

开展微信朋友圈营销活动之前，首先要做的是编辑好个人信息。

完善的资料信息和一个清晰的产品诉求，是任何一种营销方式必备的基本基础。做微信朋友圈营销，至少让添加的朋友看到你的头像、名称和签名等能直接反映出你是做什么的，然后才会看你朋友圈发送的内容对他们有没有帮助。头像的设置要具有特色，用自己的真人头像或者设置成销售的商品。名字排在越前面，越方便客户快速寻找到你；也可以用真实名字，显得更加具有信任感。个性签名处能让好友清晰地了解你的业务范围。

登录微信，点击“我”模块，然后点击个人信息设置栏。在个人信息设置页面中，将头像替换成一张服装图片。然后依次设置名字、性别、地区和个性签名等项目，设置内容。

（二）添加好友

虽然微信的用户很多，但是如果不将别人添加为自己的好友，那么再高的人气也与你无关。因此在编辑好个人信息之后，还要为自己添加尽可能多的好友，这些好友就是营销的对象。其具体步骤如下。

（1）使用“添加朋友”功能。可点击“通讯录”模块，然后点击屏幕右上角的“添加好友”按钮打开，也可以采用“微信”模块右上角的快捷方式打开。

（2）进入“添加朋友”页面，可以在文字框中输入账号直接进行账号查找。除此之外，还可以通过“雷达加朋友”“面对面建群”“扫一扫”“手机联系人”来获取微信好友。最后还可以通过点击“公众号”按钮来搜索想要关注的公众平台账号。

（3）在搜索框中输入朋友的账号或手机号码以后，点击下方的“搜索”按钮，打开“详细资料”页面，页面中会显示好友的基本资料，点击“添加到通讯录”按钮。

（4）进入“朋友验证”页面，在此页面中可添加问候语和设置查看朋友圈的权限。设置完成后，点击“发送”按钮。对方同意后，可在“微信”模块接收到对方消息，点击“消息”按钮进入对话框，确认添加好友即可。

（三）撰写信息内容

在利用朋友圈营销宣传的时候，首先要搞清楚微信好友普遍的喜好，或者自己要达到什么样的宣传目的，再来定位发布内容。

信息内容应该主要是和商品相关的，也可以偶尔发布一些无关的（一些段子或生活情景），内容最好是你的目标好友感兴趣的东西，或者是能够给他们带来一定帮助的话题。尽量将自己塑造成一个积极向上的、幽默的、鲜活的、有个性的人，而不是一个消极的、负面的、低级趣味的一个人。具体发布步骤如下。

点击“发现”模块，进入朋友圈。点击右上角的“相机”按钮后，点击选择“从相册选择”按钮，从手机相册中选择准备好的广告素材图片并预览（见图 5-3），点击“完成”，回到编辑页面，编写如下介绍：“品牌折扣女装，时尚与优雅并存！”（见图 5-4），最后点击“发表”按钮。

图 5-3　选择图片并预览

图 5-4　编辑朋友圈信息

（四）规划信息发布时间

信息发送的时间选择上也有技巧。发送信息需要利用不同的时间段，不能同时发送六七条信息。信息发送的时间可以选择在早上 8 点左右、中午 11 点半到 12 点半、晚上 7 点到 9 点这三个时间段。

对于自己编写的内容每天都可发送，转发链接文章则控制在一条，毕竟没有人喜欢一个刷屏的微信好友。

（五）信息的群发

当我们需要推送一些需要很多好友知道，但又不太方便推送到朋友圈的消息时，一个一个通知好友会非常浪费时间，这时就可以用到微信的群发消息功能。其具体步骤如下。

（1）在“我”模块中，依次点击“设置”→“通用”→“功能”，在已启用的功能区域中点击

“群发助手”栏目，然后点击“开始群发”按钮，进入群发助手页面。

（2）在群发助手页面底部，点击“新建群发”按钮，进入选择收信人页面，选中需要发送消息的联系人，然后点击“下一步”按钮。

（3）在群发编辑页面中的文字输入框中输入消息内容，点击“发表”按钮即可。

案例 5-1

和 iPhone X 见个面

2017 年 9 月 13 日苹果 iPhone X 发布，微信朋友圈随即上线了产品广告。得益于微信朋友圈强大的社交扩散能力，广告上线后引发了微信朋友圈的“社交狂潮”。本次广告采用的是微信朋友圈新推出的基础式卡片广告，与之前的广告形式相比，基础式卡片广告的外层尺寸变得更大，沉浸式体验的广告内层中，视频、文案、图片等信息呈现得较为充分，与 iPhone X 全屏的创新概念呼应，让用户在“沉浸”体验中更深入地了解了 iPhone X 的功能特性。

广告投放目的：iPhone X 新品上市，全面触达目标用户。

苹果此次投放主要是为了宣传 iPhone 10 周年的纪念新机——iPhone X。作为苹果年度最重要的产品，苹果需要定向瞄准目标用户，快速传达新产品的亮点信息，展现新产品功能，从而引起用户对苹果产品的持续关注，进而引发用户的购买欲望，实现最终为新产品造势引流的目的。

投放方案：iPhone X 首发微信朋友圈，第一时间抢占用户关注。

为了达到最新、最快、最准的广告效果，广告在美国发布会结束之后，就立刻在微信朋友圈上线，抢占了用户对于新产品的第一关注点，并通过基础式卡片广告，将新产品的亮点功能全面介绍给用户。借着发布会的高关注度，用户在微信朋友圈中第一时间进一步了解了 iPhone X。投放方案：精选目标用户，基础式卡片广告展示 iPhone X 全屏新概念。

通过投放目标城市，精选目标用户，苹果将广告投放给新产品的核心用户——购买力强的人群。广告选择基础式卡片广告进行创意呈现，用更大、更“吸睛”的外层视频和沉浸式内层详情页，将 iPhone X 全面屏的创新概念淋漓尽致地展现了出来。最终，广告引起了轰动，一时间微信朋友圈都被 iPhone X 的新广告转发“刷屏”，广告投放数据也非常可观，广告点击率位居行业第一，转发量更是创造了当时微信朋友圈广告的新高。

资料来源：根据微信官微信息整理。

第三节　微信群营销

一、微信群增粉技巧

开展微信群营销的前提是要添加对方为好友，微信群增粉的方式主要有自建群和加入群两种。

（一）自建群增粉技巧

自建微信群增粉，即通过组建微信群将具有相同属性和需求的消费者聚集到一起，开展营销活动的方式。因为微信群都是基于某一个共同的兴趣、关系、特征而聚集在一起的，如妈妈群、旅游群等，因此通过组建精准的微信群，所加的好友都是精准的目标客户。

1. 雷达加好友

当一群好友在一起时，使用“雷达加朋友”将会事半功倍。只要在场的人同时点击“雷达加朋友”，就会扫描出此刻一定距离内打开雷达的好友，有绿色对钩标志的表示已经是好友状态，没有绿色对钩标志的表示还没有加为好友，然后只需要单击头像即可批量添加。

2. 面对面建群

“面对面建群”也是一个非常快速建群的方法。只要在现场的人打开“面对面建群”，输入同样的四个数字，就会进入同一个微信群中，非常方便快捷。

3. 线下活动建群

上述两种方法需要目标群在同一个现场，因此，需要开展线下活动吸引目标人群参与，在活动开展过程中自然建立群组关系，通过已入群的目标人群口碑传播，还可以吸引更多的目标消费者。例如，汽车销售公司通过组织车友会线下自驾游活动，自然地就形成了车友微信群圈子，树立了良好的品牌形象。

4. 多平台引流

可以在 QQ、微博、论坛、美拍等社交平台上留下自己的微信号，只要你乐于互动、喜欢分享、与目标群的偏好一致、能够为用户提供有用的资源，就一定会有人通过搜索微信号将你加为好友。

在电子邮件落款处留下微信号或者二维码方便别人添加，也是一个非常好的方法。可以精心设计一个落款模板，在电子邮箱的功能中设置好，之后每次写邮件都会添加上微信号或者二维码，非常省时省力。

在分享自己写的文章或者引用他人的文章，加入自己的微信号或二维码，然后发布到自己的微信公众平台、博客、各大与产品相关的论坛和贴吧等，这是一种效果最快，所加好友最精准、黏度最高的方法。

此外，还可以将带有微信号或者二维码的文章推广到百度系列产品里，如百度知道、百度经验、百度文库等，可以使利用百度检索相关产品信息的用户搜索到，提高展现量。

5. 线下送礼品

可以通过线下送小礼品的方式吸引目标用户关注个人微信。例如，在微信卖面膜生意的一个微商，就是通过与外卖小哥、肯德基、麦当劳、快餐店合作，是女性客户订餐就送一张面膜，并通过要求这些拿到面膜的用户，扫描面膜上贴的该微商的二维码加为好友，领取更多礼品的申领流程，1 个月时间，积累了 5 万好友，而且绝大部分都是精准用户。

线下送礼品活动的前提条件是：一定要找准目标群体，及时转化加入微信的目标群体，否则会出现一些为了领取礼品加入的用户，这样微信粉丝流失率会比较高。

（二）加入群增粉技巧

1. 搜索社群

（1）可以直接使用 QQ 群搜索相关关键词查找相关的群。

（2）在百度搜索“×××QQ 群”“×××交流群”等关键词。

（3）使用 QQ 的“附近的群”“兴趣部落”等功能进行检索。

（4）搜索相关明星、核心人物的微博、论坛等社交平台信息，从中找寻线索。

2. 口碑式推广

借助一定的名气、有威望的人的推荐，或者借助朋友的口碑推广，通过建立良好的信任关系，也能快速吸引粉丝。

口碑式推广的前提是：个人微信一定要有专业性，在某一个方面是有价值的信息的提供，否则尽管加了很多好友，也不能提升转化，反而还伤害了朋友的信誉。

3. 参加交流会

参加一些交流会、线下论坛、行业交流等线下活动，多与客户进行交流，建立联系，加到他们的微信，这种方式添加的人黏度很高，信任度也很高。

二、微信群粉丝转化技巧

在组建起微信群以后，需要对群内粉丝进行商业变现，将客户锁定在一个封闭的群空间内进行一对多的服务和理念灌输，让客户感受到企业的诚意和态度，最终转化为忠实粉丝。

（一）设置欢迎语

当用户刚加入微信群时，往往会有陌生感和紧张感。这时，可以设置欢迎语，如“欢迎××进入我们这个大家庭”等。这样既可以消除新用户的紧张感，也可以增加新用户对微信群的好感度，提升微信群的活跃度。

（二）制定群规则

无规矩不成方圆，制定一定的微信群规则，并使群成员遵守规则，有利于微信群的健康发展。制定群规则时，不仅要在用户加入时就告知规则，还要每隔一段时间在群里发布规则，以加深用户对群规则的印象。

（三）打造群文化

当前的微信群，仅仅靠共同利益来连接和维护是不够的，还应该树立群成员的共同理念和追求，打造积极向上的群文化，这样才能让微信群长久存在下去。群文化包括共同的目标、共同梦想、正面品质。

（四）增加实用性

用户在加入微信群时，往往是抱着学习知识、拓展社交关系、了解新鲜资讯的目的。因此，微信群若想变得壮大起来，就需要尽量满足群成员的这三种需求：为群成员提供详细的资料，互动活动，新闻资讯等内容。

（五）更改群名称

微信群的名称如果长期不变，容易造成群成员的审美疲劳，使微信群的活跃度降低。所以每隔一段时间，可以将群名称进行更换，使群名称更符合自己现有的特点。这样可以激发群成员的兴趣，提高微信群的活跃度。

（六）制造新噱头

在微信群营销活动中，可以适当制造一些新噱头，以达到吸引人眼球的目的。这样可以激发群成员的兴趣，引起群成员的广泛议论和关注，从而提高群的活跃度。

（七）删除无效成员

在微信群中，具备东拉西扯、万年潜水、传播负能量等属性的成员，属于无效成员，需要定期清理，维持群内氛围的活跃、积极、向上。

三、微信群互动营销活动

微信群重新定义了品牌与用户间的互动方式，传统的营销推广方式中，是通过各种媒体把产品以广告的形式推出去，推送者并不知道：自己的产品被谁关注、关注多少、什么时间被关注、什么地方被关注，也无法与用户进行交流；而通过微信群将产品营销推广出去，当产品得到目标用户关注后，便可与用户达到几乎100%的交流，用户的黏性与精准的营销数据远远超过了传统的推广方式。下面以某社区水果店微信群营销为例，具体说明微信群互动营销活动的开展。

（一）用户需求定位

微信群营销的关键点在于抓住用户需求的“痛点”，用户才会心甘情愿地加入微信群，并且不会屏蔽。社区水果店在开展微信群营销之前，会对所在小区房价、楼龄、入住率、竞争度等方面进行具体调研分析，了解该小区住户群体类型。例如，在某小区的住户都是高端精英人士，这类人群对日常生活品质有较高要求，但缺乏时间外出采购，既有一定的经济基础，又有开展微信群营销的条件。并且在调研中发现，采购水果等食材基本以女性为主。

（二）拉群裂变

建微信群就是在建立自己的圈子，要深耕这个圈子，让这个圈子的人都有信任感。在定位了用户需求以后，水果店首先建立了自己微信群，并取名为“欢乐时光美味团”，将微信群的二维码打印出来，写明新店开张，邀请3人加群即可1元领水果一份，然后分发到小区住户手中。在分发传单过程中，特别注意选择女性客户。女性消费者本身具有好奇心强的特点，因此，通过每人拉3人进群的方式，在短短1天时间内群成员增加到500多人。

（三）目标人群筛选

加群的不一定都是精准的目标客户。因此，水果店对群成员进行了仔细的筛选，不做只图低价但又高要求的客户的生意，用价格把非目标人群挡在门外，重点满足高端客户需求。该水果店只做精品水果，且品类控制在20种以下，低单价的常规品类一般不做，如榴梿、芭乐、莲雾、黑提、小番茄、珠宝李、蜜瓜、小黄瓜、点心和部分干货。

（四）群互动

微信群是一个增加互动的入口，要想用户产生信任感还需要经营好自己的朋友圈。在朋友圈要不定期晒采购水果的过程、撰写水果营养知识的推文，使微信群目标客户相信所有的水果都是最新鲜的，慢慢地与客户形成朋友关系。在微信群少打广告，可以通过做互动小游戏进一步增粉。

思　考

你认为微信个人号还有哪些好的添加好友的方法？请你把它们分享给小组成员。

第四节　微信公众号营销

一、订阅号、服务号和企业号

微信用户可以申请适合自己的微信公众号，通过各种途径吸引粉丝，然后与粉丝积极互动或展开营销活动以达到宣传产品、树立品牌形象等推广目的；除此之外，企业用户还可以通过直接在微信公众平台上开设微店，增加网上销售渠道。目前，微信公众平台有4种账号分类，分别是服务号、订阅号、企业号和小程序。其中前三者在微信营销中被应用得最为广泛。

（一）对订阅号、服务号、企业号的认识

1. 订阅号

订阅号是指为媒体和个人提供一种新的信息传播方式，旨在为用户提供信息。功能类似报纸杂志，提供新闻信息或娱乐趣事。主要适用于个人、媒体、企业、政府或其他组织等。认证前后都是每天可以群发一条消息。在订阅用户（粉丝）的通讯录中，订阅号将被放入“订阅号”文件夹中，每个订阅号中将显示发给订阅用户（粉丝）的消息。

2. 服务号

服务号是指为企业和组织提供更强大的业务服务与用户管理能力，旨在为用户提供服务（功能类似114、银行，提供绑定信息，服务交互）。主要适用于媒体、企业、政府或其他组织等群体。认证前后都是每个月可以群发4条消息。发给订阅用户（粉丝）的消息，会显示在对方的聊天列表中，相对应微信的首页。

微信服务号多适用于大企业和商户，利用服务号的展现能力和功能开发优势来进行企业所需要

的在线客服、在线商城、在线支付等服务。在服务号中开通微信支付权限后可开始微店。服务号会在订阅用户（粉丝）的通讯录中。通讯录中有一个公众号的文件夹，打开可以查看所有服务号。

3. 企业号

微信企业号是企业的专业办公管理工具。关注企业公众号时，需要先验证身份才可以关注成功。

企业号主要是为企业提供移动应用入口，帮助企业、政府机关、学校、医院等事业单位和非政府组织建立员工、上下游合作伙伴及内部 IT 系统间的连接，并能有效地简化管理流程、提高信息的沟通和协同效率、提升对一线员工的服务及管理能力。企业号可以在手机上轻松实现打卡，自动核算出勤报表，支持固定班次、排班、自由上下班和外出打卡。

（二）对订阅号、服务号、企业号的比较

公众平台订阅号、服务号、企业号的功能区别介绍，如表 5-1 所示。选择公众平台账号之初，需要将自身需求与账号类型进行匹配。例如，想简单地发送消息，达到宣传效果，建议可选择订阅号；想进行商品售卖，建议申请服务号；如果想用来管理内部企业员工、团队，对内使用，可申请企业号。需要注意的是，选择账号类型后，订阅号通过微信认证资质审核通过后有一次升级为服务号的入口，升级成功后类型不可再变；服务号则不可变更成订阅号。个人申请，只能申请订阅号。

表 5-1　订阅号、服务号、企业号的功能比较

订阅号、服务号、企业号功能区别介绍						
账号类型	订阅号		服务号		企业号	
业务介绍	为媒体和个人提供一种新的信息传播方式，构建与读者之间更好的沟通与管理模式		给企业和组织提供更强大的服务与用户管理能力，帮助企业实现全新的公众号服务平台		帮助企业和组织内部建立员工、上下游合作伙伴与企业 IT 系统间的连接	
适用人群	适用于个人和组织		不适用于个人		企业、政府、事业单位或其他组织	
消息直接显示在好友对话列表中			√	√	√	√
消息显示在“订阅号”文件夹中	√	√				
每天可以群发 1 条消息	√	√				
每个月可以群发 4 条消息			√	√		
无限制群发						
保密消息禁止转发					√	√
关注时验证身份					√	√
基本的消息接收/回复接口	√	√	√	√	√	√
聊天界面底部，自定义菜单	√	√	√	√	√	√
定制应用					√	√
高级接口能力		部分支持		√		部分支持
微信支付——商户功能		部分支持		√	√	

（三）订阅号和服务号的商务功能

在创建微信订阅号和微信服务号以后，可以获得以下商务功能：个人品牌营销宣传、首次关注图文推送、自动回复、在线客服、在线支付、微信开店、数据统计、客户管理等。其中，最常用的就是微信开店、在线服务和在线宣传功能。

1. 微信开店

微信公众号获得微信开店功能的前提是需要具备三点：账号类型必须是服务号；必须通过微信认证；必须获得微信支付功能。因此，微信订阅号和企业号无法获得微信开店的功能，在这种情况下，个人开店者多数会选择微商城等途径开店。

2. 微信公众号的在线服务功能

微信公众号在线服务功能的应用有两种形式，一种是使用自定义菜单设置一个超链接，在微信公众号中镶嵌一个普通的在线客服；另一种是和微信本身输入框实现对接的微客服（前提是账号已经通过微信认证）。

3. 微信公众号的在线宣传功能

微信公众号目前能够应用的广告形式多种多样，除了传统的文字类广告、硬广文章之外，还有广点通、Banner 广告、视频广告等。

（1）广点通。微信为广告主开通了在公众号系统的广告位，也就是微信公众号末尾 Banner。号主称为流量主，品牌主称为广告主。

（2）文字类广告。这是目前公众号的主流广告形式。其最大的优点是广告易于被粉丝接受，甚至会形成一种期待感，观众们或许也有兴趣想一探究竟，看看广告会以什么形式出现在文章的什么地方。

（3）硬广文章。这类广告的优点就是“简单粗暴”，坏处是阅读体验和转发率差，而且容易掉粉。

（4）视频广告。此种广告较为少见，通常出现在视频推送内容中，通常是制作一个短片，融入品牌文化或者介绍产品优点。因为是“口播”+“品牌”露出，所以效果相对好于 Banner 广告，但要这种广告形式要考虑到成本问题。此广告类型仅适应于视频类公众号，如一条、二更等。

（5）昵称评论。将自己的昵称变成广告语，然后对热门微信文章进行评论。稍不留神可能就进入了精选评论中被置顶到评论区的上方，免费搭了一把“顺风车”。

当然，若想提高入选率，就需要对相关文章有深刻的理解和独到的见解。

二、微信小程序

（一）认识微信小程序

1. 小程序的产生

微信的订阅号、服务号、企业号和小程序目前是并行的体系。微信方面强调，微信不应该只是停留在微信公众平台，停留在订阅和推送上，而应跳开微信公众号，能够提供更多新的服务，而这种新的能力更像是应用程序的能力，但又不是应用 App。

2017 年 1 月 9 日，微信小程序正式上线。腾讯创始人在 2017 微信公开课中首次公开阐述微信小程序，表示小程序是微信的一种新应用形态，重在给优质服务提供一个开放的平台。简单来说，微信小程序就是将用户手机上的各种 App 集成到微信中去，不用下载，不用安装，直接点开即可使用。

微信小程序的出现实际上是微信颠覆整个网络应用的一种尝试。它的出现使网站、App、实体商店，都变成了一个个即用即走、无须访问网站、无须下载软件的小程序，从而给人们带来更加便捷的上网体验。只是小程序要想完全取代甚至超过 App，还需要商家和顾客的配合。因为只有商家开通了微信小程序，顾客愿意通过扫码进入小程序，小程序才能获得足够的流量，获得发展的动力。

小程序的开发可以说是一个技术活，如果没有专门的 H5 开发人员，单靠个人摸索是很难完成开发的。虽然这从一定程度上提高了小程序的准入门槛，但是随着小程序的发展，将来市场上前端工程师也会有很多。

2. 小程序的安全性

小程序作为微信的一个部分，受到微信的严格控制，一家公司要想成功开发小程序，就必须保证其制作符合微信的相关规范，并且小程序在上线之前还会面临微信的审核。

从信息保护的角度来看，开发商能拿到的信息仅仅为登录小程序者的昵称、头像、性别等公开资料，至于微信账号和密码等私密信息，开发商是无法获知的。另外，小程序不允许放链接，即无法实现小程序与其他网页的跳转。正是因为这些因素的保障，小程序的安全系数相对来说是比较高的。

（二）搜索和体验微信小程序

1. 激活小程序

在成功激活小程序的情况下，小程序的入口会出现在微信的“发现”界面。如果用户没有订阅任何小程序，那么即使进入微信的“发现”界面，也看不到小程序的入口。用户需要先将微信更新至最新版本，然后搜索或者随便点开朋友分享的任一小程序，进入后再次退出时，即可发现在“发现”界面下面出现了小程序入口（见图 5-5）。

2. 搜索小程序

搜索小程序最常见最简单的方法是在小程序的搜索栏中直接输入小程序的名称，其具体操作如下。

（1）点击进入微信“发现”界面中的“小程序”界面（见图 5-6）。

（2）点击小程序界面中的搜索栏，进入小程序搜索界面。在搜索框中输入小程序的名称，如“切图大师”，并点击“搜索”按钮，出现搜索结果。

（3）在搜索结果中点击需要进入的小程序。

3. 小程序的页面体验

小程序的页面体验可从流畅性和便利性两个方面进行分析。

（1）流畅性。从流畅性的角度来看，小程序的页面加载速度整体较快，甚至部分小程序的加载速度会超过原生 App。因此，小程序的流畅性可以说是比较好的。

（2）便利性。从便利性来看，小程序无须下载，可省去用于下载软件的时间和流量成本。并且，用户只要使用过某个小程序，该小程序便会自动出现在“小程序”界面的搜索栏下方。小程序的这种使用记录使用户下次再进入同一小程序时，只需在“小程序”界面进行选择。

图 5-5 小程序入口

图 5-6 小程序界面

（三）微信小程序的营销理念

要进行营销，运营者首先要做的就是制定合适的营销理念。小程序的营销理念可以从以下几个方面考虑。

1. 符合规则

任何平台的运营活动都有一定的规则，小程序自然也不例外。在“微信公众平台小程序”的“运营规范”界面，对小程序运营的相关规范进行了详细的介绍。比如，运营规范中明确指出：“微信小程序的页面内容中，不得存在诱导类行为，包括但不限于诱导分享、诱导关注、诱导下载等。”如果运营者为了获得更多用户，不顾该规范，多次诱导用户分享小程序，那么，微信发现之后，很可能会直接将小程序下架。

因此，运营者在进行营销活动之前，一定要仔细阅读微信官方发布的关于小程序的运营规范，并确保营销活动符合运营规范，否则，运营者不但无法让小程序获得更好的发展，反而可能会让小程序被下架。

2. 构建合适的场景

小程序的场景构建可以说是营销理念中非常重要的一环，因为只要场景构建得好、用户使用率高，小程序便可能借由庞大的用户群获得突破。小程序的场景构建大致可分为下列三步。

（1）调查市场了解需求。构建场景的前提就是调查市场，了解用户的需求。因为只有满足了用户的特定需求，小程序才有被使用的可能。否则，如果小程序对于用户来说并没有太多用处，那么用户用完之后很可能会直接将小程序删除。当然，关于了解需求的具体方式，运营者可以根据自身情况选择，但进行调查和评估是必不可少的。对于市场需求强烈的领域，运营者只需开发对应的小程序即可。

（2）基于需求构建场景。在了解了需求之后，接下来需要做的就是通过场景的构建满足用户的特定需求。这一点共享单车便是一个很好的例子。共享单车定位于解决用户“最后一公里”的问题，因此，如何让用户随时用上是最关键的一个问题。对于这个问题，它选择通过三种方式解决：一是增加共享单车的数量，让共享单车变得随处可见；二是简化租赁流程，用户只需扫描共享单车上的二维码并进行一些简单的操作，便可获得共享单车的使用权；三是提供低廉的租赁价格，保证人人都能够用得起。其实，运营者在基于需求构建场景时，也可以效仿共享单车的做法。比如，对于店铺类小程序，运营者可以通过在店铺内大量张贴二维码的方式，让用户进入小程序更方便。另外，在小程序中，运营者可以提供一些实用性功能，这样，即使只是为了更方便地进行相关操作，用户也会增加小程序的使用率。

（3）通过连接由点成面。经过上述两步之后，运营者构建小程序场景的工作可以说已经初步完成，而使用小程序的用户也可能有所增加。但是说到底，上述场景构建仍停留在一个或几个点上，用户只有在特定的情形下才能接触到运营者为小程序构建的场景。因此，除了针对某些点构建场景之外，运营者还需要采取一些措施将构建的场景与其他事物进行联系，使场景的影响范围由一个点变成一个面。比如，为小程序构建场景之后，运营者可以通过小程序与服务号、订阅号以及 App 等平台的联系，将构建的场景与自身甚至是他人的多个平台进行连接，让更多的人可以了解构建场景的相关信息，进而增加小程序的影响面。

3. 打造品牌

从用户的角度来看，大品牌的产品用着往往更让人放心，其实，小程序也是如此。面对各种小程序，用户会将更具知名度的品牌作为首选。以外卖为例，用户使用小程序点外卖时，一般都会选择“饿了么”“美团外卖”，这其中很重要的一个因素就是这些小程序知名度相对较高。小程序的知名度无疑是非常重要的，可以通过下列三种方式来打造小程序品牌。

（1）通过版面设计打造。在开发和设计小程序时，运营者不仅可以让小程序所属的品牌尽可能多地出现在小程序信息介绍、菜单栏及相关的具体内容中，还可以通过与其他大品牌产生联系的方式，突出自身的品牌价值，让用户对品牌留有更深的印象。当然，在此过程中，运营者还需把握一个度，切不可为了一味宣传品牌而忽略用户的感受，否则，不但达不到预期的效果，还可能会引起用户的反感。另外，运营者可以通过规范化小程序页面的打造，给用户一种“有范儿”的页面设计体验。这样，即使小程序的知名度有所欠缺，用户也会由于独特的用户体验，记住小程序及其所属品牌。

（2）通过宣传推广打造。品牌打造最直接的一种方式就是宣传推广。正所谓“酒香也怕巷子深”，如果没有一定的宣传推广，用户可能都不知道小程序的存在。因此，从一定程度上来说，只有进行必要的营销，才能更好地实现“赢销”。所以，在小程序的运营过程中，宣传推广是需要重点对待的工作之一。当然，在宣传推广小程序时，运营者也可以有意识地将小程序所属的品牌融入其中，进而实现小程序与品牌的共同宣传。

（3）通过产品质量打造。一个品牌之所以可以获得用户的青睐，除了它的知名度之外，往往还有一个原因，产品的质量好。如果一个产品质量好，那么用户一传十、十传百，产品的口碑和知名度自然也就提高了。也就是说，质量好的产品，用户会自动变成产品的推销员，由此不难看出，提升产品质量不失为一种有效的品牌打造方式。当然，在小程序中，产品质量不仅包括小程序中所有产品的质量，更包括相关的服务。而这些综合起来其实就是用户体验的打造。无论是小程序的产品，还是小程序的相关服务，只有让用户觉得满意，才能增加小程序的使用率，在良性循环中增加小程序的品牌效应。

4. 基于战略

战略是一种计划，更是一种定位，它是相关人员为达到某一目的所进行的谋划，对具体行动起着指示作用。小程序运营者在开发和设计小程序之前，对小程序的未来发展方向可能已有盘算，而这个盘算即可视为战略的一部分。当然，战略更多的只是指示某一段时间内的总体方向，具体细节可根据实际情况进行调整。但是，如果完全不顾战略，甚至朝着与战略相反的方向前行，那么，结果只能是越努力与最初的目标相距越远。因此，运营者在制定小程序的营销理念时，一定要充分考虑当时的战略，根据战略进行针对性的营销，从而更快地获得阶段性的胜利。切不可与战略背道而驰，或者随意改动战略，否则，所取得的成果很可能难以达到预期。比如，当总体方向为获得更多用户时，运营者可以通过各种营销方式增加小程序及与小程序相关的事物对用户的吸引力，而不适合急于提供有偿服务，一味地将流量转化为收益。因为这样不仅起不到增加用户的效果，还有可能使原有用户无法方便地获得想要的服务而减少使用小程序，甚至直接删除小程序。

（四）微信小程序的运营平台

流量的多少直接关系一个小程序的成败，而小程序要获得充足流量，抢占运营平台是运营工作的重中之重。

1. 微信平台

微信是腾讯公司推出的一款移动智能手机应用，为用户提供免费的文字、图片、语音等信息传播平台，目前微信已经覆盖了中国90%以上的智能手机，庞大的用户群使它被互联网企业视为一座富矿。

在微信被大力追捧的当下，微信营销成为网络营销中的热点，它突破了传统营销的渠道限制，很多传统企业通过它成功转型，也有很多互联网企业借助它取得了巨大成功。其实，微信营销对小程序推广同样适用。

微信平台可以说是小程序运营者必争的流量入口之一，这不仅是因为微信拥有众多用户，更是因为微信提供了多种小程序推广渠道，如果运营者营销得当，便可轻松地获得一定的流量。

借助微信平台的力量，小程序运营者可以通过扫码推广、分享推广、公众号推广等方式获取流量。

2. 微博平台

虽然微博的发展时间并不长，但它给企业或商家带来的营销力量是惊人的。在互联网与移动互联网快速发展的时代，微博凭借其庞大的用户规模以及操作的便利性，逐步发展成为企业微营销的利器，为企业创造了巨大的收益。由于网络营销的迅速发展，具有火爆人气的微博成了各大企业与商家营销推广的重要平台。简单来说，微博营销就是企业、商家或个人，为创造自身的价值利用微博平台进行营销的一种方式。通过微博营销，运营者可以对小程序进行适度宣传，并获得一定的流量。

在微博平台上，企业、商家或个人只需要用很短的文字就能表达自己的心情或者发布信息，这种便捷、快速的信息分享方式使得大多数企业与商家竞相抢占微博营销平台，利用微博“微营销”

开启网络营销市场的新天地。值得一提的是，微博的每一个用户都是小程序运营者的潜在营销对象，运营者可以利用微博更新消息、向网友传播小程序的相关信息，以此增加小程序的曝光率。通常来说，在微博中推广微信小程序主要有三种方式，具体如下。

（1）硬广告。硬广告是生活中最常见的一种营销方式，它指的是人们在报纸、杂志、电视、广播、网络等媒体上看到或听到的那些为宣传产品而制作出来的纯广告。其中，微博中的硬广告传播速度非常快，涉及的范围也比较广泛，常常以图文结合的方式出现，也常伴有视频或者链接。

从现实来看，微博用户对各种硬广告大多有排斥心理，所以，小程序运营者发布广告时，要尽量将那些硬广告软化，文字内容不要太直接，要学会将广告信息巧妙地设置在那些比较吸引人的文章里，只有这样，对用户才有吸引力，太过生硬的广告只会让用户产生反感情绪。企业或商家发布的广告信息要能够让用户产生转发的欲望，这才是微博广告营销的王道。

小程序运营者在发布微博硬广告时，最常见也是最直接、有效的方式就是图文结合。除此之外，企业在优化关键词的时候，也应该多利用那些热门的关键词，或者是那些容易被搜索到的词条，只有这样才能够增加用户的搜索率。

（2）互动推广。进行微博互动营销，最主要的一点就是要主动与别人进行互动。当别人点评了你的微博后，你就可以和他们进行对话。小程序运营者还可以利用微博举办一些具体的活动，以此来加强与粉丝的互动。在活动的互动中，运营者可以挖掘客户或者潜在的客户，以此来实现产品或服务的互动营销。

小程序运营者还可以举办一些抽奖活动或促销活动来吸引粉丝的眼球，进而增加与用户的互动。在抽奖活动中，小程序运营者可以设置一些条件。比如，粉丝按照一定的格式转发或评论相关信息就有机会中奖。

如果在促销活动中，小程序运营者提供比较大的折扣和优惠，甚至还能使小程序获得病毒式传播。在微博中发布促销信息时，文字一定要有吸引力，图片一定要精美。小程序运营者还可以请各种人气博主帮忙转发，这样可以进一步扩大小程序的宣传力度。总之，小程序运营者只要不断地和粉丝保持互动，对粉丝发布的微博特别是与自身小程序相关的内容经常进行转发、评论，让粉丝感受到自己的诚意，就可以获得粉丝的信任。获得粉丝的信任是进行微博营销的第一步，只有与粉丝建立亲密的联系之后，才能让粉丝帮忙转发相关的营销信息。

（3）话题营销。一般来说，微博用户在打开微博之后，大多会先选择浏览微博里那些好玩的内容，再查找热门微博或者查看热门话题。因此，小程序运营者应抓住用户的这一习惯，借势进行话题营销。

在进行话题营销时，小程序运营者应该先了解用户对什么话题感兴趣，然后选取合适的话题，将小程序的相关信息嵌入其中，这样用户在搜索话题时，就可以搜索到你的内容了。小程序运营者在发微博的时候，应该对热门关键词加上“＃……＃”，如“＃热门关键词＃”，这样可以增加用户的搜索率。

3. 问答平台

问答平台在网络营销运营方面具有很好的信息传播和推广作用，如果企业能利用好问答平台，对快速、精准地定位客户具有很大帮助。

问答平台在营销推广上具有两大优势：精准度和可信度高。这两大优势能形成口碑效应，对网络营销推广来说显得尤为重要。

通过问答平台来询问或作答的用户，通常对问题涉及的东西有很大兴趣。比如，有的用户想要了解“有哪些购物类小程序比较好用”，有一定小程序使用经验的用户大多会积极推荐自己用过的满意的小程序，提问方通常也会接受推荐去试用。

提问方和回答方之间的交流很少涉及利益，用户通常是根据自己的直观感受来问答，这就使得问答的可信度很高，这对于企业而言意味着较高的用户转化潜力，能帮助产品形成较好的口碑效应。

问答平台营销是网络营销的重要方式，因为它的引流效果是众多网络推广中较好的，能为企业带来直接的流量和有效的外部链接。基于问答平台而产生的问答营销，是一种新型的互联网互动营销方式，问答营销既能为商家植入软性广告，也能通过问答来引流潜在用户。

4. 视频平台

视频相比文字图片，在表达上更为直观、丰满，而随着移动互联网技术的发展，手机流量等因素的阻碍越来越少，视频成为时下最热门的领域，借助这股东风，爱奇艺、优酷、腾讯视频、搜狐视频等视频网站获得了飞速发展。

随着各种视频平台的兴起与发展，视频营销也随之兴起，并成为广大企业进行网络营销较常采用的一种方式。小程序运营者可以借助视频营销，近距离接触自己的目标群体，进而将这些目标群体开发为自己的客户。

视频背后庞大的观看群体，对于网络营销而言就是潜在用户群，将这些潜在用户转化为用户，是视频营销的关键。

视频营销是指企业以视频的形式宣传推广各种产品和活动等内容，因此，不仅要求有高水平的视频制作，还要有吸引人关注的亮点。

如今的视频营销主要在往互联网方向发展，与传统电视广告相比，互联网视频营销的受众更加具有参与性，在感染力、表现形式、内容创新等方面更具有优势。互联网视频营销的传播链通过用户自发地观看分享和传播，带动企业推广产生“自来水式”的传播效果。对于小程序运营者来说，最简单有效的视频营销方式便是在视频网站上传与小程序相关的短视频。

案例 5-2

微信小程序游戏《羊了个羊》

《羊了个羊》这款号称通关率不足0.1%的消除类游戏，在2022年9月14日冲上微博热搜榜第一位之后，开始“引爆”全网，流量之大令服务器2天崩了3次。截至9月16日，微博“羊了个羊”话题有25.4亿次阅读量。9月19日，微信指数达到峰值，关键词热度近3.9亿。游戏刷屏的同时，两张流传在微信群关于收入的图片令游戏更加“出圈”。

根据对创始人的采访，这款游戏最早是2022年8月在抖音上线的，但做了一个月后数据一般，项目组已经放弃了。后来应一些粉丝建议，出了一个微信版本，才于9月在微信小程序上线。上线第一天，仅有100多位用户，大多是游戏开发人员向家人和朋友分享。经过10天左右，游戏已经裂变到将近100万日活（日均活跃人数），这款游戏在大学生圈层开始成为热门。比起游戏本身，社交性与话题性才是《羊了个羊》走红的根本原因，2天12次上微博热搜榜，每一次都令这款游戏进一步“刷屏”和“出圈”。

资料来源：微信公众号，每日经济新闻。

三、微信公众号注册与推送消息

（一）微信公众号注册

1. 登录微信公众号官网

利用搜索引擎搜索“微信公众平台”，进入微信公众平台官网（https://mp. weixin. qq. com）（见图 5-7）。在页面顶部点击“立即注册”超链接，进入微信公众平台注册页面。

图 5-7　微信公众平台官网

2. 选择注册类型

在注册页面，根据需求选择账号类型（见图 5-8）。如果不确定选择哪种类型账号，可以先查看页面下方不同账号类型区的介绍。服务号、企业号和小程序对于个人而言不够实用，对于微商个体或者是自媒体创业者主要是创建订阅号，经营订阅号来吸引粉丝关注，从而进行相关营销活动。这里选择注册订阅号。

图 5-8　注册的账号类型

3. 填写基本信息

选择账号类型后进入基本信息填写步骤（见图 5-9），需要使用邮箱作为账号，系统会发送激活邮件到邮箱，需要在页面上填写邮件收到的验证码，并设置公众号的独立密码。

注意：注册公众号的邮箱应是未绑定任何个人微信、公众号、小程序以及微信开放平台账号的邮箱。

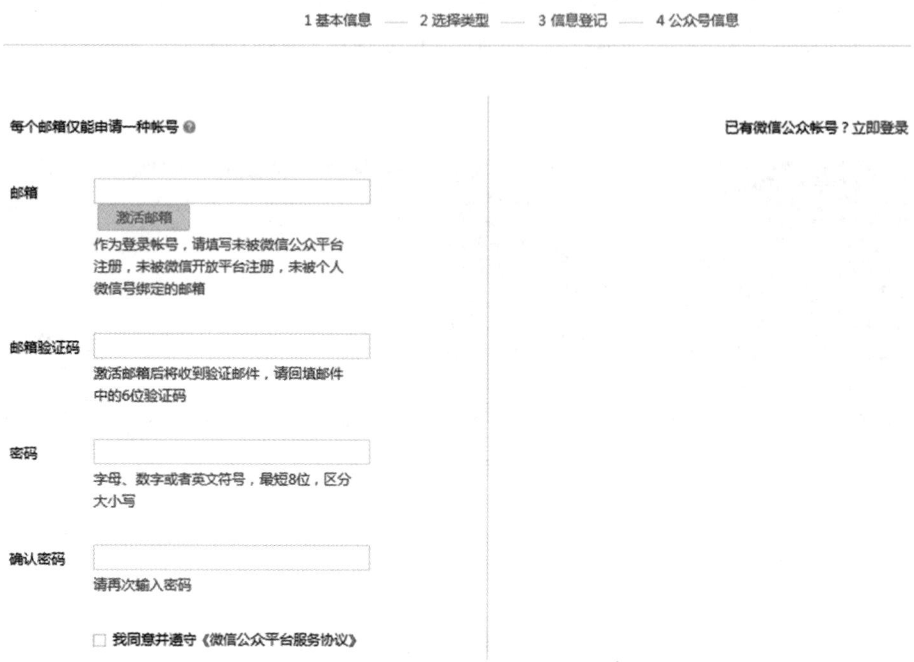

1 基本信息 —— 2 选择类型 —— 3 信息登记 —— 4 公众号信息
每个邮箱仅能申请一种帐号
已有微信公众帐号？立即登录
邮箱
激活邮箱
作为登录帐号，请填写未被微信公众平台注册，未被微信开放平台注册，未被个人微信号绑定的邮箱
邮箱验证码
激活邮箱后将收到验证邮件，请回填邮件中的6位验证码
密码
字母、数字或者英文符号，最短8位，区分大小写
确认密码
请再次输入密码
我同意并遵守《微信公众平台服务协议》

图 5-9　填写基本信息

4. 选择地区/国家以及类型

填写基本信息后，点击“注册”，进入选择类型。选择企业注册地（见图 5-10），点击“确定”，进入账号类型选择。

1 基本信息 —— 2 选择类型 —— 3 信息登记 —— 4 公众号信息
请选择企业注册地，暂只支持以下国家和地区企业类型申请帐号
中国大陆
确定

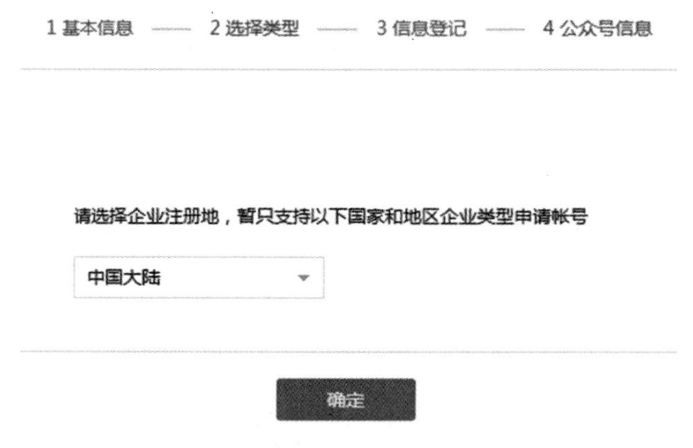

图 5-10　选择企业注册地

在订阅号处，点击“选择并继续”（见图 5-11），出现类型不可更改的提示（见图 5-12），点击“确定”，进入信息登记。

图 5-11 选择账号类型

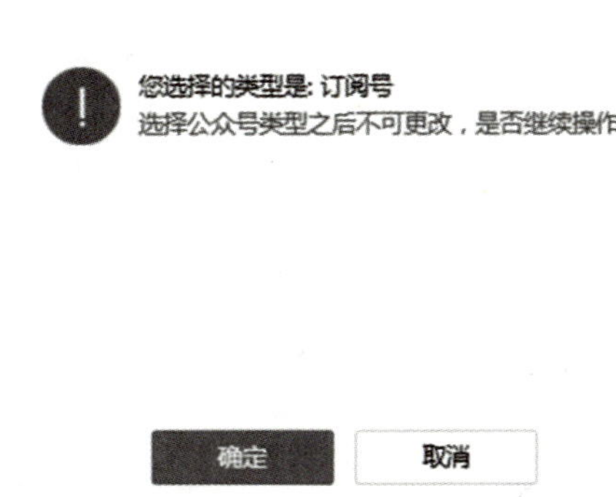

图 5-12 类型不可更改的提示

5. 信息登记

在信息登记页面，需要选择主体类型（见图 5-13）。如果不确定如何选择主体类型，可以查看页面的指引。选择完主体类型后，需要填写注册信息以及选择验证方式，包括主体信息、管理员信息，并使用管理员实名的微信扫码验证。

注意：不同主体类型的验证流程不同，所需填写的资料可能也会有所区别。这里选择个人主体类型，需要填写个人身份证姓名及身份证号码（见图 5-14），并进行管理员身份验证和登记。

点击“继续”，出现主体信息提交后不可修改的提示（见图 5-15）。

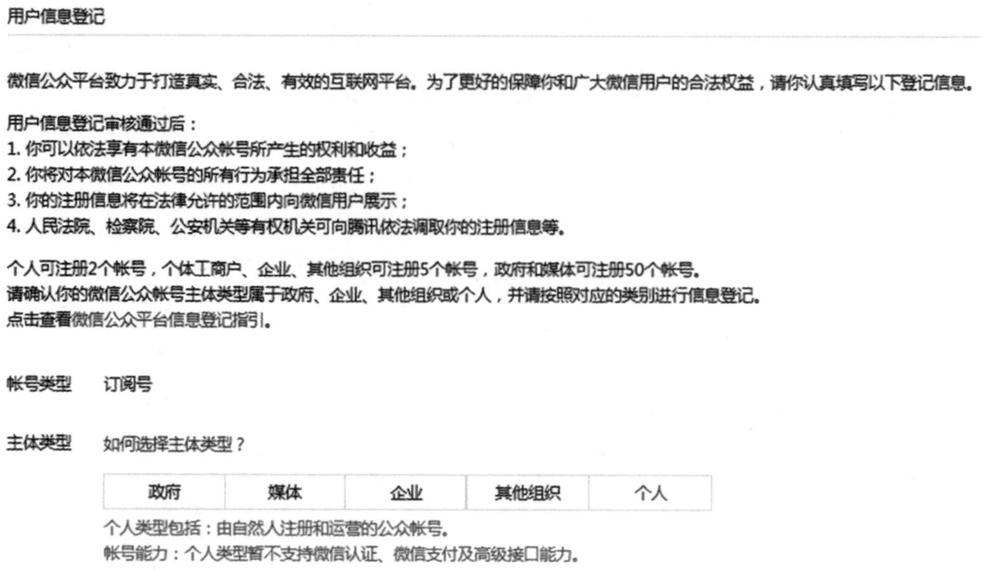

用户信息登记

微信公众平台致力于打造真实、合法、有效的互联网平台。为了更好的保障你和广大微信用户的合法权益，请你认真填写以下登记信息。

用户信息登记审核通过后：
1. 你可以依法享有本微信公众帐号所产生的权利和收益；
2. 你将对本微信公众帐号的所有行为承担全部责任；
3. 你的注册信息将在法律允许的范围内向微信用户展示；
4. 人民法院、检察院、公安机关等有权机关可向腾讯依法调取你的注册信息等。

个人可注册2个帐号，个体工商户、企业、其他组织可注册5个帐号，政府和媒体可注册50个帐号。
请确认你的微信公众帐号主体类型属于政府、企业、其他组织或个人，并请按照对应的类别进行信息登记。
点击查看微信公众平台信息登记指引。

帐号类型　订阅号

主体类型　如何选择主体类型？

政府	媒体	企业	其他组织	个人

个人类型包括：由自然人注册和运营的公众帐号。
帐号能力：个人类型暂不支持微信认证、微信支付及高级接口能力。

图 5-13　用户信息登记

主体信息登记

身份证姓名
信息审核成功后身份证姓名不可修改；如果名字包含分隔号"·"，请勿省略。

身份证号码
请输入您的身份证号码。一个身份证号码只能注册2个公众帐号。

管理员身份验证
返回二维码

图 5-14　个人主体信息登记

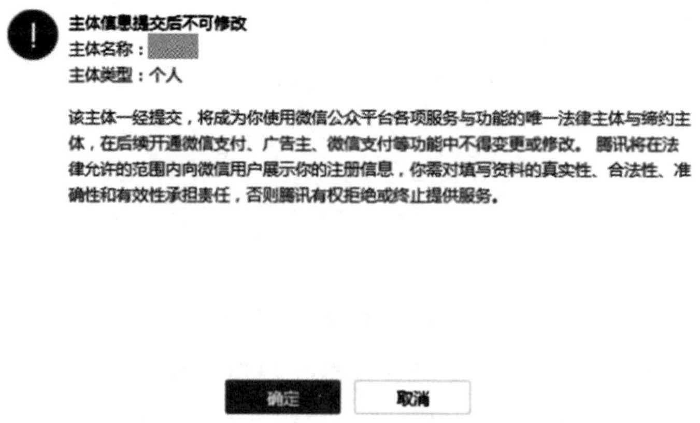

主体信息提交后不可修改
主体名称：
主体类型：个人

该主体一经提交，将成为你使用微信公众平台各项服务与功能的唯一法律主体与缔约主体，在后续开通微信支付、广告主、微信支付等功能中不得变更或修改。腾讯将在法律允许的范围内向微信用户展示你的注册信息，你需对填写资料的真实性、合法性、准确性和有效性承担责任，否则腾讯有权拒绝或终止提供服务。

确定　取消

图 5-15　主体信息提交后不可修改的提示

6. 填写公众号信息

完成信息登记后，进入公众号信息填写页面（见图 5-16）。填写公众号的名称、功能介绍以及选择运营地区，点击“完成”。为避免与已认证的公众号重名，新注册的公众号需要等待平台审核。一般在 7 个工作日内完成审核。在没有通过审核的情况下，默认账号名称是“新注册公众号”。

图 5-16　公众号信息填写页面

（二）群发消息

1. 电脑端群发消息

（1）在微信公众平台，登录申请好的微信订阅号账号，进入微信订阅号的后台（见图 5-17）。点击“新建群发”按钮，进入群发界面。

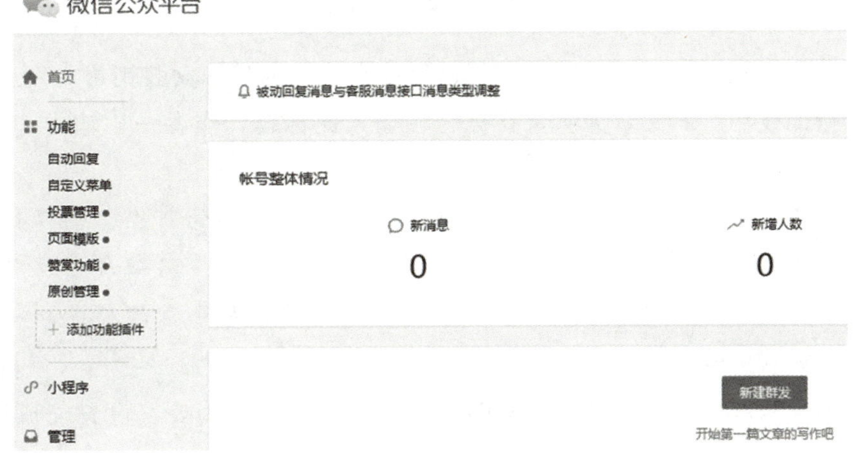

图 5-17　微信公众号后台

（2）在新建群发页面的编辑对话框中，可以选择信息的类型，包括图文消息、文字、图片、语音和视频等（见图 5-18）。

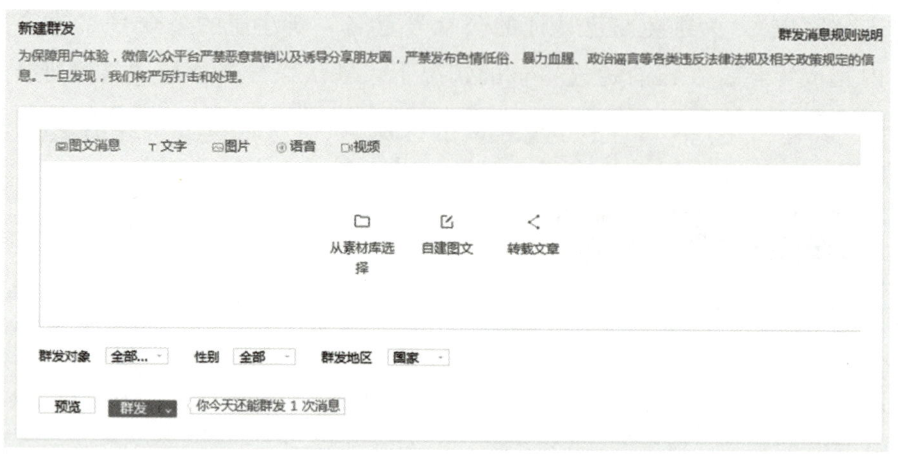

图 5-17　新建群发页面

（3）发送图文消息，对应“从素材库选择”“自建图文”“转载文章”3 种选择方式。这里选择“自建图文”，进入图文消息编辑区（见图 5-19）。

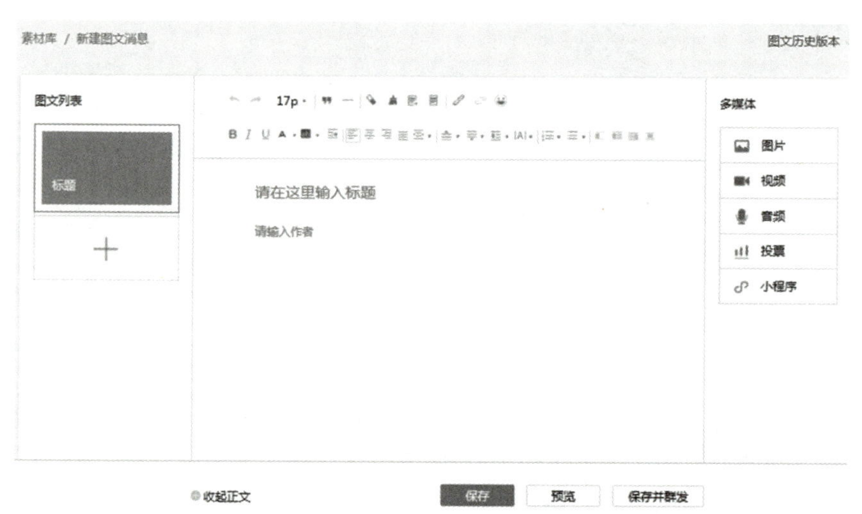

图 5-19　图文消息编辑区

（4）对图文消息的标题、作者、正文内容等进行编辑。根据品牌女装销售的定位，此处以推送一篇名为“女性穿衣搭配技巧”的文章为例，在标题栏输入此标题，作者一栏输入“品牌女装”，输入正文，并进行简单版式设计（见图 5-20）。

注意： 编辑消息正文可以借助一些微信编辑器工具。一个合格的新媒体编辑必须掌握多种微信编辑器的常规操作。常用的微信编辑器有 135 编辑器、易点编辑器、96 编辑器、秀米编辑器等。通过微信编辑器可以为标题、正文文字、关注引导、图文布局等添加丰富的样式和特效。内容经过微信编辑器加工后再复制到编辑框中。

（5）信息正文编辑完成后，需要选择一张图片作为封面，填写摘要。设置完成后可点击“预览”

按钮将图文信息发送给指定的微信账号进行手机端的预览。确定内容无误、排版无差错、是否美观等，如果不满意可继续重新编辑。

图 5-20　编辑文字消息

（6）点击“保存并群发”按钮，返回“新建群发”页面，对“群发对象”“性别”“群发地区”等进行设置（见图 5-21），点击“群发”按钮，出现“消息开始群发后无法撤销，是否确认群发?”的提示框，点击“继续群发”即可。

图 5-21　设置群发对象、性别、地区等内容

2. 手机端群发消息

（1）关注微信公众平台。打开手机微信，进入主页面，依次点击“通讯录”“公众号”。进入公众号，点击屏幕上方的搜索，输入“公众平台”，出现“微信公众平台”（见图 5-22）。点击“微信公众平台”，再点击“关注”。

（3）登录微信公众号。在公众号中找到微信公众平台，点击进入，再点击“我的账号”“群发”，进入微信公众平台登录主页（图 5-23），输入申请号的账号和密码登录，进入个人微信公众号。

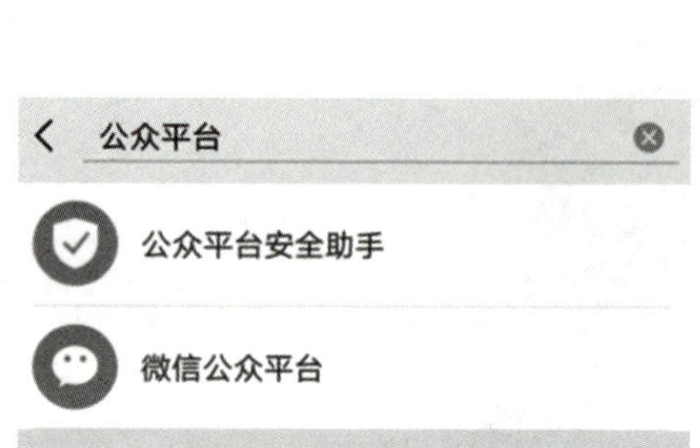

图 5-22　搜索公众平台

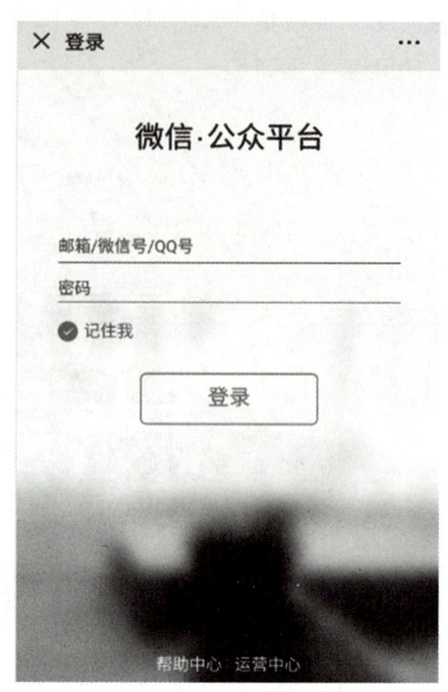

图 5-23　登录界面

（3）群发消息。点击“群发”，进入“新建群发消息”页面，可从素材库中选择图文消息进行群发。目前只可以选择已经编辑好的图文消息，不支持手机端对图文消息进行修改，选择后确认即可发送。

（三）设置自动回复

订阅号的自动回复功能可以通过添加自动回复的内容及关键词来达到自助服务用户的目的，这在一定程度上能够减少人工回复的工作量，提高服务的效率。在微信订阅号后台中，点击功能区域下的“自动回复”超链接（见图 5-24），进入自动回复设置页面。目前微信订阅号的自动回复包括 3 个方面：关键词回复、收到消息回复和被关注回复。

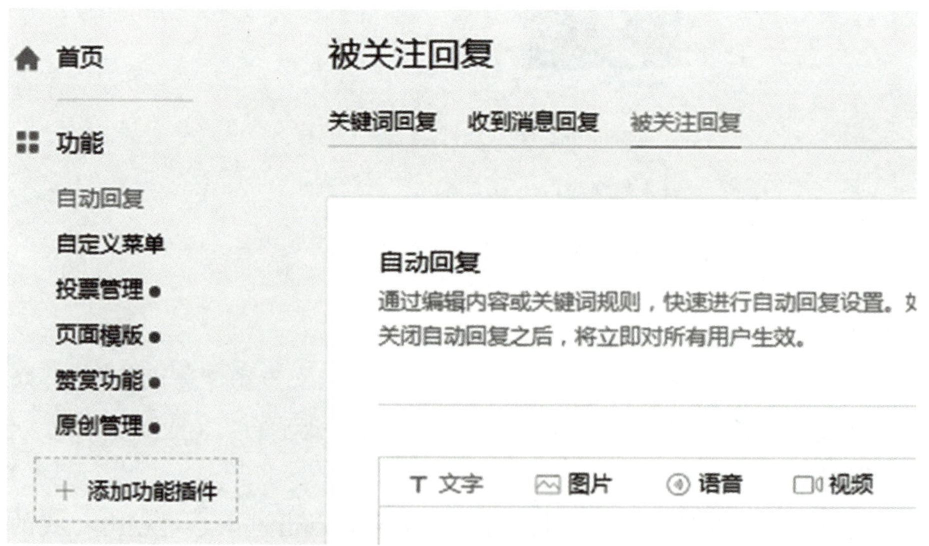

图 5-24　自动回复页面

1. 关键词回复

对于已经建立的关键词，用户只要回复关键词或者包含关键词的相关内容，系统就会自动回复已经设置好的内容。点击“关键词回复”选项卡，继续点击“添加规则”按钮，打开关键词回复编辑框。在编辑框中填写关键词的规则名、关键词、回复内容。关键词虽然可以填写多个，但是为了保证回复的准确性，一般只设置一个。

回复的内容可以是文字、图片、语音、视频，也可以是图文，由运营者视内容而定。点击“图文消息”，进入“选择素材”页面，选择相应的链接素材，点击“确定”。填写完毕后点击“保存”按钮即可。

2. 收到消息回复

收到消息回复是指在用户发送非关键词的文字时系统发送给用户的消息，一般为希望用户翻阅历史消息或者遇到问题时可以留言及拨打客服电话等提示。点击“收到消息回复”选项卡，在编辑框中输入“请您稍等，随后回复您!”，然后点击“保存”按钮即可。

3. 被关注回复

被关注回复是用户首次关注订阅号后，系统自动发给用户的图文信息。一般是欢迎类的文字内容，会用拟人的口吻告诉用户自己能给用户提供的帮助。在“被关注回复”编辑框下输入“感谢您的关注!”，点击“保存”按钮即可。

所有自动回复设置完成后，在微信公众号中可以看到不同的留言及回复情况。

（四）进行消息管理

微信公众平台最多为运营者保存最近 5 天客户发送过来的消息，所以一定要对未回复的消息尽快回复，不然很有可能漏掉用户的消息，造成用户的不满。

1. 进入消息管理页面

回到微信公众号后台，点击功能导航中的“消息管理”超链接，进入消息管理页面。在消息管理页面可以查看全部消息。

2. 消息查找、收藏与回复

系统设置了多种查找条件，有“时间排序”“赞赏总额排序”等。查看消息时，对于重要的消息可以点击“五角星”按钮进行收藏；对于需要回复的消息则点击“小箭头”按钮即可。

四、撰写微信公众号内容

微信公众号若想长期运营，尤其要重视公众号的内容，依靠高质量的内容来提升公众号的品质。只有做好内容，才能从根本上提升营销价值。

（一）分析内容价值

内容创造价值，内容管理和运营是微信营销最重要的一个环节。内容的管理和运营包括对内容的策划、更新和推广，包括文案的策划、撰写，产品信息的植入等；推广则是需要对编撰好的内容通过各种渠道进行推广，以扩大商品的曝光度和影响力，让更多的人知道商品的存在。

在做内容之前，要弄清楚一个问题：微信公众号是为企业服务的还是为用户服务的？很多人认为答案是前者，微信一定要围绕企业利益、产品特色去做。其实恰恰相反，内容的定位一定要以用户为中心，从用户的角度着想，然后再结合企业的特点。千万不可只推送企业自己的内容，因为只有用户从你的微信中获得了想要的东西，他们才会更加忠实于企业和产品，接下来的销售才能水到渠成。

用户永远是因好的内容而来的，用户转发推荐也是因为觉得内容有价值，所以应遵循“内容为王”的原则。对于微信的内容，应采用“1+X”的模型，“1”是最能体现账号核心价值的内容，“X”则代表了内容的多样性，以迎合和满足用户的需求，增强内容的吸引力。微信营销对内容的要求比较高，因为只有持续地、高质量地输出好的内容，才能最大限度地展示自己，吸引用户关注。

（二）确定内容形式

从素材来看，微信内容主要有文字、图片、视频、音频 4 类形式。这 4 类素材共同构成了微信最基本的内容。然而，在实际运用时，这些内容很少是以单一的形式出现的，不管是纯文字、纯图片，还是纯视频，效果都不是特别好。因此，最理想的方式是多种形式组合运用，如“文字+图片”“音频+视频”“图片+音频”等组合形式，或者三合一、四合一的组合形式。

（三）微信内容文案形式

微信内容文案通常可分为四种形式，分别为广告宣传式、情感诱导式、活动促销式、观点表达式等。

1. 广告宣传式

内容的最终目的是宣传、推广其中含有的品牌、产品或服务信息，让阅读到这篇文案的读者接受和认可。因此，作为文案策划人员、创作人员，在写一篇文案时必须有这样的意识，即无论写什么样的文案，必须保证内容应具有广告的作用，且便于宣传。因此，内容在某种程度上就是广告，只不过广告的潜入有的明显些，有的隐匿些。我们把带有明显广告特性、侧重于宣传的文案称作广告宣传式文案。

广告宣传式文案是运用最多的一个类型。纵观公众号、朋友圈的文案，这种类型最多。很多经典的文案也出自此类，它有着超强的宣传性，对企业品牌、企业形象的树立，产品和服务销量的扩大，消费者购买欲望的诱导都有很大的促进作用。美团、拼多多在其微信公众号上发布的文案，基本上都是这类，以直接推荐其产品、宣传促销活动为主。

2. 情感诱导式

有的作品向读者展示的不是一篇文案，而是一个观点或一种情感。感情是能真正触动读者心灵的。现在很多企业在进行营销和推广时讲究以人为本、体验至上，某种程度上突出了情感的因素。其实，情感体验是最容易深入人心的。做营销工作，如果能抓住消费者的情感，那就成功了一半。写文章也是同样的道理，只要抓住“情感”这个核心，以情感人、以情动人，就会很容易俘虏一部分读者的心。

3. 活动促销式

做营销关键在于调动消费者的参与感。文案营销也是同样的道理，所写的文字要有利于读者的互动和参与。而要做到这一点，撰写人员要构思创意，写一些有话题性的、容易展开互动的文案。

因此，可推出一些极具娱乐精神的活动，或赠送、抽奖、讲座等，这些活动一方面宣传了产品和服务，提升了企业的知名度和美誉度；另一方面极大地调动了用户参与的积极性和主动性，增强用户对企业的忠诚度。

4. 观点表达式

从写作的角度看，最基本的原则是可完整地表达一个信息、一种思想、一个观点，且能以最明确的语言来阐述文章的中心意思，解决读者的某些问题。也就是说，文案要能传达思想、表达观点、传递信息，让读者读后有所收获。某理财公众号上的一篇文案《过来人的买房建议》，从标题上看，该文就是一篇观点表达性十分强的文案，就是告诉读者如何买房，以及在买房时应注意些什么。这类文案在写之前要求策划者、写作者明确自己所表达的东西，想清楚“我想向读者传递什么”“让读者明白什么”。切忌为了追求华丽的文字，盲目迎合读者的需求而随意去写，这样往往会本末倒置，适得其反。

（四）积累写作素材

做内容运营，必须每天不断吸收最新的知识，信息累积一定要够，这样写出的文章才能够信手拈来、有理有据。现在新媒体、自媒体很发达，获取信息的方式也非常多，通过以下这些媒体可以获取大量的素材。

首先，关注相关的公众号，建议每天至少关注 30 个以上和你输出内容相关的微信公众号，看一下同行或者目标群体都在关注些什么内容。

其次，各种网站、社区（豆瓣、天涯等）、微博等每天也会产生大量的高质量内容，可以通过多浏览获取信息。

在获取大量的素材后，还需对其进行简单的分析，这时可以建立一个素材分析表格，将内容根据来源、类别、亮点、内容方向、专业度等进行分类以便于查找。

案例 5-3

GQ 实验室的《红了!》

2022 年 8 月 11 日，GQ 实验室推送了一篇公众号文章——《红了!》，该文章在朋友圈刷屏。这篇文章以“美”为主题，用 150 句话的文案诠释了 150 种不同的美，每句话都以一种自动弹出的方式呈现给读者，实际上这是一篇为资生堂 150 周年直播造势的文案。这篇文案不仅轻松收获超 10 万阅读量，更是在发布后 24 小时内斩获 3.6 万次点赞。150 句话，总有一句能让读者产生共鸣和认同感，再加上微信排版的创意，读者看后往往会迫不及待地进行分享。

资料来源：微信公众平台。

（五）了解用户需要什么样的内容

统计各项数据，并做适度的分析，即明确所输出的内容是否能为平台带来目标用户，如何判断这些内容是否对用户有吸引力。为了充分了解和挖掘用户需求，在做这方面的运营之前，需要明确三个问题。第一，思考产品的定位是什么，知道了产品的定位才能知道产品需要什么样的内容。第二，思考用户是谁，思考这些用户有什么样的特征，想想他们会需要什么样的内容。第三，想想同类型的产品都有哪些？知己知彼，百战不殆，了解到竞争对手都有谁，就能知道自己的战斗目标，找到了竞争对手其实也就找到了一条好的内容资源渠道。

（六）根据数据反馈结果调整推广策略

分析数据，找出其中可能存在的问题，并进行相应的调整。一篇文章发布出去后需要对效果进行反馈，并根据反馈结果进行推广策略的调整，如推广时间、推广方式等。

运营者在掌握了活动的策划、撰写技巧之后，还需要精准把握推送时间。由于所有的活动都需要通过微信端才能展示给受众，那么就必须兼顾受众的阅读时间，也就是要抓住对方的阅读习惯。一般来说，我们应该按固定时间段定时发送，但是这也不是最科学的方法，正确的做法应该结合实际条件而定，在对阅读群体特殊需求的分析基础上，根据用户的实际情况及群体特征而定。

例如，阅读群体主要是学生族，则应集中在早 8：00 以前，或下午 16：00 以后；如果是朝九晚五的上班族，则应分段进行，早晨上班前、中午午休时间以及下午 18：00～22：00 是最佳的时间，可充分利用碎片化时间阅读。又如，为满足企业新品发布的需要或促销日期间，或者遇到有比较紧急的通知，有相关的重大社会热点事件等情况，如每年的“双 11”“双 12”都会引发一轮网购潮，这个时候几乎所有人都在时刻高度关注。可以说，这几天所有的时间段都是微信发送的黄金时期，即使是信息轰炸，用户也乐意刷新手机。

关于推送时机的把握，每个运营者各有不同。通过一系列的数据统计，定时对推送的内容进行调整，也是内容运营者的日常工作。作为一名内容运营者，一定要明确自身的内容定位、用户需求、产品调性等因素，以此来确定自己的内容生产和流通机制，同时，不断监测运营数据的变化，在实践中迭代运营策略和手段。

五、微信公众号营销模式

微信公众号营销模式是一直处在一个动态发展状态。从最初微信公众号兴起时，人们所热衷的“扫码有礼”“分享有礼”等简单的福利模式，逐步随着微信公众号的不断发展运营以及用户粉丝的心理成长变化，商家已经开始了更多元化、更有趣、更有传播价值和营销价值的模式，比如有植入产品的游戏福利转发互动营销模式、“企业创业故事＋产品专享福利”的营销模式、热点事件的营销模式等。相信随着整个微信生态圈的不断发展和成熟，未来还将涌现更多有创意、创新的微信公众号营销模式。

（一）互动营销模式

微信公众号营销最被大家所熟知的，便是互动营销模式。这种营销模式之所以被很多商家热衷，恰恰是抓住了用户粉丝对于分享、表达意愿等“利己性+利他性”的心理特点，达到了产品营销与互动的效果。

1. 主要的互动营销模式

（1）转发福利式。转发福利式是先将整个活动传播开去，再利用优惠券等转发形式促使用户消费，从而带动整个平台的销售额。这种活动可以长期进行，人们对经常使用的代金券有长期的需求，但是成本较高。

（2）测试表达式。各种星座、性格的测试，用户转发时不仅是一种娱乐的体验，更是一种对自我的表达，体现的恰是一种认同感。不可否认，测试的确可以当成引爆点，但在用户的转化上是一个难点。

（3）投票福利式。投票赢福利是许多微信公众号都尝试过的形式。往往商家会特别设置，通过关注微信号才能参与该活动，从而收获用户，同时也能造成用户的主动传播。

（4）评论点赞式。在微信公众号运营一段时间之后，微信公众号官方将根据推送的内容，给予该公众号原创评论功能。这就意味着我们可以利用每篇文章内容之后的评论功能来进行互动，即根据用户留言评论后的点赞量进行人气排行，拥有高点赞量即可赢取相应的福利。

2. 互动营销模式中的福利

福利的分享是病毒式营销的极大助力。分享福利意味着接受分享者参与游戏也可以获取福利。主要有以下几种。

（1）红包、优惠券。这是电商提升销售额的管用手法，只要与传播方式结合得恰当，通常可有较好的传播效果。

（2）手机话费、电影票等。手机话费、电影票等福利形式，也是目前微信用户粉丝所乐于接受的形式，操作方便，又具有一定的实用性。

（3）体验活动的机会。这类活动通常是人们通常无法实现的，或者需要很大代价和精力才可以自己实现。这样才能体现出其福利的可贵价值。

（4）具有诱惑力的礼品。礼品的选择一定要有特色，尽量在颜值上和产品价值上突出吸引力。

（二）“故事+产品优惠”的营销模式

随着微信公众号和用户对于营销传播形式的不断成熟，如今，最受到热捧的形式，当属“故事+产品优惠”的营销模式。

那么，什么是故事性的营销呢？

故事性广告就是借用文学创作的手法，将商品和服务的信息通过新颖、独特的情节设计展现给受众。深化受众对信息主体的感受认同，从而达到广而告之的目的。研究发现，优秀的故事性广告容易给受众留下深刻的印象，并且赢得相当高的点击率。在以往的故事性广告中，视频类居多。

“故事+产品优惠”的营销模式就是通过故事性广告，文末带上营销产品的优惠福利，这样的形式更让受众容易接受，也赋予了本身产品更丰富的内容。

“故事+产品优惠”的营销模式具有以下特点。

1. 可读性强

“故事+产品优惠”的营销模式之所以会受到欢迎，很大程度上在于其可读性。通过阅读微信公众号中的故事性的内容我们可以发现，这类营销模式往往通过一个饶有趣味的话题或一个一波三折的故事引出要营销的商品，毫无违和感，在非常自然的情况下打动消费者，并产生较为理想的广告效果，甚至加深传播层次，产生“病毒式传播”效应。

赋予目标用户一种强烈的身份标签，让他们有社群归属感。受众有一种情绪共鸣。当内容植入故事中，产品就成了一种实体化的社交工具。用户使用该社交工具，首先和产品产生了最直接的、第一道互动，然后和其他人因该产品碰撞出了各种故事。

2. 粉丝专享优惠

这种营销模式在讲完故事后，会带给粉丝微信专享的优惠特权。也就是让粉丝享受一些折扣优惠，这些优惠折扣往往会比该产品官方销售更优惠。如此一来，公众号平台既收获了粉丝，也实现了广告效应。粉丝既免费看了精彩故事，也知晓了产品。真正将公众号、粉丝、商家串联起来，形成三赢局面。

3. 渠道资源互换

“故事+产品优惠”的营销模式，其内容推送的公众号往往不是商家本身的企业微信公众号，而是会和该产品领域中具有高人气、高粉丝量的微信公众号合作。因为这些人气公众号拥有长期稳定的粉丝群体，所以商家利用其粉丝传播资源。例如，生产母婴类产品的商家，会寻找母婴类达人的微信公众号，让这些公众号主人通过他们口中讲述生动的故事，融入了这个公众号一贯的价值观传达思想与行文风格，并巧妙地结合商家的产品。最后，商家与这些高人气公众号实现了资源互换，达到双赢的效果。

（三）事件营销

微信公众号营销中的事件营销又具有其区别于其他媒体平台的特点。

1. 事件议程设置更为紧凑

由于微信平台本身的传播速度极为迅速，因此，微信公众号的事件营销议程设置的时间节点安排也变得更为紧凑。一旦事件营销成为微信朋友圈刷屏的热点，其事态走向就会变得极为微妙。商家需要及时、迅速地第一时间做出相应的内容推送，从而达到预期的营销效果。

2. 事件舆论导向影响大

当事件营销具有一定的争议性时，其社会舆论导向以及对于当事人的舆论压力影响是极为巨大的。因此，商家的微信公众号事件营销模式需要经过反复考量，谨慎对待，避免事件营销的最终走向对企业品牌形象产生负面影响。

商家需要根据自身的品牌情况和发展阶段，去选择一个适合自身产品的模式，同时也需要灵活运营，多种模式结合并创新地进行操作，在一次次尝试和试错的过程中，才能真正找到匹配自身品牌营销的方式。

案例 5-4

从伏牛堂看餐饮人如何玩转微信营销

湖南米粉为湖南人的最爱，在过去的100年间一直存在散、小、乱和走不出湖南的问题。伏牛堂一改过去的问题，在北京仅用2年时间，就从一个4人团队发展到拥有10家门店，年营业收入近亿元的企业。这些都是如何做到的？

1. 用微信精准定位人群

在伏牛堂开业前期，张天一找了大约50个朋友，要他们通过微博搜索“湖南+北京”这样的关键词关注40～50个这样的用户，目的是找寻在北京的湖南人。然后找他们线下见面，内测米粉。花了两个月的时间，他们共建了7个以湖南人为核心的微信群，积攒了近2000个高质量顾客。有了这批初始顾客，于是也便有了30多平方米的小店，用4天卖出14362碗米粉的纪录。

2. 微信群要有自己的符号

微信营销如果没有一个能够激发共鸣的情感符号，建立的微信群就会变得毫无意义。所以在建立微信群时，要树立一个能够吸引你想吸引的目标用户的价值符号，这种价值观还得代表一种正能量。伏牛堂设计了一个以湖南人乡土情结为核心的“霸蛮”符号，试图将“霸蛮”打造成年轻人信仰的一种“图腾”，让年轻人内心充满不服输、做自己的信念，成为最有力量感、最“霸蛮”的生物。

3. 要懂得分析顾客结构

当微信人数达到一定数量的时候，就要对顾客进行定性分析和定量统计。伏牛堂的主体顾客是湖南人，女孩占到70%以上，“85后”也占到70%，还有大部分是学习者、白领社群。张天一据此将社群成员分成若干兴趣小组，对接了1000个志愿者，让他们每周开展线下活动。

伏牛堂通过聚焦微信，强化粉丝群体的维护与经营为业务导流，为业绩“刷单”，从而使得一个地方的饮食文化，在没有任何积累的情况下，凭借微信的力量，在餐饮界刮起了一场又一场的龙卷风，它不仅解决了学习者创业难的问题，也帮助中小企业营销走出了困境。

资料来源：360个人图书馆。

思考题

1. 微信营销的概念和特征是什么？
2. 微信营销的模式有哪些？
3. 如何利用微信公众平台进行推广？

课后实训

实训1　使用热点话题搭载法，创作微信公众号热点标题

实训目的

使用热点话题搭载法，创作出热点标题。

实训内容

使用热点话题搭载法，去抖音热榜、新浪微博热门话题榜、今日头条等新闻类门户网站查看热

点话题，创作热点标题。

（1）去抖音热榜寻找热点话题，创作出相关的热点标题。

（2）去新浪微博热门话题榜寻找热点话题，创作出相关的热点标题。

（3）去今日头条寻找热点话题，创作出相关的热点标题。

实训2　使用借鉴延伸法，创作微信公众号“爆款”标题

实训目的

使用借鉴延伸法，创作出“爆款”标题。

实训内容

使用借鉴延伸法，从横向、深向、纵向3个维度思考，创作出3个“爆款”标题。

（1）在自己喜爱的微信公众号上寻找一个“爆款”标题。

（2）在这个“爆款”标题的基础上，横向思考并创作出一个标题（横向：思考出同类型、类似的选题）。

（3）在这个“爆款”标题的基础上，深向思考并创作出一个标题（深向：对该选题继续深挖，思考出更有深度和高度的选题）。

（4）在这个“爆款”标题的基础上，纵向思考并创作出一个标题（纵向：与其他选题进行碰撞，思考出跨界的选题）。

第六章

微博营销

本章导读

作为新媒体时代的先行者之一，微博通过10多年的发展，已经成为诸多用户获取信息、进行交流的重要平台之一。凭借微博的诸多特性，企业也越来越重视利用微博与用户进行交流、进行营销，并取得了良好的效果。本章对微博及微博营销的概念和特点、微博营销策略和企业如何依据产品生命周期进行微博营销进行了简要的介绍。

开篇案例

海澜之家官微力推《中国乒乓之绝地反击》

由海澜之家代言人许魏洲等领衔主演的《中国乒乓之绝地反击》于2023年2月上映，该电影取材于20世纪90年代初国乒男队低谷时期的故事，面对内外质疑，国乒男队终于在1995年世乒赛上演了精彩的绝地反击，重新夺得斯韦思林杯。2022年12月30日，许魏洲发布微博“#中国乒乓新年新海报#去拼吧！听到我的呐喊了吗?”海澜之家官微从此开始密集宣传该电影，海澜之家及其代言人与粉丝就此话题进行了积极互动。2023年1月21日，海澜之家官微发布的该电影的宣传视频获得大量转发、评论和点赞。海澜之家官微开展了推广活动：关注@海澜之家，转发本条（即电影宣传微博）微博并@两位好友，送《中国乒乓之绝地反击》电影票！春节期间，从1月24日（大年初三）起，连续5天，每天抽170个“幸运鹅”（幸运者），每人各送一张。

资料来源：新华网微博。

第一节　微博营销概述

一、什么是微博

微博，即微型博客的简称，是博客的一种，也是一种通过关注机制分享简短实时信息的广播式的社交网络平台。微博是一个基于用户关系进行信息分享、传播以及获取的平台。用户可以通过Web、Wap等各种客户端组建个人社区，使用文字、图片、视频等更新信息，并实现即时分享。

微博的月活跃用户一直在稳定增长，2021年微博月活跃用户超过5亿人。与别的流量平台相比，微博用户偏年轻化，以23～30岁的用户为主，其次是18～22岁的用户。微博的用户群体十分广泛，包括知名艺人、企业高管、“网红”和普通大众等。在微博的“95后”用户中，大专及本科以上学历用户占大多数。

二、新浪微博 App 的功能

（一）发布微博

下载新浪微博客户端，可以通过手机号和验证码登录，也可以通过微信和 QQ 账号登录，如图 6-1 所示。

登录后的页面，右上方的“+”号，就是用来发布微博的按钮，点击“+”号，就会出现下面的选项，如图 6-2 所示。想要分享现在的心情，点击“写微博”即可发表；如果需要上传图片，点击“图片”，选择手机相册中的图片即可；如果需要上传视频，点击“视频”选项，选择手机相册中的视频；如果想要发表长微博，点击“文章”选项发表即可。

图 6-1　新浪微博 App 登录界面

图 6-2　发表微博选项

（二）浏览微博

在“发现”页面信息量巨大，可以通过“发现页面”最上面的搜索栏搜索自己感兴趣的人或事物，也可顺便查看实时热搜榜，看看大家现在正在关注什么。此外还有热点、话题、榜单、超话等多种功能。

在微博中搜索需要的信息非常简单。以了解北京旅游攻略为例，在搜索框中输入“北京旅游攻略”，点击搜索按钮，可以看到搜索的微博信息，继续往下翻，可以选择浏览需要的微博内容（见图 6-3 和图 6-4）。

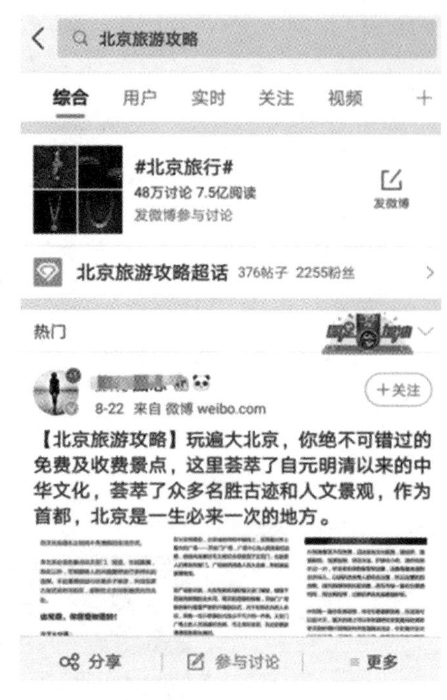

图 6-3 搜索页面

图 6-4 浏览微博

（三）评论、转发和收藏功能

1. 评论、转发

若在别人转发的基础上再次转发，所有文字包含之前他人转发内容。转发时也可以不写内容。转发时可以将转发内容同时评论给所有转发人，评论时也可以同时转发。

在“我的评论”中可以查看/删除他人给自己微博的评论及自己发出的评论。

2. 收藏

看到感兴趣的微博，点击右上角“…”里的“收藏”即可存储到自己的收藏夹中，在自己的首页左侧点“我的收藏”即可查看收藏的内容。

（四）私信

在对方微博页头像下面是“粉丝”“关注”页，有发私信按钮。可以设置“所有人”或“我关注的人”（非我关注人的私信请进入未关注人私信查看）给“我”发私信。在账号设置“消息设置”中。

（五）关注和粉丝

“关注”是一种单向、无须对方确认的关系，只要喜欢就可以关注对方。添加关注后，系统会将该网友所发的微博内容，立刻显示在自己的微博首页中，可以及时了解对方的动态。

“粉丝”则是指关注你的人，无上限。

“关注”的人越多，获取的信息量越大。“粉丝”越多，则表明你发表的微博会被很多人看到。

（六）@功能

“@”这个符号用英文读的话就是“at”，在微博里的意思是“向某某人说”。只要在微博用户昵称前加上一个“@”，并在昵称后加空格或标点断句，他（或者她）就能看到。比如：@微博小秘书你好啊。“@ username”及空格皆应在 140 汉字以内。

在微博的个人首页右侧菜单中“@我的”，如果在微博里有人使用（@昵称）提及你，点击该标签在这里就能看到。

三、微博营销的概念和特点

（一）微博营销的概念

微博营销是指个人或企业借助微博平台进行的包括品牌推广、活动策划、形象包装、产品宣传等一系列的营销活动（见图 6-5 和图 6-6）。每个微博用户都有自己的独特粉丝，每个粉丝都会成为微博营销的对象。企业通过更新自己的微博内容向潜在客户传播企业信息、产品信息，及时与用户互动，或发布一些消费者普遍感兴趣的话题，以吸引消费者眼球，这样的方式就是所谓的微博营销。

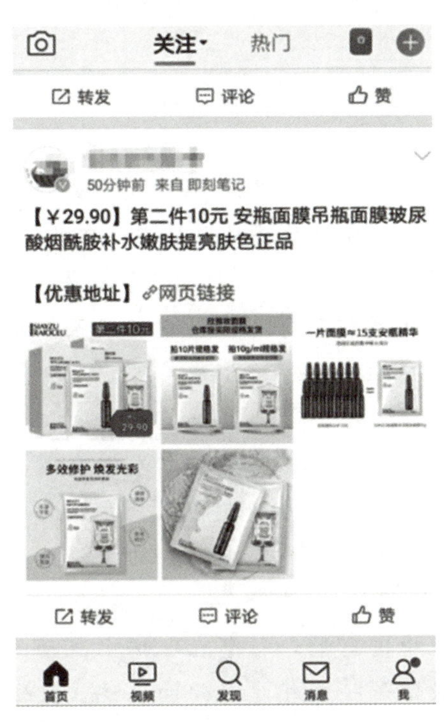

图 6-5　面膜微博营销

图 6-6　美食微博营销

微博营销注重价值的传递，其互动性强、营销布局全面、对潜在客户定位准确，移动端的庞大用户规模也保证了营销效果的最大化，因此强烈地吸引着广告主们的关注。

在移动互联网营销中，基于微博的功能优势，借助微博平台展开客户服务、策划营销活动等成为企业开展市场营销的热门选择。同时，微博是中国社交网络当中唯一一个跨 PC 和移动端双端的产品。依托于新浪网和新浪博客，新浪微博的媒体特征明显，用户使用微博之后，可以实时了解到社会上的各类热点问题。作为一种社会化媒体，微博的互动性和娱乐性特征也非常强，用户可以随时在微博上发布消息，与博友开展互动，或者参与各类媒体、企业、机构举办的互动活动。

小贴士

微博与微信朋友圈的传播模式的比较

1. 微博的“大圈子”与微信朋友圈的“小圈子”

从整体上来说，微博平台就是一个大圈子，一个话题可以迅速传遍整个大圈子，并且围绕这个话题形成多种信息与意见交流。在这个大圈子中，经过一定的博弈，会形成话语权的差序格局。博弈中产生的KOL在信息传播以及意见表达中的作用更为突出，但这种权力结构是动态的，经常会因为受各种因素的影响而发生变化。

微信朋友圈由难以计数的小圈子组成。虽然从理论上来说这些小圈子之间相互关联，但毕竟小圈子之间还有一道无形的“墙”。信息虽然可以越过这些“墙”流入小圈子，但反向的信息与意见反馈却很难实现，因此信息流相对单一。在微信朋友圈的交流中，话语权相对平等，微信朋友圈更关注情感连接，对于话语权的关注相对较少，因此人们的关系会更为稳定、持久。

2. 微博的“求异”与微信朋友圈的“求同”

在微博的大圈子里，用户要凸显自己的价值，需要多表现个性与差异。差异会被人们强化、放大，并且成为博弈的重要手段。

微信的一个重要作用是维系小圈子中的关系。因此，在微信朋友圈中，人们更倾向于保持关系的稳定与和谐。在观点表达上，人们更倾向于求同，差异往往会被人们有意忽略或掩盖。

3. 微博的开放与微信朋友圈的封闭

微博从功能上保证了转发路径的公开与清晰可辨，从原创到每一次转发的链条，都可以直观感知。微博的评论内容是对所有用户公开的，不同用户的评论可以形成参照，这为公开的社会交流提供了基础。

微信朋友圈虽然保留了转发功能，却隐去了转发路径。因此，一条信息在朋友圈里的传播轨迹是难以辨识的。微信提供的是一个封闭的评论系统，只有互为好友的用户才能看到彼此在同一条信息下的评论。从隐私保护的角度来看，这样的设置不无道理。这样的评论设置主要发挥的是私人社交的功能，而不是公共讨论的功能。

综上所述，微博中的信息传播是在一个开放的系统中进行的，信息在微博上流动时，用户也在快速地展开对该信息的补充、对抗、辨识等；而微信是一个相对封闭的系统。微信朋友圈虽然也可以变化，但其结构是相对稳定的。尽管人们在现实中有较大的差异，但微信朋友圈更多强调同质性。

资料来源：根据网络公开资料整理。

（二）微博营销的分类

1. 个人微博营销

很多个人的微博营销是由个人本身的知名度来得到别人的关注和了解的，如知名演员、成功商人或者社会中比较成功的人士，他们运用微博往往是为了让自己的粉丝更进一步地去了解自己和喜欢自己，微博对于他们是用于平时抒发感情的，功利性并不是很明显，他们的宣传营销目的一般是由粉丝们跟踪转帖来达到的。

2. 企业微博营销

企业一般是以营利为目的的，它们运用微博往往是想通过微博来增加自己的知名度，最后达到销售自己的产品的目的。企业微博营销往往要困难许多，因为知名度有限，短短的微博不能让消费者对产品有一个直观的理解，而且微博更新速度快、信息量大。因此，企业微博营销时，应当建立起自己固定的消费群体，与粉丝多交流、多互动，多做企业宣传工作。

（三）微博营销的特点

1. 速度快

微博最显著的特征之一就是裂变式传播方式，可以说是病毒式的传播速度，信息被瞬间传播扩散，并产生爆发式的影响力。一条关注度高的微博在发出后在很短的时间内转发量就可以达到几十万，在极短的时间内被多人阅读。许多品牌推广在微博上一经曝光就能够形成爆炸式的传播，传播速度之快可以秒杀其他任何一种传播媒介，其影响力不可估量。

2. 立体化

随着互联网技术的高速发展，微博的展现形式日臻丰富与完善，比如长微博的诞生，相关图片、音频、视频的链接，推动微博有效突破了 140 字的局限，从而使得微博营销可以借助先进多媒体技术，以文字、图片、视频等展现形式对产品进行描述，从而使潜在消费者更形象、直接地接收信息。

3. 便捷性

微博具有媒体属性，是将信息广而告之的媒介。与其他媒体相比，微博注册免费、操作界面简洁、操作方法简易（所有操作都基于信息发布、转发、评论），又有多媒体技术使信息呈现多样形式，运营一个微博账号，不必花大价钱架构一个网站，不必有十分专业的计算机网络技术，也不需要专门拍一个广告，或向报纸、电视等媒体支付高额的时段广告费用等，充分利用微博的“自媒体”属性，做好“内容营销”即是微博营销的王道。

4. 低成本

在微博上营销无须投入过多的资金成本，相对于传统的广告行业，微博无疑节省了大量的人力、财力和物力。虽然传统媒体仍然有公信力强、显性效果容易检测等传播上的优势，在传播中占有很大的份额，但是其巨额的广告推广费越来越让商家望而却步，并逐渐转移到微博这块沃土上。微博营销低成本，甚至零成本的优势已经获得越来越多的企业青睐，微博营销已经成为微时代下企业开展营销的不二选择。

5. 广泛性

微博通过粉丝的关注形式进行病毒式的传播，影响面极广；同时，微博的名人效应能够使简单的事件传播量呈几何级放大。微博的裂变式传播加上名人效应，使得微博营销的价值实现了最大化。例如，OPPO 手机的成功就在于善于借助微博营销的广泛性的特点，利用电视演员影响力广进行营销，通过知名演员的微博帮助 OPPO 进行活动宣传，得到粉丝们的关注与积极参与，他们发布的微博少则获得十几万的转发量，多则达到几百万，其影响之广泛不言而喻。

四、微博营销的价值及常用策略

（一）微博营销的价值

1. 客户服务

微博可以为企业提供客户追踪服务，在追踪模式中，可以开展对产品、品牌的信息传播，并与客户进行对话，缩短了企业对客户需求的响应时间。

2. 互动形式

与传统的互动营销相比，微博互动形式可以搭配地域人数的限制，全国乃至全球的受众都可能成为互动营销的参与者，更重要的是来自不同地区的志趣相投者可以实时沟通，进行更加深入的交流，品牌的烙印会在体验与关系互动中更加深刻。

3. 硬广形式

刺激用户热情，以许可式、自主式进行广告，并根据爱好人群精确定位，营销效果更好。

4. 公关服务

营销团队可通过微博客平台实时监测受众对于品牌或产品的评论及疑问，如遇到企业危机事件，可以通过微博对负面口碑进行及时的正面引导，使企业的损失降至最低。

5. 客户管理

微博作为一个营销平台，拉近了人与人之间的距离，自然也可以拉近企业与客户的距离。在微博上，企业可以时时刻刻掌握客户的状态和需求，根据客户的需求将客户进行分类，然后有针对性地分类精确管理，能够更有效地维护和管理客户关系，这是传统的营销方式无法做到的。

（二）微博营销的常用策略

1. 活动营销

微博最善用免费、促销模式。免费的东西和促销活动，无疑对萌动的消费者来说有着重量级的杀伤力，而微博比博客迷你且灵活，而且很大的一个特点就是可以迅速传播。

2. 意见领袖

网络无权威，但是有意见领袖。他们在互联网、美食、体育、旅游等领域掌握着强大的话语权。他们在潜意识里影响着数以万计的围观群众，如果想让品牌、产品传播得快，那么一定要锁定重要的意见领袖，并引导意见领袖去讨论、传播产品。

3. 内容营销

微博的迅速发展模式是迄今为止病毒传播最为便利的工具。基于用户喜欢你的内容从而产生值得一看、值得一读的需求，真正与用户达成情感上的共鸣。

4. 情感营销

品牌的塑造不仅包括产品、符号、个性，还有很重要的一点就是企业本身，空洞、刻板的企业文化很难与消费者沟通。而在互联网上的微博有着无可比拟的亲和力，它少了些教条，多了些人性化。企业选择微博这种轻松的互动方式，调动用户参与其中，深入用户的内心，用情感链条连接起品牌的营销力。

第二节　微博营销步骤与技巧

一、微博营销步骤

（一）方向确定

进行微博营销时，需要确定整体方向，即商业目标、营销传播目标和目标受众。商业目标或经营目标，即在一定时期企业生产经营活动预期要达到的成果。营销传播目标即市场营销及传播活动希望实现的目标。目标受众是业务及营销传播所针对的群体。

（二）微博营销现状分析

微博营销至少需要分析四个方面：一是微博平台；二是企业希望与其进行沟通的目标用户；三是企业的直接或潜在的竞争对手；四是企业自身，如现有企业微博。

1. 微博平台分析

以新浪微博企业版为例，相比于新浪微博个人版，新浪微博企业版提供了更丰富的个性化页面展示功能、更精准的数据分析服务，以及更高效的沟通管理后台，特有的蓝色“V”字认证，更能使粉丝和消费者产生信赖。在微博中的企业能够更便捷地与目标用户进行互动沟通，提升营销效果转化，挖掘更多商业机会。对这些功能的了解，必然有助于发现对企业有价值的机遇和营销方式。同时，量化公开的业界报告对于给公司提供重要数据和信息也非常有效。

2. 目标用户分析

对目标用户在微博上的心理及行为特点进行全面分析，了解其喜好，从而投其所好，满足其需求，实现精准营销传播。通过微博用户发微博、评论和转发，按周和 24 小时的具体时间分布，有助于了解企业应该在什么时间发布微博或与用户进行互动。

建立用户的兴趣图谱可以帮助微博营销快速识别目标用户并开展适当的宣传活动。所谓兴趣图谱，就是粉丝的性别、年龄、地域和主要关注对象等一系列信息的集合，建立用户兴趣图谱最简单的方式就是对具有同样目标客户群的企业微博粉丝进行分析。

3. 竞争对手分析

了解竞争对手的微博运营情况也是非常重要的，可以按照行业情况，竞争对手的粉丝数、关注数、微博总数、首次发博时间、话题分布等基本指标考察。企业也可以据此制定活动相关指标的度量。

4. 企业自身分析

如果企业自身已经拥有官方微博，那么对企业自身的微博现状进行分析必然是一个重要环节。例如，通过本企业最近 1 个月内发布微博的 24 小时分布情况，与目标用户 24 小时的转发和评论情况做一个对比，就可以判断出企业的发布微博时间是否合理、是不是在用户最活跃的时间段发布微博等。

（三）目标设定

1. 微博营销目标

微博营销传播的目标设定是与企业的商业及整体营销传播目标保持一致的，而且应该遵循SMART原则，即S（Specific，明确性）、M（Measureable，可衡量性）、A（Attainable，可实现性）、R（Relevant，相关性）、T（Time-based，时限性）。

2. 关键绩效指标

在关键绩效指标的设定中，有一个误区需要引起注意，即盲目重视粉丝数量，不重视粉丝质量，这也是造成僵尸粉横行的原因之一。

案例 6-1

上汽奥迪 & 微博——oCPX品效进取之路

2022年12月上汽奥迪携手微博，通过官宣@X玖少年团肖战DAYTOY、合作微博头部IP《光环之下》和赞助微博电影之夜，实现品牌新生；通过oCPX（是拼多多场景的一种出价方式，基于商家设置的预期成交出价，系统自动根据平台及商品历史数据积累进行出价优化，精准触达高转化人群，从而在稳定投放效果的同时，稳步提升曝光量及订单量）实现精准人群沟通转化，延续品效进取之路。

资料来源：上汽奥迪官方微博。

（四）战略战术

微博营销传播的具体目标和关键绩效指标确定后，相当于“目的地”已经非常明确了，下一步就是确定“如何抵达目的地”，即战略和战术的制定。

1. 架构策略

（1）账号定位。微博账号定位从三个方面来考虑：服务人群、企业自身形象和微博运营目标。

服务人群定位需要根据目标用户的喜好、性别、地域等特点进行，用于指导该账号的发布内容。

企业自身形象定位需明确企业的优势，做出差异化，需要考虑希望给受众的印象、能够提供的价值、微博语言风格和运营者自己的特色等。

设定微博账号的目标是用于品牌宣传、客户管理、销售还是公关关系。

（2）微博矩阵。微博矩阵表面上是根据产品、品牌、功能等不同定位需求建立的各个子微博，实质上是通过不同账号精准、有效地覆盖企业的各个用户群体。在战略上通过布点、连线、成面、引爆、监测来实现营销效果的最大化，在微博的世界里让企业的用户在各取所需的同时形成黏性。

（3）微博装修。在微博装修的时候，一定要注重细节上的完善，微博标签、昵称及简介都是直接影响微博内部搜索和是否能迅速转化为粉丝必不可少的条件。

微博装修内容包括微博昵称、微博头像、认证信息、微博简介、背景模板、微博标签、公告栏目、个性域名、友情链接和封面图片等。

2. 关注策略

它有两层含义，一是如何吸引粉丝的关注，二是企业品牌微博如何通过主动地关注别人来实现自己的目标。

(1) 吸引粉丝关注，做法大致有以下几种。

- 自有媒体推广：在企业自主拥有的媒体上进行推广。
- 付费媒体推广：传统意义上的媒体购买和推广。
- 赢得免费的媒体报道推广：通过社交媒体转发推广，如通过高质量的内容吸引微博粉丝主动转发和关注。

制定巧妙的微博用户主动关注策略是增加粉丝数量的重要手段。

(2) 作为一个企业账号和媒体账号，一般会关注以下几类账号。

- 同行业的优秀企业账号（合作或竞争关系）。关注行业动态，学习微博运营经验。
- 行业媒体和大众传媒。获取资讯，并尝试互动。
- 微博上的热点人物和意见领袖。微博的热点往往出现在这两类账号上，做到及时互动或者借势营销；关注“大V”们在谈什么话题，适当地@、评论、私信互动有时就会博得他们的关注。
- 热心（常常评论、转发和提建议）和幸运用户（如第1万个粉丝），还有经常投稿的有才用户、经常提意见和建议的问题用户。这些用户都会帮企业产生优质、有趣的内容，但也可能会带来投诉。投诉一定要处理得当，处理好了是口碑，处理不好就成了危机。
- 媒体账号（记者）应该关注经常提供线索的爆料用户，以及对品牌忠诚度高的热心读者。
- 关注企业领导、骨干员工和认证员工，媒体账号当然要关注记者、编辑，让他们有归属感，同时监测员工的言论，防止他们犯错，与他们互动，通过私信等方式引导他们的舆论。

思　考

观察并查阅相关资料，思考还有哪些方式或技巧更容易获得“大V”转发，请你把它们分享给小组成员。

3. 内容策略

一个优秀的内容策略对微博活动的成功具有显著推动效果，其中有三点非常重要：内容主题、内容来源和内容发布规划。

根据企业微博运营的目的，进行品牌推广、产品介绍、增加粉丝、活跃粉丝等一系列的内容规划。

(1) 品牌推广类：利用品牌故事、企业活动、企业新闻、经营理念，以及其他形式的品牌语调来宣传公司品牌，树立形象。

（2）产品介绍类：产品归类、产品盘点、产品功能、产品上线等一切以产品为中心的内容，以及引导和教育市场的内容，还有店面环境、顾客反馈、良好体验等以宣传产品为主的内容。

（3）活动类：微博话题、转发有奖等与产品、增粉、活跃粉有关的内容。这一类一般都是规定话题规则、转发规则，用奖品刺激用户参与，不断产生内容，增加互动量，进而提高活动的影响，达到目的。

（4）鸡汤类：鸡汤就像八卦一样，是用户最喜欢转发的内容之一，而运营者所需要做的就是将鸡汤和产品联系起来。例如，图片配上产品信息或产品图或是产品 LOGO，潜移默化地树立产品的品牌个性，争取用户共鸣。

内容来源则主要包括三大类型：原创、转发、互动（与网友评论交流等）。发布时间取决于业务需要，可以制定年度、季度、月度、一周内容日程，并根据上面提到的内容主题提前准备好相关内容，从而指导日常的内容发布和更新。准备并保持一个发布时间规划（类似于媒体刊登计划），并且提前准备好相关内容用于指导每日发布与更新。

规划好每个类别栏目的比例、发送的时间、内容展现的形式、内容的来源和维护更新方式。

观察微博并查阅相关资料，思考如果你要开通微博小店，你会选择哪些电商平台（淘宝、京东、拼多多、有赞、小电铺等），并说出这样选择的原因，请你把它们分享给小组成员。

4. 互动策略

微博是社交媒体，更多的也是企业与粉丝互动的平台，相信没有一个粉丝会永远守着不会说话的报纸。所以，必要的互动不仅可以提高品牌知名度，同时也是了解粉丝动向的法宝。

（1）和谁互动。要互动，首先需要找到要互动的人，即要与哪些人进行互动。微博营销的目标是扩大传播范围，增强影响力，因此互动群体可定位为名人、行业达人等在某些领域具有强影响力的一类人，他们往往拥有大量的忠实粉丝，对他们说的话也会积极转发。

（2）互动什么内容。互动内容直接影响互动群体能否跟自己形成互动，并且对之后的传播也产生重要的影响，因此在设计互动内容时要特别注意。

可以通过以下几种方式寻找互动内容。

- 职业方向。例如，很多有影响力的人都会在微博上进行认证，可以准确了解他们的职业背景，通过观察他们的微博标签和所关注的人可以大致了解他们的关注点在哪里。
- 微博内容。观察他们在微博中经常发哪些内容，也能大概了解他们的爱好和对某些事情的观点。
- 相关博客或专栏。一般的名人或专家都会有自己的博客或专栏，通过阅读他们发布的内容，可以从中看出他们的关注点和研究方向。

（3）怎么互动。确立了互动内容，就要想互动的形式应该是怎样的。一般情况下，可以通过以下几种方式进行互动。

- 引用原话，并@TA。
- 转发 TA 的微博并加入自己的观点以期形成互动讨论。
- 发布相关微博，并@TA，这对内容要求比较高，需要和 TA 的价值观保持高度一致。
- 转发他人微博，加入自己的观点，并@TA，同样这对内容要求也比较高，并且转发的微博最好也是出自有影响力的人群。

5. 优化策略

（1）选取热门关键词。做微博关键词搜索优化的时候，要尽可能地以关键字或者关键词组来开头，尽量利用热门的关键词和容易被搜索引擎搜索到的词条，增加搜索引擎的抓取速率。

（2）关键词的选取要适当。微博关键词搜索优化，微博的信息是非常重要的。搜索引擎会把微博的信息纳入搜索结果中，它们的索引算法也会根据微博的内容，选取信息作为标题，这些内容的关键词被选择上也就很重要了。

（3）微博用户名称相关度。用户名和搜索关键词相关度越高排名越靠前。如果搜索的关键词就是微博的用户名，排名会加分，但是不是完全排在第一，还要根据其他数据综合排名。所以在设置微博名称时应该考虑目标用户群可能搜索的关键词。

（4）已关注用户排名最靠前。对于已经关注的用户，会排在最前面，而在已关注用户中的再次排名，规则和总的排名是一样的。

（5）微博粉丝、关注数和微博数。粉丝关注度越多越靠前，这个指标对于排名的影响比较大。关注数越少，排名越靠前，影响较小。微博越多，说明微博用户比较活跃，排名就会靠前。在相同粉丝数量的情况下，就会通过关注数和微博数排名。所以，为了提高排名要增加粉丝数量，减少一些关注，多活跃发微博。正因为如此，购买僵尸粉丝后对排名也是有利的。

（6）微博简介及标签。如果微博简介和标签中也有关键词，排名会加分。如果微博质量高，即使名称中没有关键词，也可以获得较好的排名，同时也方便别人通过标签搜索。所以标签和简介的设置也很重要。

（7）认证微博。认证后的微博在同等情况下会排名靠前。

（8）微博内容质量、转发评论数等。内容质量越高排名越靠前，转发评论数越高排名越靠前。但是在目前这两个因素对排名的影响不太大。

（五）运营规划

在宏观的战略和具体的战术作为方向指导下，运营规划也是非常重要的。

1. 粉丝管理规划

针对不同微博行为特点的用户，应该针对其行为和偏好等，采用不同方式进行沟通与交互，从而进行有效的粉丝管理。

2. 意见领袖管理规划

意见领袖关系管理是一个长期的、动态的过程，需要有方法和工具的支持。从相关度、影响力和合作机会3个维度对意见领袖进行综合评估。

相关度是指该意见领袖与企业传播目标和内容的相关程度大小。影响力是指该意见领袖的影响力大小。合作机会是指与该意见领袖达成合作的可能性大小。根据这3个维度，可以制定出一套意见领袖管理模型，针对不同的意见领袖，采取不同的管理措施。

3. 微博活动规划

从是否涉及其他平台的角度，微博活动可以进行以下几种规划。

（1）微博活动，仅使用微博平台。

（2）整合线上活动，“微博+其他网络营销渠道”。

（3）整合活动：“微博+其他网络营销渠道+线下渠道”。

4. 整合营销规划

微博营销只是众多营销形式中的一种，是为了实现总体目标的众多手段之一。因此，微博营销不能孤立地考虑微博平台的情况，必须与其他营销形式相结合，优势互补，共同为总体目标服务。

5. 资源规划

这里的资源包括人力、财力、物力等多个方面，如规划好需要的年度或季度预算、建立相关团队或者与外部代理商进行合作等。

6. 舆情监测与微博危机管理规划

很少有人会质疑市场营销的潜力，然而，网络舆论就像一把双刃剑。客户可能投诉，人群可能传播负面信息，而企业机构在危机发生之时，可能并无防备，难以回应与处理。所以，为了应对危机，对微博的实时监控必不可少。

国内的社交媒体平台与国际环境有很大不同，如新浪微博，很多国外工具是无法监测的。这里可以考虑针对国内网络平台和环境而量身定制的国内相关工具。

（六）运营行动

各司其职，分工协作。在制订运营计划的过程中，不同类型的工作，需要不同的团队和人员。例如，全年的微博营销战略规划，需要策划方面的人才；日常微博的内容来源搜集、内容撰写、微博日程的规划等，需要内容和文案方面的人才；而微博的图片处理和企业版微博首页的设计，需要美术设计和用户体验方面的人才等。

（七）监测控制

在采取行动的过程中，为了保证绩效的不断优化，持续的监测和控制是必不可少的。为了保证绩效的不断优化，需要工具的支持来收集必要的数据。

1. 数据监测——微博的主要数据

（1）关注数。当前博主关注其他微博ID的总量，反映博主的主动参与度，一般在开始阶段迅速增长，之后可能不增长或负增长。

（2）粉丝数。当前博主被多少微博 ID 关注的数量，反映博主的言论影响范围和覆盖范围，对微博信息的传播有重要意义。

（3）微博数。当前博主在一段时间内所发布的微博的数量，反映博主的在线率和活跃程度。总微博数是指自博主开通微博以来发布的微博的总数。

（4）转发量。某条微博被转发的次数总和，反映微博信息的传播力度和效率。

（5）评论数。某条微博被评论的次数总和。

（6）总话题量。针对某一感兴趣的话题，在微博搜索栏中输入关键字后，搜索出关于该话题的结果数。

2. 数据收集

企业可以通过微博管理中心收集数据。数据中心有 4 个模块：粉丝分析、内容分析、互动分析和行业趋势，其中粉丝分析是免费的，其他的是付费的。如果数据中心功能还不能满足需求，也可以使用商业数据分析及时获得微博官方数据或者其他的数据功能。

3. 数据分析

（1）粉丝数量和活跃度。目标粉丝的数量和活跃度是第一类指标，它比单纯的粉丝数量要有意义得多。因为目标粉丝是企业的客户，是真正会消费企业产品的人。此外，活跃的目标粉丝才是最有价值的粉丝。活跃度可以由目标粉丝的日均发微博数量、企业微博平均每条微博的转发和评论人数占总的目标粉丝人数的比例等指标组成，通常在一个时间段内进行分析，以反映目标粉丝活跃度的变化趋势。

（2）传播力。传播力是第二类指标，它反映了企业微博的内容与用户兴趣的匹配程度。用户对企业微博的转发、评论和收藏等活动都说明用户对于微博的内容有兴趣，将这些活动进行量化可以组成传播力的基本模型。另外，企业微博被非粉丝用户转发也是传播力的重要体现，它表明企业微博借助粉丝的影响力传播给了更多的用户。

（3）好感度。好感度是第三类指标，它反映了用户对于企业微博内容的情绪反应。目前成熟的数据分析工具可以通过对用户评论的分词和语义分析，大致量化用户的情绪，如计算“好”“恶”类词语的比例来反映用户的态度。

（4）粉丝特质。粉丝特质分析包括该粉丝的粉丝数、关注数、发微博次数、转发次数等基本内容，这些特质只能分析得到最基本的粉丝信息。

4. 优化控制

当发现企业所做的营销内容未达到预期效果时，可从以下几点考虑并对内容做评估优化。

（1）内容没有和用户的状态挂钩，引不起兴趣。

（2）内容展现的形式平铺冰冷，无创意、无人情味。

（3）内容附图排版和色彩太差，无美感、无贴合感。

（4）活动内容发布后，没有进行渠道的传播，酒香再深巷人不知。

（5）内容发布的时间不恰当，可以根据粉丝群刷微博的习惯上的时间来发布内容。

二、微博营销技巧

（一）定位（账号领域）

想要实现微博的长远商业价值，一个独立领域定位的微博肯定比一个大杂烩的微博走得更远，更易实现商业价值，而且在推广的时候更容易抓住核心的粉丝用户。例如，定位为美食、宠物、心灵鸡汤、情感、旅行、公知等，每一种定位背后都有天然的商业价值存在。目前美食微博发菜谱、宠物微博发萌宠图片的模式显然已经过时了，一定要寻找独立的边缘领域，塑造自己的特色。以@柒个先生为例，它就寻找到了一个独立的特色，以萌宠金毛狗的口吻讲情感，情感的话题都以美食特点作为特色素材，积累吃货和金毛狗的粉丝群体。

（二）话题（讲故事）

不做素材的搬运工，原创可能会累，但是粉丝忠实度高。以话题＃我和柒小汪的七个约定＃为例，持续讲连载故事，3 个月引发超 5 万人转载分享，5000 万人阅读，吸引 3 家出版社邀约出版。这就是故事的魅力，一个好的故事会成就一个微博账号的独有特色，让粉丝有追剧情的趣味感。

当然，最有效的微博话题一定是互动话题，让网友有参与感的话题，这样的话题才能实现网友产生内容，才能挤进话题的排行榜。例如，“＃免费画头像＃”“＃免费送故事＃”“＃免费找对象＃”，好的互动一旦进入前 10 排行榜，每天增加几千甚至过万粉丝很轻松。

（三）热门微博（抢曝光）

一般来说，每小时的热门榜单增加几百粉丝不成问题，一旦进入 24 小时热门排行榜，粉丝一天能否破万就看话题自身内容的关注度了。原创故事＃我和柒小汪的七个约定＃开始微博连载时，第一集当时转发 6000 多次上榜，维持 24 小时，最后触动 15000 多次转发，增加了 8000 多个粉丝。

上热门榜单有一定技巧，那就是热度。只要不是明显的商业广告，就有机会上热门榜单。那么如何来实现热度？进入 24 小时榜单难度系数太高，那么就可以考虑上小时榜。持续关注这个榜单你就会发现，上榜的微博一般发布时间靠近整点，发布后一定要在最短的时间实现阅读量的增加，记住是阅读量，这个数据只有自己的微博可以看到，转发、评论、点赞在上榜前贡献值会弱一些，所以有效账号的转发很重要，而且是第一时间转发很重要。这就要求转发的号必须有足够多的真实粉丝。如果没有足够多的真实粉丝，那么可以考虑用人海战术冲热门榜单。

案例 6-2

鱼跃医疗的官方微博

以“帮患者减轻痛苦，助医生提升医术”为使命的鱼跃集团在 2022 年年底因为血压仪和制氧机而广为人知。截至 2023 年 2 月，鱼跃医疗的官方微博粉丝已达 33.4 万人，视频累计播放量达 1404.9 万次。依托鱼跃医疗在医疗和医疗器械方面的专业基础，其官方微博推出的博文涉及医疗各方面，向用户传递和普及医疗知识，如博文"'糖友'如何缓解心理压力""家庭氧疗有两个最佳吸氧时间段，你做对了吗?"等，这些都得到了用户的关注和分享。

资料来源：鱼跃集团官方微博。

（四）互推（会借力）

互推是一种有效的增加粉丝推广方式，是微博账号之间互换粉丝的一个过程，你有 1 万个粉丝，我有 1 万个粉丝，我们之间互推内容，也许最后我们每一人都有 12000 多个粉丝。参与互推的同等级账号越多，交换的粉丝就越多。组织的力量是无穷大的，而且内容的互推会实现微博内容的有效阅读，为冲热门排行榜提供了有效的途径。

寻找互推资源，首选 QQ 群，其次是联系与自己实力相当的账号。建立有效的互推渠道后，增粉就有了计划。现在微博的活跃度有所下降，抱团肯定有利于内容的传播。

（五）带号（会借势）

想要做一个漂亮的自媒体账号，找大号来带小号也是必经之路，这样粉丝转化率高。如维护美食类账号，找美食类的大号推自己的内容，这样精准的转化肯定最有效。当然，弊端就是要投入，私信大号谈好价格，根据效果不停地更换带号的大号就可以了。如果经济实力可以，同时一次性由五六个大号来带，只要内容足够有吸引力，粉丝增加五六千不成问题。但关键是内容的输出和大号的选择。

第三节 微博营销活动策划

一、确定活动主题

微博营销活动是微博运营中很重要的一环，它能够在短时间内聚集大量的关注和人气，而且还能够增强博主和粉丝之间的互动。活动的类型多样，不同的活动目的也不同，目前微博上最常见的活动目的就是增加微博的活跃粉丝和推广产品，可以自己组织策划活动，也可以联合其他一些博主共同组织策划活动，而且企业和个人可以根据实际情况来选择策划哪一种类型的活动。

活动的主题方向设计对整个活动的导向、最终效果发挥着至关重要的作用，所以在策划每一次微博活动前都要先确定活动的主题，之后的所有活动方案都要围绕这个主题来做。只有主题明确了，才能吸引对其感兴趣的粉丝参与其中，并快速形成话题口碑传播，无限地转发、传播、扩散下去。

可以选择节假日来做活动主题，如春节、情人节、端午节、中秋节、国庆节等，这类节日通常都是大家集中做活动的时间节点，此时人气聚集、关注度高，属于大众话题类，人人都可以参与，只要你的话题有趣、可参与度高即可。而且整个微博平台也会有很多关于节日的热门话题，此时做活动，是增加曝光的最佳时机。除了传统节日，企业和个人也有属于自己的纪念日，如企业创建周年纪念日，个人涨粉的纪念（如涨粉到 10 万，可以策划一次粉丝福利活动），以及其他时间节点的粉丝福利活动，类似这样有纪念意义的日子都可以策划微博活动，可以持续做一段时间，这样更容易培养粉丝习惯，到时间就会来你的微博参与活动。

除了节假日、各种纪念日的主题活动，还可以想出很多类型的主题。

（1）季节性的主题。例如，春季有#我和春天有个约会#、#幸会暖春嘉年华#、#春天有梦来#、#春季美妆节#，夏季有#约惠夏天#、#夏日话清凉#、#冰爽夏日 激情回馈#、#夏天这样瘦#，秋季有#最美秋天#、#秋天橘子熟了#、#金秋感恩伴你同行的他#、#金秋送礼#，冬季有#那年冬天风在吹#、#冬季女神必备礼#、#冬季恋哥#、#这个冬天你恋爱了吗#等。

（2）公益性的主题。例如，#冰桶挑战#、#大手牵小手#、圆梦微心愿#、#公益是一种职业#等。

（3）比赛性的主题。例如，#搞笑红人大赛#、#舞技大赛#、#萌宠睡姿大赛#、#六一卖萌大赛#、#演员仿妆大赛#、#清唱大赛#、#端午节秀图大赛#等。

（4）各种晒图主题。例如，#晒单有奖#、#晒大长腿挑战#、#晒萌娃福利连环送#、#晒出演员童年照#、#晒晒马甲线#、#晒晒我的男神女神#、#晒效果赢大奖#、#晒旧照#等。

这些主题活动都非常有趣，有的很具体，只要我们开动脑筋，集思广益，就会有无穷多的主题任由我们来玩，但前提是一定要结合自己的实际情况，是为了推广产品，还是为了增加粉丝，不要只顾着有趣、好玩而忽略了根本。微博营销活动的策划都是一环套一环的，有引导作用，如可以将微博粉丝捎带着引导加微信、加 QQ，淘宝去拍单等都是可以结合在一起操作的。

二、明确组织形式

确定了活动主题，还要思考如何将活动做出效果，也就是考虑活动的组织形式。组织形式可以自行组织，也可以联合组织。

（一）自行组织形式

无论是企业还是个人，如果在整个微博或圈子中有一定的影响力和知名度，有一定的粉丝基数，保证帖子能够快速转发、传播、扩散出去，就可以自行组织活动。优势是全部的活动策划方案由企业或者个人独立完成，活动的相关流程自己说了算，自由度更大一些。劣势是传播范围有限，面向的受众群体是自己的粉丝，影响面小，只有少部分人参与活动，效果不如联合组织活动共同发力，转发、传播、扩散面广。

（二）联合组织形式

联合组织活动可以按圈子来做，如电商草根圈子、各个培训组织等。他们围绕一个共同的主题来策划，可以主推一家企业或个人的产品，也可以共推几家的产品，集合所有参与人的资源、人脉来共同完成转、评、赞，扩散范围更广，由某个行业领域的大咖转发，信任感更强。这种活动通常集中在某个时间段来做，爆发力强，更吸引眼球，效果非常好。

1. 微博助农活动

微博中卖农产品的卖家越来越多，有的是企业，有的是个人，尤其以电商草根圈子最活跃，其中不乏一些助农组织联合一些新农人共同发起活动，线上、线下联合式活动比较多。因为农产品、生鲜水果之类的产品特别适合线下展现一种纯天然、无污染的一种生长环境，走到田间地头、果园拍一些视频、照片传到网上，或者使用最新的直播形式，这样更直观、更场景化地让粉丝们看到农产品从种植到采摘的全过程。这种活动玩法越来越多的人效仿，以某个行业大咖带头，共同来推广新农人的农产品和各种水果，效果非常不错。

微博助农，还帮助很多滞销果农卖水果，通过微博的传播力量，引起社会各界广泛关注，并且联系一些线下媒体共同报道，解决了果农的实际问题，这就是微博上草根电商新农人的爱心与力量。

2. 赞助式的活动

赞助式活动通常由一个比较有影响力的博主发起活动，其他人自愿参与其中，可以赞助其所销售的产品，在活动中集体展示。如果赞助的人少，可以直接在文案中写上：本次活动由@张三、@李四提供，关注两人即有机会获得奖品等。如果赞助的人多，可以制作一个长图，在图片中将赞助商、赞助产品一一标注清楚，文案中直接写：本次活动所有奖品，由以下一些朋友提供，当然文案怎么写，可以根据实际情况来编辑。通常这种赞助式的活动，很多人愿意参与的原因是可以借助大咖的影响力，将自己的产品扩散出去，而且可以通过大家集体转发，受众面会更广，在这个传播过程中，也会产生订单，就相当于为一些产品免费做个广告。也有一个人提供赞助产品或现金给一个圈子里比较有影响力的人，由他们发起活动，这种可以在配图中做一个长图，把企业的产品介绍一下，在传播过程中，就相当于一个广告的效果，只要产品够吸引人，就会获得高转、评、赞，但是你送一个手机壳，那就不用这么大费周折了，这和送一个手机的效果是不同的。所以，在策划活动的同时，也要考虑到活动奖品对粉丝的吸引力。

3. 线上、线下活动相结合

目前微博中有很多圈子，通过线上结缘，因为有着共同的兴趣、爱好，做同样的事业，所以大家在线上沟通交流、学习。尤其是一些“草根”圈子非常活跃，他们会在某个时间组织一次线下聚会，如有付费形式的“电商干货分享聚会”，通常由一个有一定人脉、资源、影响力的人组织，也有做农产品的朋友们组织的以所销售的产品为主题的线下聚会，如“葡萄采摘节”。无论哪种形式，都会把线下聚会的一些场景再发布到线上，形成线上、线下同时互动，让没有走到线下的网友们也可以看到实况，而且积极参与到话题讨论中来。对此，通常都会先设置一个微话题，所有人都以微话题的形式发布微博，这样参与的人多了，微话题的阅读量就高，就会增加被官方推荐的可能性。另外，线下活动，也可以撬动纸媒、电视、广播等媒体的关注，形成持续的关注和报道，这对于目前做农产品这块的电商朋友提供了一种可操作的方法。

三、明确活动规则

每天微博的信息是海量的，玩微博的朋友也是刷得很快，一扫而过，所以我们做活动的时候，力求简单，尤其是活动规则一定要简单明了，操作步骤不要太烦琐，粉丝们看到活动后能够容易操作，并快速参与进来，而不是还要花太多的时间去细看活动规则。现在的人大多数是没有耐心的，尤其是一些粉丝数量较多、账号优质的博主们，更不愿意停下来去研究你的活动规则，除非“中奖党”“福利党”“红包党”来者不拒。

（一）常用“关注+转发+@好友”的形式

目前大家采用的最多的是“关注＋转发＋@好友”的形式，也已然形成了习惯，无论谁做活动，大家的第一反应就是需要关注博主指定的微博账号，并@几个好友，通常是@1～3个好友，这样操作，一是为了涨粉，二是撬动粉丝的粉丝转发，这样会无限传播、扩散下去。

如果“转发并评论内容”，这样会影响转发的速度，通常大家转发的时候，只需要简单评论一句“支持博主”“希望中奖”，或者根据转发要求评论，然后@好友即可，值得注意的是，如果必须评论一段文字内容，大家还需要思考、需要打字，会占用一定的时间，没耐心的人会选择放弃参与活动。转发重在快速形成连锁反应，快速扩散，才能达到预期的效果。

如果想通过微博活动带动自己创建的微话题一起操作的话，可以在规则上说明，需要加上某个微话题，例如“转发+微话题♯×××♯”。如果微话题热度够高，很容易冲上整个平台的话题榜，增加此微话题页面内容的曝光度。一般节假日做这样的活动比较好，在整个平台关于节日的微话题也比较多，即使你自己创建的微话题，只要带有像“春节”“端午节”“中秋节”“国庆节”等关键词，就会被用户搜索到，也有机会获得系统推荐，这样会吸引一部分粉圈外的人参与其中，扩大活动受众面。

（二）活动时间、活动奖项的设置

活动规则中一定要说明活动开始和截止的时间及活动奖项的设置，目前各位博主做活动的时间3～15天的居多，活动奖项通常以实物和现金为主，现在官方的转发抽奖新上线了现金抽奖，有资金实力的朋友可以选择这种方式，现金抽奖不用到最后一天才抽选，可以随时就抽选，随时公布某一天的获奖名单，避免了粉丝转发疲劳感。

活动规则实例如下。

（1）注@×××，@×××，@×××。

（2）转发本微博。

（3）并@3位你的真实好友。

（温馨提示：3个条件缺一不可）

某月某日将通过@转发抽奖平台抽取幸运粉丝×××名，每人将获得现金×××元。

中奖者会收到由@微博抽奖平台，自动发出的私信中奖通知，本活动由微博官方唯一抽奖工具@微博抽奖平台监督，已备案。

这是现金抽奖实例，需要备案，当然也有博主会做转发抽奖送实物的活动，把实物的实拍图上传即可。

四、编辑活动文案

活动文案至关重要，同样也要简单、清晰、一目了然，文案中主要把活动主题、活动规则、活动时间、活动形式、活动奖项说清楚，告知给大家即可。通常活动文案采用短微博的形式，内容要新颖、有趣、可参与度高，不要太生硬，活泼、轻松、接地气最好，可以搭配长图，图文结合，互为补充，效果更佳。

活动文案中最关键的地方就是活动主题，直接影响用户对活动的第一关注印象，一个好的主题，尤其是具有诱惑力的主题能瞬间吸引粉丝积极参与。

（一）现金抽奖文案主题，突出金额，吸引粉丝

最火爆的转发抽奖形式就是现金抽奖了，可以在奖金额度上吸引粉丝关注。如抽 1 人得现金，几个人平分现金等（见图 6-7）。

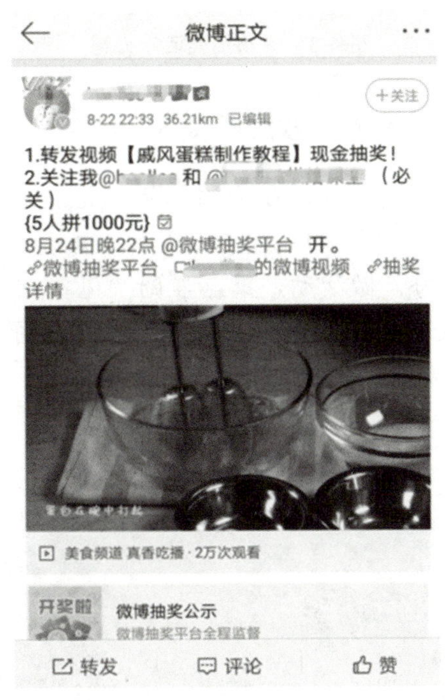

图 6-7　现金抽奖活动微博

（二）实物抽奖文案主题，突出情怀，引起共鸣

一般节假日、某个纪念日，以情怀式的主题做活动最容易引起粉丝共鸣。如中秋节来临前，发布中秋茶礼的抽奖活动（见图 6-8），在即将到来的节日里，人们都希望能够获得这份抽奖礼物，所以参与的人很多。当然，这要结合自己的微博定位，如果你的微博主要做演员粉丝后援团，你的粉丝受众群体就是喜欢演员的粉丝，那么这么做活动是很受欢迎的；如果你是作家，你可以送书，来作为粉丝福利。

图 6-8　实物抽奖活动微博

（三）新品试吃、试用主题，强调免费，收集反馈

通常做微博活动不仅是涨粉丝，更重要的是通过活动，把自己的企业或个人产品推广出去，在开始的时候，一般都采用免费送的形式，然后让大家晒单，进行口碑宣传，尤其是对一些比较适合晒单的产品，采用这种形式效果很好。做活动，重点强调“免费试吃、试用”，意思是连邮费都由博主承担，所以大家不用花钱还能吃到、用到产品，当然愿意参与了，卖家朋友也可以通过试吃、试用活动，收集体验者的反馈，进而调整、改进自己的产品，这是一种多赢的活动形式，如新品试吃、试用活动（见图 6-9 和图 6-10）。

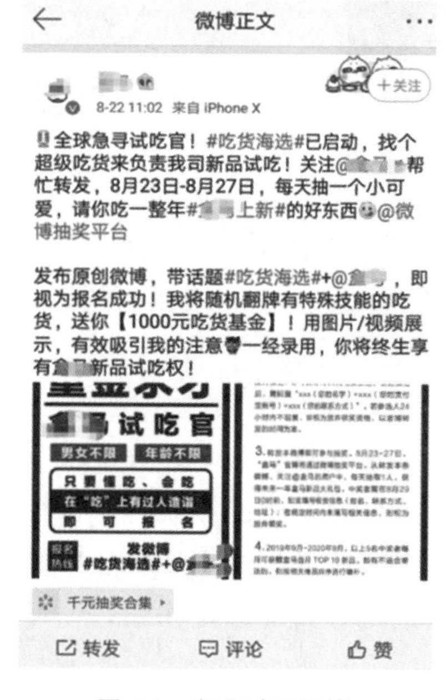

图 6-9　新品试吃微博

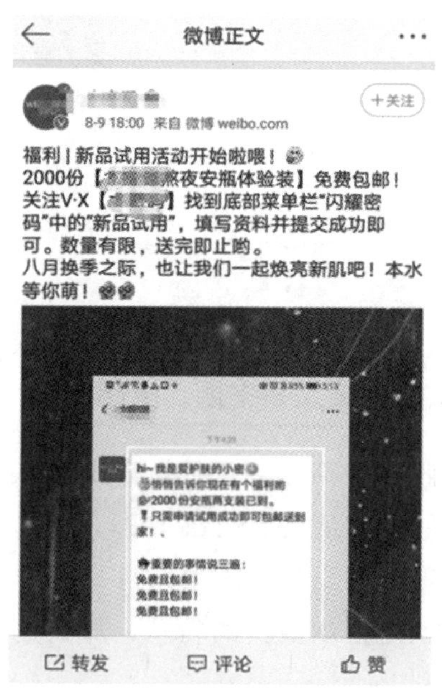

图 6-10　新品试用活动

五、策划抽奖活动

（一）设置抽奖活动

打开手机版新浪微博，点击“我”打开界面（见图 6-11），然后再点击“粉丝服务”选项打开“粉丝服务”界面（见图 6-12），接着点击“抽奖平台”选项，进入“开始抽奖”界面（见图 6-13）。选择一条发布的微博，点击“抽奖”，进入“抽奖设置”界面（见图 6-14）。

图 6-11　关于“我”的界面

图 6-13　“开始抽奖”界面

图 6-12　“粉丝服务”界面

图 6-14　“抽奖设置”界面

有奖转发活动内容提交后，微博活动管理员会在 24 小时内审核活动内容，并将审核结果通过私信进行告知。审核通过后，活动将在设置的时间自动上线。

（二）活动奖品发放

活动奖品的发放代表着诚信，是否遵照活动规则完成奖品的发放工作，及时、准确的发放能够快速在粉丝间树立良好的口碑，下次再做活动就有更多人愿意参与。因为大家已经信任你了，可以把活动奖品发放情况通过微博展示出来，这不仅是通知获奖人领奖，也是给其他粉丝看，证明你的活动是正规的、是信守规则的，信任的建立由此而来。

（三）活动后续晒单

无论是现金奖还是实物奖，获奖人“晒一晒”是非常重要的环节，一是证明活动的真实性，让其他人看到后产生信任感，等下一次活动他们就敢于参加；二是尤其是实物晒单，拍出精美的照片晒出来，会引起从众购买效果。当发起活动方再转出这个晒单就更加真实，可以快速建立信任，几次活动做下来，粉丝的参与习惯就会养成，以后只要有活动，他们都会积极参与。

案例 6-3

小米汽车的微博营销

2023 年，小米汽车通过一场精心策划的微博营销活动，成功吸引了全网的关注，成为车圈现象级事件。在小米 SU7 上市前夕，小米创始人雷军通过微博发布了一系列预热视频，回应关于小米汽车的各种讨论，如“如何看待苹果终止造车”，这些话题迅速在微博上发酵，“#雷军说×××#”和“#雷军回应×××#”等话题频繁登上热搜。发布会当天，小米汽车相关词条霸屏热搜前十，其中“#小米 SU7 价格#”更是直冲热搜榜第一，显示出极高的用户关注度。雷军在发布会上巧妙玩梗，如“遥遥领先”，不仅拉近了与消费者的距离，还激发了大量 UGC 内容的产出。小米 SU7 开售后 4 分钟大定突破了 1 万台，开售后 7 分钟大定突破了 2 万台，开售后 27 分钟大定突破了 5 万台。

此次小米汽车的微博营销活动，充分利用了微博平台的热点聚集性和社交扩散性，通过精准的话题设置和互动引导，成功将产品信息和品牌理念传递给广大用户，实现了品牌声量和市场销量的双重提升。这一案例不仅展示了小米在社交媒体营销方面的深厚功底，也为其他企业在微博平台上的营销活动提供了宝贵的借鉴经验。

资料来源：根据公开资料整理。

第四节　微博营销数据分析

微博营销涉及的数据大致有微博信息数、粉丝数、关注数、转发数、回复数、平均转发数、平均评论数，涉及的指标有粉丝活跃度、粉丝质量、微博活跃度。以下对部分数据做一个说明。

一、微博营销的主要数据指标

（一）微博信息数

微博信息数即每日发布的微博数量。

（二）平均转发数

平均转发数即每条信息的转发数之和除信息总数量，一般计算日平均转发数或月平均转发数，平均回复数原理类似。平均转发数（评论数）与粉丝总数和微博内容质量相关，粉丝总数越高，微博内容越符合用户需求，转发数和评论数就会越高。所以这个数据可以反映粉丝总数、内容和粉丝质量的好坏。粉丝基数越大，内容越契合用户，或者粉丝中你的目标人群越多，转发量往往会越高。

（三）粉丝活跃度

粉丝活跃度是一个综合数据，一般可以通过平均转发数或转发、点赞、回复数等来衡量（见图6-15和图6-16）。

图 6-15　小米手机关注及粉丝数

图 6-16　创维电视微博转发、评论及点赞数

二、微博营销分析的常用工具

（一）微指数

微指数是新浪微博的数据分析工具，基于新浪微博的全量数据，通过关键词的热议度，以及行业/类别的平均影响力，来反映微博舆情或账号的发展走势。微指数分为热词趋势、实时趋势、地域

解读和属性分析 4 个板块。

“热词趋势”部分与百度指数的趋势很相像，但它有一个更为有价值的地方——点击趋势曲线中的各个节点，会显示出关注度排名靠前的 3 条微博，可以做到“知其然并知其所以然”。

“实时趋势”则反映该热词近一天的走势情况。“地域解读”即该热词相关微博信息的地域分布情况。最后一个功能板块是“属性分析”，这部分能获悉关注该热词及其相关事件的人群“画像”，有性别、年龄、兴趣标签比例和星座标签比例这 4 个人群属性。

（二）新浪微舆情

“新浪微舆情”可以在很短时间内收录到国内外重要网站、论坛、微博、微信公众号、贴吧、博客等互联网开放平台的相关信息，通过中文智能分词、自然语言处理、正负面研判等大数据处理技术对收录到的信息进行处理并分析。

新浪微舆情有价值的功能模块分别是热度趋势分析、信息监测、事件分析和微博传播分析，它们可以很好地运用到新媒体领域，可以在热点追踪、内容规划、受众“画像”分析和营销分析方面给予运营者们以有益的指导。

1.（事件）热度趋势分析

新浪微舆情的（事件）热度趋势分析中有一个能反映事件关注度的数据指标——热度指数，它的全称是“网络传播热度指数”，是指在从新闻媒体、微博、微信、客户端、网站、论坛等互联网平台采集海量信息的基础上，提取与指定事件、人物、品牌、地域等相关的信息，并对所提取的信息进行标准化计算后得出的指数。

热度指数能客观反映事件、人物、品牌、地域等在互联网上的受关注程度。热度指数所呈现的数值为 0～100，数值越大，表明其网络受关注度越高。

2. 事件分析

事件分析（包括全网事件分析和微博事件分析）指的是输入近期事件或话题关键词，系统自动进行深度挖掘和多重分析，记录事件从始发到发酵期、发展期、高涨期、回落期和反馈期等阶段的演变过程，分析舆情传播路径、关键词、发展态势、受众反馈和网民观点分析。

3. 微博传播分析

微博传播分析通过分析单条转发量/评论量大的微博，从而得到关于该微博的传播路径、意见领袖、用户“画像”和微博营销传播质量等。

在输入单条微博地址后，系统通过智能计算后呈现出其传播路径、关键传播者、引爆点、转发层级、覆盖人数、人物“画像”、热门转发微博等，以完整呈现此条微博的传播情况。

（三）微博数据助手

微博数据助手为每位用户整理并呈现微博账号运营中的核心数据，为用户运营决策提供数据支撑。进入 PC 端微博“个人主页”，单击“管理中心”，继续单击“数据助手”，进入数据助手界面。

1. 基本数据分析

（1）粉丝分析。帮助用户了解粉丝数变化趋势，以及粉丝用户“画像”，包括粉丝的性别、年龄、地区分布和其他更多信息。其功能包括粉丝趋势分析、粉丝来源、粉丝类型、粉丝性别年龄、粉丝星座。

（2）内容分析。内容分析帮助用户了解账号发布内容的表现状况，帮助用户更多地分析粉丝对不同微博内容的喜好程度，方便用户调整发布策略以获取更多的粉丝互动和粉丝增长。其功能包括发布的内容、最近一篇单篇微博分析。

（3）互动分析。互动分析帮助用户了解账号的互动表现。其功能包括账户整体互动分析、我的主页访问分析、近 7 天账号互动 TOP10、我的影响力。

2. 高级数据分析

（1）近 7 天粉丝活跃分布。查看粉丝近 7 天的活跃时间分布。

（2）关注我的人的粉丝量级。展示粉丝的粉丝数量。

（3）粉丝兴趣标签。展示粉丝感兴趣的领域。

（4）点击效果分析。详细展示每一篇微博图片和短链的点击情况。

（5）相关账号分析。分析检测感兴趣的微博账号的表现情况和运营动态。

（6）文章分析。用户所发布的头条文章阅读数分析。

（7）视频分析。用户所发布的微博原始视频播放量分析。

三、微博数据分析

下面以具体案例对微博数据进行分析。

（一）自身微博的考核

以 A 公司品牌微博为例（见表 6-1），粉丝数 4 月 1 日只有 1.4 万人左右，5 月结束有 2.5 万人。

表 6-1　A 公司 4 月和 5 月微博相关数据

时间	粉丝增长		微博数量（条）	转发		评论		搜索结果数	
	数量（人）	增长率（%）		转发总数（次）	平均转发（次/条）	评论总数（次）	平均评论数（次/条）	增长（人）	增长率（%）
4 月	5545	37	208	2196	10.6	909	4.4	4035	18
5 月	5461	27	284	4093	14.4	1429	5	3658	12

从表 6-1 中可以看到 4 月、5 月粉丝数的增长情况，两个月的粉丝增量差不多，微博信息数量 5 月比 4 月增加 36%，但是转发总数增长近 100%，评论增长了 64%，搜索结果数也是增加了。应该说该品牌针对 4 月的微博内容分析之后，5 月做了一些调整，更加注重用户需求，所以在总量增加的同时微博的平均转发数和回复数都上升了，可以说明该微博 5 月比 4 月是有进步的，而且搜索结果数直接增加曝光率，说明营销有较好的效果。

总结：①平均转发数和评论数可以衡量自身微博运营状态好坏；②搜索结果数可以作为品牌传播的考核；③只有综合所有数据来看才可以指导微博营销。

（二）微博横向数据对比分析

人们都会将自己品牌的微博与其他同类微博进行比较，粉丝的数量仅是衡量指标的其中一项，粉丝的质量更不容小觑，平均转发率、平均回复数也是非常重要的参考数值。例如，A、B、C 三家企业微博运营的情况（见表 6-2）。

表 6-2　A、B、C 三家企业微博运营数据对比

名称	粉丝数量（万人）	发布数量（条/天）	平均转发数（次/条）	平均回复数（次/条）	内容形式	活动话题（次/月）
A	2.6	10～12	15	5	图片、文字	2～3
B	30	15～20	20～45	10～15	图片、文字、视频	5～10
C	10	20	10～20	5	图片、文字	4～6

从表 6-2 中 A、B、C 三家企业微博的几项指标来看，按照粉丝数的倍数来说，B、C 的平均转发数应该是 A 的 10 倍和 4 倍左右，但是实际上不是这样的。当然此时也不能盲目地说 A 就比 B、C 的微博运营成功，或粉丝的质量更好。

通过研究总结，对于一个企业微博真正有价值的不是那些粉丝成千上万的红人，生活中的普通人才是关注企业微博的中坚力量。这就是习惯上说的有效粉丝。由此来看，A 粉丝的质量似乎最高。

总结：应该通过粉丝数、平均转发数、有效粉丝数综合衡量一个微博运营好坏。平均转发率可以衡量一个微博的活跃度或粉丝活跃度。（平均转发率＝平均转发数/粉丝总数）最后，总结一下微博营销四忌：忌盲目追求粉丝数量而不重质量，忌狂发广告，忌不（少）互动，忌无规律发博文。

思考题

1. 微博和微博营销的概念是什么？
2. 微博营销的技巧有哪些？
3. 如何进行微博营销的活动策划？

课后实训

为一个美食类微博账号制订商业变现方案

实训目的

学习微博运营，学会制订商业变现方案。

实训步骤

（1）浏览微博，找一个自己喜爱的美食类微博账号。

（2）根据本章所学，为该美食类微博账号制订商业变现方案。

第七章

社群营销

本章导读

作为新媒体时代的先行者之一，社群营销通过十余年的发展，已经成为诸多用户获取信息、进行交流的重要平台之一。凭借社群营销的诸多特性，企业也越来越重视利用社群营销与用户进行交流、进行营销，并取得了良好的效果。本章将重点讲解社群营销、组建社群的方法、社群运营技巧以及社群营销案例等，以帮助读者快速认识和掌握社群营销与运营。

开篇案例

一个水果店的社群营销之道

水果零售行业有不少通过社群运营实现销售逆袭的案例。可水果行业的社群运营怎么做？如何吸引粉丝、激活粉丝、实现购买转化？杭州一城游运营团队帮青青果园搭建的社群运营，很好地解决了这个问题。

1. 设定价值观和目标

杭州一城游运营团队对青青果园设定了严格的建群体系，对建群的群规、人员分工、用户分享、利益规则等设定了严格有效的运转体系，因为这是社群运营的基础。其强调服务好客户，站在客户的角度出发。

2. 定规矩

青青果园的微信社群规则中很明确地说明了公司目标和价值观：青青果园是以更高品质、更低价格为新生代中产阶层品质生活提供所需产品和服务的平台。

规则除了第一条是产品购买信息外，其他都是如何服务客户的信息，如遇到购买、物流、售后问题如何处理，群内分享的内容主题，邻里互助等，都跟直接卖货没有什么联系。因为这才是一个水果社群应该做的事情。

3. 人员分工

杭州一城游运营团队在认真分析后，在青青果园在群规中明确写出了“本群采取管家+小鲜专属客服方式”。也就是说，水果微信社群的管理人员一般需要两个人，一个是管理员，一个是小秘书。管理员统领大方向，作最终决策，小秘书负责日常具体的事务执行和沟通。两个人互相配合，以发挥最佳效应。

4. 如何吸引粉丝

前期打好了基础，下面就是如何吸引粉丝了。青青果园采取了送菠萝吸粉的策略。他们以店为单位建立1～2个微信群，每个群以350人为上限。然后采取一个粉丝入群就送1个菠萝，粉丝拉人进群同样送菠萝的形式吸粉。就这样以不同年龄的女性为切入口，迅速吸引她们周边的亲朋友好友、七大姑八大姨都加入社群，实现群内粉丝爆发式增长。但这种手法成本较高，财力弱的小商家谨慎尝试。

另一种方式是他们在社区做试吃活动，然后通过试吃添加粉丝。相对来说这种方式成本更低一些，更适合中小水果店老板。

5. 如何激活粉丝

为了激活粉丝，便要做有温度的内容分享。

水果社群里以女性居多，已婚女性占比比较大，且大多数居住在水果店周边社区，所以对于食材评价、育儿上学经验、减肥健身经验、美食、旅游、宠物、小区物业等话题非常敏感。如果想激活群内粉丝，可安排专人引导分享这些热点话题。

分享者可以是水果店员工，也可以寻找热心粉丝兼职。群主对于积极分享的粉丝赠送积分、礼品或优惠券。这样互动性更强，也更容易形成销售转化。

6. 线下活动

百闻不如一见。但线下活动的场地、餐饮、交通成本较高，不建议水果店单独举办。青青果园联合丰乐农庄，每周举办一次烧烤或者采摘活动。然后做拼团、刷朋友圈，变成社群话题，吸引更多粉丝加入，以利于客情关系维护和销售转化。

7. 最终成果

经过杭州一城游运营团队的精心筹划和社群运营，青青果园一个月的销售额从 60 万元直线上升到 100 万元。精心的筹划和良好的线上分工协作，让一个传统的水果企业达到了极高的收益。“杭州一城游优秀的运营团队＋良好的筹划能力”，让无数企业商家得到了真正的收益和价值。

资料来源：360 文库。

第一节　社群营销概述

一、社群与社群营销的定义

随着移动互联网的快速发展，线下与线上已基本融为一体，用户可通过移动互联网随时随地进行互动交流，突破传统的时间、空间等的限制，多元化的移动终端和应用服务使社群功能得到延伸，社群价值得到放大。

（一）社群是什么

社群是由有共同爱好、共同需求的人组成的群体，有内容，有互动，有多种形式。社群实现了人与人、人与物之间的连接，拓展了营销和服务的深度，建立起了高效的会员体系，增强了品牌影响力和用户归属感，为企业发展赋予了新的驱动力。

无论是对于内容创造者，还是对于行业领域“大 V”、企业来说，社群都是其接触用户、了解用户的最佳方式之一。如果单纯地依靠图文内容，与用户的互动则略显单调；依靠音视频、直播，又存在一对多的麻烦；如果直接通过社群来进行用户留存、促活，不仅可以更好地与用户进行互动交流，还可以基于社群进行内容产出，提升用户体验，使内容的创作与分发同步进行。

（二）社群营销是什么

社群营销是在网络社区营销及社会化媒体营销基础上发展起来的用户连接及交流更为紧密的网络营销方式。

（三）常见的社群形式

常见的社群形式有微信群、QQ 群、论坛、百度贴吧等。

二、社群营销的要素

社群营销对于商家来说是非常重要的，因为商家可以在社群中进行产品的推广，这可以有效地提高产品的销量。社群营销的要素主要有五个，分别是同好、结构、输出、运营、复制。下面分别进行介绍。

（一）同好

同好是指有共同爱好的人，同好是社群建立的前提。

同好决定了社群的性质，如某品牌折扣群就是因为大家都对同一个品牌有好感才形成的。

（二）结构

社群结构主要有两个组成部分，一个是成员结构，另一个是社群规则。

社群是有生命周期的，并不是所有的社群都可以长期存活，有些社群会慢慢地变成“死群”，而社群慢慢地变成“死群”的主要原因就是运营者没有做好社群的结构规划，这里说的结构规划主要包括成员结构规划（社群中的成员角色）、社群规则规划（加入社群的条件、社群管理规范、社群的文化等）。社群的结构规划得越好，社群存活的时间就越长。

（三）输出

社群输出主要指的是社群输出有价值的内容。

如果一个社群每天输出的内容毫无意义，输出的内容让人无法认同，那么这个社群必然是不能长久存活的。所以，输出对于社群来说非常重要，做好内容的输出，才能让社群变得更加活跃。

（四）运营

运营决定了社群的寿命。社群运营得好，社群的寿命自然就会更长；反之，社群运营得不好，社群的寿命自然就短。商家对社群的运营主要指的是加强社群成员对社群的仪式感、参与感、组织感以及归属感。

（五）复制

复制在这里指的是扩大社群的规模，从一个社群变成多个结构和作用相同的社群。

例如，一个微信群最多可容纳 500 人，运营者需要考虑的是，当群成员越来越多时，超出微信群可容纳人数的群成员要怎么办。这就需要对社群进行复制了，另创一个微信群，以容纳新的群成员，把第一个微信群成功的运营方式复制到新微信群中。

案例 7-1

秋叶 PPT 社群

秋叶，原名张志，PPT 专家。秋叶 PPT 社群在秋叶的引导、发现、培养下聚集了一批爱阅读、爱思考、爱学习、爱分享的人。秋叶 PPT 社群和阅读结合、和职场技能结合，不断扩大社群受众面。想加入秋叶 PPT 社群先要买课程；想升级到核心群，就要努力学习，多展示优秀作品。秋叶 PPT 学员群采用金字塔结构进行管理，平时禁言；秋叶 PPT 核心群是环形结构，群员非常活跃。学员采用 QQ 群交流，秋叶拥有数十个学员数量超过 2000 名的 QQ 群。秋叶在学员群中筛选出优秀的人才纳入核心团队进行培养。秋叶 PPT 社群输出的主要是优质课程的开发和升级，每周五定期进行群内干货分享，经常送书并鼓励动手做读书笔记的群成员赚回学费。在秋叶主导、群成员分工协作的情况下，他们一起开发课程，一起做成了 PPT 领域内具有影响力的微信公众号，一起写出了年销量突破 10 万册的纸质系列书籍、单期下载量突破 20 万册的电子书。秋叶根据核心成员各自擅长的领域进行分工，每天在网上交流创意和分享进度。学员购买课程，获得入群资格和个人编号。学员入群，群成员热烈欢迎，营造欢快轻松的氛围。学员自由完成课程内布置的作业后发微博，有老师进行点评。秋叶 PPT 社群还积极组织线下活动，如品牌活动“群殴 PPT”“一页纸大赛”等。以学员群为核心分化出来很多以秋叶小伙伴为中心的子社群，如邓稳的“群殴 PPT”群、秦阳的“秦友团”群等。

资料来源：搜狐网。

第二节 组建社群的方法

一、明确组建社群的目的

运营者要明确组建社群的目的，它是后续开展一切社群活动的初衷。如果一个社群既能满足群成员的某些价值要求，又能带给运营者一定的回报，这个社群的存在就有意义，经过运营，也能继续存在下去。

一般来说，组建社群的常见目的有以下几种。

（一）销售产品

很多人组建社群的目的是销售产品。例如，某一个社群的群主主要分享手工改造娃娃的经验和产品，分享结束后接受相关产品的预订。这种基于经济目的的社群，反而有强大的生命力，因为做好群成员的维护，就可以促使老用户再次下单。

（二）提供服务

一部分社群的组建是为了提供服务。例如，在某一个为培训网课提供日常服务的社群中，所有的群成员都会点击社群中发布的直播链接进入直播间听课学习。此外，培训类书籍的作者也会被安排在社群中给大量的学员进行答疑。

（三）拓展人脉

一部分社群的组建是为了拓展人际资源，人际资源型社群尤其要明确定位。例如，某人际资源型社群的定位是“不断走出自己的舒适区，突破自己的认知领域，多跟优秀的陌生人做朋友，向他们学习”，所以该社群在招募时只招陌生人入群。

（四）发展兴趣

还有很多社群，其成员是基于读书、学习、跑步、艺术等爱好而聚在一起的，其主要目的是吸引一批有着共同兴趣爱好的人，构建一个共同爱好者的自留地，在群内分享干货或者学习成果，或者相约一起外出参加兴趣活动等。

（五）增强品牌影响力

出于打造品牌的目的而组建的社群，旨在和用户建立更紧密的联系，而并非简单的交易关系，以实现在交易之外的情感连接。社群的规模大了，影响力就增强了，对品牌宣传就能起到积极作用。

案例 7-2

正和岛的社群构建原则

正和岛由中国企业家俱乐部创始人、《中国企业家》杂志原社长刘东华先生创办，是企业家及创业者专属的以供需适配为核心价值的互联网创新服务平台，是企业家的深度学习社群。正和岛通过互联网把现实世界的巨人们聚集在一起，致力于打造一个自上而下、从虚拟到现实的诚信体系。柳传志、张瑞敏等企业家，是正和岛的热情支持者与积极参与者。其社群构建原则为：①缔结信任，通过正和岛理念与标准让“对的人”在一起，并让在一起的人彼此更加信任；②解决问题，通过正和岛三大系列产品解决困扰企业家的问题，帮助企业家个人及其企业实现可持续成长；③合作共赢，通过正和岛让基于信任与各自优势的企业家之间实现多样化商业合作。

资料来源：正和岛官网。

二、社群初始化

社群初始化是至关重要的，主要包括选择组建社群的平台、社群的拉新和社群的涨粉。

（一）选择组建社群的平台

社群的组建一般都要依托一定的平台，这个平台可以是论坛、QQ、微信、贴吧等，也可以是大规模开放在线课程学院，如 MOOC 等。平台的选择要从社群的定位和需求出发，主要考虑以下两个方面。

1. 从平台使用功能的角度选择

社群运营的主流平台是QQ和微信。一般来说，当群成员数量不多的时候两者都可以选择，但是如果群成员众多，QQ就比较占优势了，因为微信群的群成员数量上限是500人，QQ群的群成员数量上限是2000人，而且QQ群有群文件、群视频、禁言等多种管理功能，有利于社群的管理。

2. 从用户使用习惯的角度选择

目前，QQ和微信的活跃人数差别不大。但是使用QQ的人群呈现年轻化的特点，以“00后”居多。由此可见，选择平台时应考虑用户的年龄等因素。

（二）社群的拉新

社群从无到有，是整个社群运营的关键。获得社群的第一批成员有以下三种方式。

1. 将亲朋好友拉入社群

将自己的亲朋好友拉入社群是最容易实现的，而且亲朋好友对自己很信任，能给自己提供热情的帮助。例如，他们会将社群分享给自己的朋友，继续帮助社群增加成员。

2. 线上拉新

例如，在某些相同领域的微博热评中，找到共同爱好者，逐个进行邀约，或者通过线上主题分享会，吸引参会者进入社群。

3. 线下拉新

线下拉新的方式主要有地推，进群送礼品。例如，销售母婴用品的社群，可以去儿童娱乐场、妇幼保健院、早教中心等拉新。

（三）社群的涨粉

社群涨粉有以下五种技巧。

1. 找相似社群换粉

加入相似社群，丰富个人资源。相似社群的成员一般都是有共性的，比大流量池中的用户更加精准。

2. 问答社区

在知乎、悟空问答等平台中搜索相关的关键词问题，然后结合自己的经验回答问题。你也可以根据自己写的内容提出问题，如用小号提问，然后用大号回答。无论采用哪种方式，都要在末尾加入引导用户进入社群的话术。

3. 借力视频网站

在抖音、美拍、秒拍等短视频平台中选择和自己的社群相关的领域，然后定期、定量上传视频，引导忠实粉丝进入社群。

4. 精准广告

社群引流并不是随随便便拉几个人进群就可以了，而是要通过一定的广告宣传，吸引感兴趣或有相应需求的人主动入群。所以，广告需要有较高的精准度和质量，最起码需要指出是为哪类人服务或者可以给他们带来什么。

5. 解决痛点

解决用户的痛点是引流的最高境界。例如，在母婴群，母亲关心最多的就是孩子的问题，很多新手母亲在养育孩子时总是手忙脚乱，如果这时你整理出一些比较实用的与育儿相关的知识，如宝宝辅食等内容分享给她们，就可以帮助她们解决痛点，就会得到她们的信赖，甚至使她们向身边的宝妈进行宣传。

思　考

如果你要运营一个社群，你会选择在哪个平台组建社群？原因是什么？

三、明确社群主题和规则

除了明确组建社群的目的和进行社群初始化外，运营者还需要明确社群的主题，即在一开始就需要告诉所有社群成员，本社群是做什么的。

在社群招募成员前，运营者必须先制定好社群规则，俗话说“无规矩不成方圆”，特别是在我们要一次性打造多个社群时，社群规则就显得尤其重要，否则有的成员会乱发内容，破坏群里的氛围。

（一）明确社群主题

明确社群主题，就是要让社群成员知道这个社群是用来做什么的，需要在社群公告中做出说明。例如，我们建群的主要目的是学习交流、探讨相关领域的知识，或者分享一些优惠打折的产品，这样新成员进群以后会对该社群有一个明确认知，知道这个社群未来会在某方面对自己有一定的帮助，后期就不会轻易退群，这可以保证社群成员的稳定。

（二）明确社群规则

明确社群规则主要是指要求成员发布和社群主题相对应的内容。以母婴社群为例，社群成员应在社群里探讨母婴方面的内容，同时应明确知道社群内禁止发布广告、拉票等。

案例 7-3

小米的社群营销

小米的快速崛起离不开社群营销，其在社群营销上的做法主要包括以下几点。

（1）聚集用户。小米主要通过三种方式聚集用户：利用微博获取新用户，利用论坛维护用户活跃度，利用微信做客服工作。

（2）增强参与感。例如，小米在开发 MIUI 时，让“米粉”参与其中提出建议和要求，由工程师改进，这极大地增强了用户的参与感。

(3) 增强自我认同感。小米通过“爆米花”论坛、“米粉”节、同城会等，增强用户“我是主角”的感受。

(4) 全民客服。小米从领导到员工都是客服，都与用户直接对话，及时回答用户提出的问题。

资料来源：根据网络公开资料整理。

第三节　社群运营技巧

社群运营需要一定的技巧，常见的社群运营技巧包括打造个人IP、社群分享、社群讨论、社群打卡、社群红包、社群福利和线下活动。下面分别进行介绍。

一、打造个人IP

要想社群存活更久，用户黏性更强，运营者的个人魅力非常重要。运营者可从自身突破，打造个人IP，然后利用它在流量池中引流。各领域的“网红”，不论是美妆、娱乐领域，还是幽默领域，他们前期都会在各大媒体平台上发布文章，目的都是积累粉丝。

当粉丝数量达到一定的水平后，他们就会慢慢开始运营自己的网上店铺，开始销售自己的产品等。简单来说，就是先打造个人IP，然后利用个人IP的影响力去引流。那么如何在社群中打造个人IP呢？

（一）找准自己的定位，给自己贴标签

要想打造个人IP，运营者需要将自己塑造成某方面的专家，如果运营的是母婴社群，就把自己塑造成育儿专家；如果运营的是美妆社群，就把自己塑造成美妆达人；如果运营的是购物折扣社群，就把自己塑造成有渠道、有能力的商人等。

（二）日复一日，持续输出

不要指望在几天之内就得到大部分用户的信任，运营者需要持续不断地输出干货或者为用户提供优质的服务或产品，时间长了，才能得到大家的认可和信任。

小贴士

微信社群运营与微信运营的区别

(1) 微信社群运营。我们一般说的微信社群运营特指微信群运营，通俗地说，就是把用户导流到微信群做相关的运营工作，以达成自己的目标。

(2) 微信运营。微信运营范围比较广，包括朋友圈打造、微信公众号运营、微信社群运营、微信好友分级管理等。微信是一个社交工具，也是一个营销工具。与微信好友或者用户建立更好的连接，都属于微信运营的范畴。

二、社群分享

社群分享是指分享者向群成员分享干货或其他有益的知识，经常进行社群分享会使社群变得比较活跃。运营者要想成功进行社群分享，一般需要如下几个环节。

（一）分享者提前准备分享的话题

分享者需要提前准备分享的话题，话题应该对群成员有一定的益处，能够吸引群成员参与，而不是纯广告。

（二）主持人多次通知分享时间

一旦确定了分享的时间，运营者应该在群里多次通知分享时间。为防止有些群成员因为工作屏蔽信息，错过分享，运营者还可以群发或逐个通知群成员分享时间。

（三）主持人强调规则

在分享正式开始前，主持人需要提醒群成员遵守规则，如不能在分享者分享的过程中，发送和分享与主题无关的信息。如果是QQ群，主持人可以在发布分享规则时，开启临时禁言功能，避免刷屏，以致分享规则被刷走。

（四）主持人提前暖场

在分享即将开始前，主持人应取消禁言，主动说一些轻松的话题，引导群成员们上线，营造友好交流的气氛。

（五）主持人介绍分享者

在分享者开始分享之前，主持人需要介绍分享者，讲述分享者的资历等，让大家提前进入倾听的状态。

（六）分享者鼓励群成员互动

分享者在分享的过程中，可以设置一些环节，鼓励群成员参与互动。

（七）主持人随时控场

在分享者分享的过程中，主持人需要随时控场。这是因为在分享的过程中，有的群成员可能会发布一些与分享无关的内容，对分享造成干扰。

如果是微信群，主持人必须先加群成员为好友，才能私聊提醒。但如果是QQ群，主持人不需要加群成员为好友，可以直接通过小窗沟通，必要时可以采用禁言的方式控场，所以选择QQ群会更方便。

（八）主持人引导群成员收尾总结

分享结束后，主持人可以引导群成员对刚才的分享进行总结，甚至鼓励他们去微博、微信朋友圈等平台分享自己的心得体会。这种总结分享是非常必要的，是社群运营的关键，也是口碑扩散的关键，会将本社群的影响力扩散到群成员的社交圈。

（九）运营者提供福利

运营者对在分享过程中表现优秀的群成员给予奖励，会提高群成员下次参与分享的积极性。

（十）运营者扩大品牌影响

很多社群虽然举办了分享活动，但是却忽视了宣传品牌，这就导致了品牌口碑的流失。所以运营者应在活动结束后，及时总结活动内容，并将其分享到微博和微信公众号等新媒体平台上，以扩大品牌影响。

三、社群讨论

不同于社群分享，社群讨论是指群成员针对一个话题，参与并讨论，通常会得到高质量的答案和输出，经常进行社群讨论也会使社群变得比较活跃。运营者要想成功组织社群讨论，一般需要如下几个环节。

（一）讨论开始前的准备

1. 组建讨论管理组

讨论开始前，运营者需要组建一个讨论管理组，其成员一般至少有 3 个人，包括组织者、配合人、小助手。

（1）组织者需要提出话题，并且要有自己的想法。

（2）配合人需要有丰富的经验，配合组织者一起做好本次社群讨论。

（3）小助手需要协助组织者和配合人做一些琐碎的事情，并且需要及时响应，活跃社群氛围，带动社群讨论。

2. 选定讨论话题

讨论话题的选定是非常关键的，话题的好坏直接决定了社群讨论是否活跃，因此选定的话题不能太沉重，简单、易讨论、气氛轻松的话题或者当下的热点话题是很受欢迎的。

3. 选定讨论时间

组织者需要提前确定讨论时间，并通知群成员。每个问题讨论的时间一般为半小时到一小时。

（二）讨论过程中的控制

组织者根据事先准备的话题顺序，引导群成员讨论问题。在问题讨论过程中，如果群成员对该话题不感兴趣，组织者应快速切换到下一个话题，并根据实际情况延长或缩短讨论时间。

（三）讨论结束后的总结

在社群讨论结束后，组织者应对本次讨论的问题进行总结：如果本次社群讨论很热烈和成功，原因是什么；如果本次社群讨论很冷清，原因是什么，如何改进。通过总结的过程，组织者可以看到本次讨论的优势或不足，为下次社群讨论积累丰富的经验。

四、社群打卡

打卡是社群促活的一种常见活动形式，但是很多打卡活动的效果都不太理想。如何策划一次成功的社群打卡活动？如何让更多的社群成员参与其中？如何尽可能地增加社群成员的打卡次数？

（一）敲定活动流程

决定用户是否参与打卡活动有两个关键因素。

1. 打卡活动的周期

打卡活动以 7～30 天居多，周期太短达不到效果，周期太长用户容易疲倦。打卡活动的周期设置与具体的打卡频率有关，如果每天打卡，那么建议周期短一些，如 7 天，最长 21 天。

2. 参与活动的门槛

打卡活动应有一定的参与门槛，如学习内容 10 分钟后，才可以打卡。这样做一方面可以筛选精准用户，另一方面可以通过用户投入的这种沉没成本来调动其打卡的积极性。

（二）打卡设置

打卡设置有三个黄金法则。

1. 第一天打卡一定要简单

第一天的打卡数多半是最高的，因为从用户的心理来分析，在第一天，用户的新鲜感最强，接下来其积极性是逐步递减的。

所以第一天打卡是最重要的一次打卡，一定要设置得比较简单，而且要确保每个用户都知道这个打卡消息，让尽可能多的用户参与。

2. 提前做好应对用户的“疲倦期”的准备

假如是 7 天的打卡活动，“疲倦期”往往出现在第三天或者第四天，这时有一部分群成员很明显不想打卡了，运营者应该在平时的激励上，给出新的奖励，如在第三天晚上通知，因为大家很努力，所以发起一个抽奖活动，可参与人员仅限今晚打卡的人，活动其他奖励不受影响。

提前预见用户的“疲倦期”，然后增加物质激励，发掘优秀的打卡榜样，邀请表现优秀的用户分享自己的经验等，都可以提高用户的打卡积极性。

3. 提前制定打卡示范，直接让用户“抄作业”

每次打卡都给出一个详细的打卡示范，如要求用户每天提交英语口语练习作品，运营者可以提供一个“姓名+日期+口语练习作品”的打卡模板，用户按照发就可以了。

这个动作会极大地减少用户的思考时间，降低用户的参与门槛，规避一些用户为了拿全勤奖，随意打卡，滥竽充数。

（三）设计活动物料

活动物料包括以下两种形式。

1. 纯文字

使用文字的形式，方便叙述细节，同时可以将打卡活动设置为社群规则，这样有利于群成员知晓打卡活动的细节。

2. 活动海报

设计打卡活动海报，并发送到社群里，让群成员一目了然，同时方便群成员将其发送到朋友圈。

（四）选择活动奖项

一般情况下，活动奖项的设置有两个维度，一是按照打卡天数设置，如全勤奖、打卡 1 天奖、打卡 10 天奖等；二是按照打卡质量设置，如优秀打卡奖等。

1. 全勤奖

设计目的：激励用户积极参与，同时给全程支持活动的用户一些鼓励。

门槛：完成全部规定打卡天数，且打卡内容符合规范。

奖项：建议是优惠券、返现或者平价的小礼物等。

2. 优秀打卡奖

设计目的：筛选优质打卡用户，其实是筛选榜样，激励其他用户认真打卡，同时能吸引未参与活动的人围观，有利于活动的传播。

门槛：连续打卡天数超过 10 天，打卡点赞量超过 1000 次。

奖项：建议是稍微贵重一些的实物礼物，或者是“实物+荣誉证书”等。

（五）打卡活动的社群运营

打卡活动的社群运营主要分为 3 个部分：宣传招募、社群运维、活动结束后群处理。

1. 宣传招募

（1）提前在社群内预热，做好话题上的铺垫。例如，群主先说话：“最近很多家长反映囤了很多书，却很难坚持阅读，我在想要不要发起一场打卡活动，让大家一起记录亲子阅读时光，互相监督，互相打气。大家觉得怎么样？”再在群里发个小红包。

（2）在社群内提前安排几个活跃分子，来附和群主。

（3）随着感兴趣的人越来越多，群主顺势接话：“既然这么多人感兴趣，要不我们下周一就开始打卡？”

（4）发起群接龙报名。群主：“感兴趣的家长可以接龙报名，近期会邀请大家进打卡群。”

2. 社群运维

（1）群成员设置多重身份，保证群成员有一个共同的目标。群成员设置要安排多重身份：活跃分子、意见领袖等。例如，200 人的社群可以设置活跃分子 5 个，意见领袖 3 个。

（2）确保社群基调是轻松愉快的。这里的关键点是群主保持轻松的心态，说话可以活泼俏皮一些，这样群成员在群里说话没有太大压力，自然更愿意“冒泡”。

（3）设置一个简单的用户激励体系。除了一开始设定的打卡奖励，群主还需要设置多重激励方式，这个至关重要。

这里的激励设置逻辑以时间线为基础，最基本的是要保证活动有一个高潮和一个好的收尾。

例如，在用户激励体系中，在打卡任务进行中，选出3名群成员，给予其积极奉献奖，这是群主之前没有提到过的奖励，是“空降”的惊喜，群成员就会产生超预期的体验，活动就会达到高潮。

好的收尾是指在活动末期评奖，要给足群成员荣誉感和仪式感。例如，举办一个小的颁奖仪式，为群成员奉上好看的电子奖状。

3. 活动结束后群处理

活动结束后，群是否需要解散？如果觉得精力不够，可以解散；如果精力够用，就不用解散，偶尔有其他活动或者重要事项，可以发群公告进行促销活动。

此外，对于在打卡活动中涌现的积极用户、优质打卡用户等，群主要重点备注，与其保持联系，他们是以后重点转化的对象。

五、社群红包

让社群保持活跃的方法有很多种，如玩游戏、猜谜语等，但是最简单有效的方法就是发送社群红包。发送社群红包的主要目的有活跃社群气氛、欢迎新人、激活群成员、宣布喜讯等。当然社群红包不是随便发的，还是很有讲究的。下面一起来看看社群红包的八种类型。

（一）欢迎红包

正常情况下，新成员入群的欢迎红包由群主来发。当然，有的新成员会主动发红包，以便让大家对他印象深刻，多关注他。

（二）签到红包

社群需要经营和维护，群主可以每天发签到红包，起到唤醒群成员的作用。每天的签到红包可以分为早安红包和晚安红包，每次发的红包金额不用太多，1元就够了，而且不需要人人平分。越是人人有份的东西，大家反而越不在意，限额限量的红包更能起到很好的引导作用。

发社群签到红包或者问好红包的核心目的不在于大家要抢到多大金额的红包，而是让大家产生社群记忆。

（三）节日红包

每逢重大节日，群主可以在社群里面发红包。发节日红包既是为了烘托节日氛围，也是为了做好社群关怀。当然对于不同的节日，红包的金额、数量、发放方式等也不同。

在劳动节、儿童节、中秋节等节日发红包，稍微表示一下即可，可以起到提醒群成员的作用；而在会员日、店庆日、粉丝节等这类品牌性的节日，发红包除了可以引导交易，更重要的是可以持续树立品牌在群成员中的良好形象。

（四）生日红包

群主可以在群内给过生日的群成员发生日红包，还可以配合生日祝福歌曲和其他的祝福内容。生日红包是针对群成员个人的，可凸显社群的温度，让群成员难忘。

（五）邀请红包

如果你希望有更多的人加入社群，希望群成员能帮你一起拓展群成员，那么你就可以设置邀请红包。这里主要介绍两种邀请红包。

1. 达到指定人数

例如，社群每增加 10 人发一次红包，或者社群规模达到 100 人、200 人、300 人的时候发不同金额的红包。这是针对全体群成员的福利，叫“一人入群，红包人人有份”。这种发红包的方法会让群成员产生邀请新成员的动力。

2. 直接邀请奖励

直接邀请奖励是针对个人的邀请表现进行的奖励，最好在社群里面发奖励红包，这样能极大地刺激那些想赚钱却没有付出实际行动的群成员。

（六）晒单红包

商家发晒单红包主要有两种目的。

1. 分享订单

分享订单就是买家秀或者好评反馈，可帮助商家获得群内用户的信任，打消其他用户下单的顾虑。

当然它还能起到宣传和提醒的作用，如当你店里有很多款商品的时候，很多用户从来没有尝试过某一款商品。当这些用户在群里看到别的用户发出的实物图的时候，就等于被提醒了一次，他们很有可能会产生下单欲望。所以商家可以私发红包或抵扣券给分享订单的用户，作为分享订单的奖励。

2. 分享实惠

当商家在开展大额折扣等活动的时候，很多用户可能不相信或者不太感兴趣。某些用户在群内分享自己被免单、购买的特价商品，对于其他用户的刺激是很大的，能够刺激群内其他用户下单。

（七）下单红包

下单红包一般分为两种，一种是大促红包，另一种是抢购红包。下面分别进行介绍。

1. 大促红包

如果是商家的粉丝社群，那么一般在“6·18”“双 11”“双 12”等促销节日，群主就需要多发红包。这个红包可以是微信红包，也可以是商城的直减红包。大促红包要够多、够大，才能给用户足够的吸引力，加速用户下单。

2. 抢购红包

很多团购是依托社群实现的。所以一些特价品等的上新和下线都可以利用红包做好提醒，从开场的预热，到正式开抢，再到提示仅剩100份、50份、10份，以及最后1分钟的倒计时，都可以直接发红包，这比发文字高效多了。

（八）任务红包

例如，举办一场营销活动，需要社群成员参与、分享、转发，那群主可直接在群里发任务红包给群成员。任务红包最好是人人有份，千万不要担心有人抢了不做任务。

任务红包的另一种发放方式是，先在群内发布任务，用户完成任务之后，再来领取奖励。用户完成任务，通过截图反馈之后，即可领取对应的任务奖励。这样做有持续的正向反馈，能带动其他用户参与。

六、社群福利

社群福利是提高社群活跃度的一个很有用的方法，能起到提振群成员情绪的作用。一般而言，社群福利主要有以下五类。

（一）物质类福利

社群内的物质类福利是指书籍、零食、生活用品等奖励，是比较受群成员欢迎的。例如，奖励优秀的群成员一些管理类书籍，或者给群成员赠送一些节日小礼品，以及一些合作商赞助的小礼品。

（二）经济类福利

社群内的经济类福利一般是指现金转账奖励，运营者会因为某些群成员在某次活动中的优秀表现给予其现金转账奖励。

（三）学习类福利

社群内的学习类福利是指将精品视频课程、优质直播课程等赠送给表现优秀的核心群成员，这可以激发其他群成员在社群中的参与热情。

（四）荣誉类福利

社群内的荣誉类福利是指给予群成员考核晋级、证书等一系列荣誉奖励。对于没有专门组织架构的社群来说，这种荣誉奖励是提高社群活跃度很好的方法。

（五）虚拟类福利

社群内的虚拟类福利是指积分、优惠券等奖励。群成员因参与程度不同，获取不同的积分，然后用积分去兑换奖品。

思 考

请你思考社群福利还有哪些类型，并分享给小组成员。

七、线下活动

社群运营需要让群成员之间产生更多连接，连接越深入，群成员就越有归属感，运营就越成功。越来越多的社群运营者开始重视线下活动，以期让群成员之间产生更深的连接。那么怎样才能成功地举办一次高质量的线下活动呢？

（一）活动筹备

1. 导师邀请海报

在举办线下活动时，运营者通常会邀请导师来分享课程，因此需要制作一张导师邀请海报。在邀请导师前，要注意一点：因为导师的时间安排通常比较紧张，建议至少提前 1 个月发送导师邀请海报，提前与导师约好分享的时间。

2. 活动海报

一张吸睛的活动海报对整个线下活动来说至关重要。这张海报至少要包含活动主题、分享导师、活动内容、活动时间、活动地点、门票定价 6 个方面的内容。

3. 活动文案

一篇好的活动文案可以吸引更多粉丝报名线下活动。活动文案要包含活动主题、导师介绍、你将收获、活动时间、活动地点、报名咨询、往期活动展示、合作机构等活动细节。活动文案的关键部分是“你将收获”部分，每个人的时间都很宝贵，你要让用户体会到参加你的活动能收获很大的价值。

4. 活动预告

活动预告一般会通过微信群发送、私信或群发等方式送达社群成员。

5. 志愿者招募

有了志愿者，举办线下活动将如虎添翼。运营者可以与社群成员一起组织线下活动，这可以增强用户黏性。

6. 礼物

社群成员能带走的礼物重点推荐贴纸、T 恤等，现场互动的小礼物推荐书籍、零食等。如果是免费活动，还要考虑成本问题，这时候，我们不妨找一些广告商合作开展活动。合作方提供赞助可节省活动成本，社群能帮助合作方宣传产品。

7. 场地确认

在选择场地时，最好选择一个交通便利、环境适宜的场地。在与场地方谈合作的时候，要关注一些细节，如现场网络情况、话筒、投影、电源插座、空调、指示牌等。

8. 导师确认

在活动开始前，运营者要和导师确认一些活动细节，如如何接送导师、导师待在现场的时间、导师的微信或者微博账号、导师的一些特殊物料需求等。

9. 人员安排

工作人员要分工明确，相互照应，并且最好有 1～2 名机动人员用于协调。工作人员的分工主要包括拍照人员、实时微信群互动人员、微博更新人员、组织签到人员、发放礼物人员、传递话筒人员、主持人等。

（二）活动执行

1. 主持

在活动正式开始之前，要对主持人的 PPT 再次进行检查，确保其没有问题。此外，主持人和分享嘉宾应进行衔接，要告诉分享嘉宾，主持人在什么时候会邀请其上场分享。

2. 自我介绍

让现场的粉丝进行自我介绍，大家不仅能学到知识，更能交到朋友，这是对接资源的一个环节。粉丝可以从这 6 个方面进行自我介绍：我是谁、我的“坐标”、我从事的行业是什么、我能提供什么、我的需求是什么、我想链接什么样的社群成员。

3. 导师分享

有些场地按时间计费，延时需要另外计费。另外，延时会导致用户提前离场，导致活动效果也不好。在活动进行中，要对时间进行把控，用电脑或平板电脑给导师倒计时，并在最后 30 分钟、10 分钟、5 分钟，提醒导师。

4. 茶歇

茶歇一般要提前 1 天准备好，可以准备一些当地的特色美食，一来可以缓解用户学习的疲惫感，二来可以让粉丝在休息期间边吃边交流，营造一种好的氛围。

5. 深度沟通

在嘉宾分享结束后，我们还可以组织深度沟通环节，重新分配小组，促使组内人员深度沟通，交流课程问题；条件允许的话，可以组织聚餐。

6. 摄影

为了保留活动记录，为后期宣传做准备，可以拍摄一些现场照片。需要拍摄现场活动标志、演讲者和 PPT、提问者、签到场面、粉丝接受礼物、粉丝与演讲者交流和互换联络方式等内容。对于重要的活动参与者，要拍人物特写，方便后期宣传。最好在中场休息期间拍摄大合影。

（三）活动复盘

活动结束后，最重要的就是复盘，总结出可复用的经验，为下次举办活动做准备。如何复盘呢？

1. 回顾目标

活动总体目标是否完成？每个环节的目标是否完成，如课程满意度的目标、活动体验度的目标等？

2. 评估效果

粉丝满意度怎么样？活动流畅度怎么样？分享内容的实用性、趣味性怎么样？是否有需要改进的地方？

3. 分析原因

活动没有做好的地方在哪里？原因是什么？

4. 总结经验

哪些内容可以放进日常活动清单中？下一次活动应该避免犯哪些错误？有哪些经验可以积累下来？

（四）可复用的活动经验

1. 准备尽量提前

活动准备期要提前，明确分工安排，避免演讲准备不足、物料未能及时到达等问题。

2. 宣传要多渠道

除了在自己的平台上宣传外，要尽可能找到更多合作方，共同招募参与者。

3. 建立预警机制

要尽可能考虑到活动的方方面面，对于有可能会出现的问题，一定要想好应对策略。

案例 7-4

产品型社群——酣客公社

酣客公社是一个白酒粉丝社群。酣客公社通过社群卖酒，3 个月的销售额达到 2 亿元，成为一个传奇。酣客公社已成为首屈一指的中年粉丝社群和中年企业家粉丝社群。其产品定位是匠心、情怀和温度感。

酣客公社最初是由一个超级铁粉把他的朋友们拉到微信群，一起讨论商业趋势而自由产生的。去中间商化、粉丝化、互联网化运作等做法给酣客公社带来了超常的营销模式。

在互联网时代，简单粗暴的社群营销不受推崇。未来营销的趋势依然是社群营销，我们要认清这是一个信息过载、传播过度的时代，只有摒弃简单粗暴的营销模式，抓住社群本质，才能把社群经济效应发挥到极致。

思考题

1. 社群福利包括哪 5 种类型？
2. 举办社群线下活动的流程有哪些？
3. 社群变现的常见模式有哪些？
4. 社群变现效应的常见形式有哪些？
5. 社群红包有哪些类型？

课后实训

实训 1　制订社群线下活动方案，举办线下活动

实训目的

学会制订社群线下活动方案，举办线下活动。

实训内容

（1）根据所学，制订活动方案。

（2）执行活动方案。

（3）线下活动结束后，进行活动复盘并总结经验。

实训 2　社群营销的应用

实训目的

掌握社群营销策略的基本方法。

实训内容

（1）小组讨论组建一个有明确定位的社群，并根据定位确定社群依托平台。

（2）制定社群管理规则。定期向社群输入内容，运营社群。

（3）撰写社群营销分析报告。报告包括：①标题；②社群定位分析和平台选择；③社群管理规则；④社群运营情况分析；⑤社群运营改善策略。

第八章

视频与直播营销

本章导读

网络视频行业作为文化娱乐产业的重要组成部分，市场规模几千亿元，行业企业雇用的员工达数十万人，了解视频与直播平台对于学习新媒体营销来说是非常重要的。本章首先阐述视频营销模式，并详细描述了短视频平台，然后针对直播平台进行了深入介绍，并结合营销知识进行分析，使读者对于视频平台与直播平台产生较为完整的认知。

开篇案例

东方甄选抖音直播“出圈”

1. 营销背景

小米手机起初以高性价比的卖点击中手机“发烧友”的内心，由于其价格十分亲民，不少小米手机用户能够轻易做到一年换一部手机。小米10手机作为10周年数字旗舰机，由于受到各种外部因素的影响而无法举行线下产品发布会，只能选择在线上举行产品发布会。

小米手机的这次线上发布会获得了不少用户的关注。产品上市后，不论媒体评论还是用户口碑，都取得了喜人的效果!

2. 营销目的与产品特点

此次直播营销的主要目的是推出新品，因此最重要的是弄清楚新品的特点。

例如，在外观设计上，采用了柔性曲面屏，基本上看不到四周的黑色边框，整体视觉感非常不错，而且即使在阳光下，该屏幕的显示效果也会很清晰。在硬件配置上，搭载了目前最强的骁龙865芯片，不仅支持NSA/SA的双模组网，还支持双卡三频；在摄像头上，采用了后置四摄的设计方案。

3. 营销策略与执行

本次新品发布会，通过卫视线上直播方式进行。爱奇艺、腾讯视频、优酷直播、微博、淘宝直播等70余家直播平台和渠道也成为此项目的营销核心。

发布会开始前一周，该公司通过自有小米社区平台和其他社交平台进行了宣传预热，以通知老顾客和吸引新的潜在顾客来观看发布会，解答顾客的疑问。例如，在微博上建立微博矩阵，既有品牌区分，也有产品区分；既有高管区分，也有员工区分，总体上构成了公司品牌与个人品牌的互补，每个微博账号都相互关注，形成了多维度结构。此外，策划微博栏目话题，策划公司官方账号与高管发布内容，设置“小米10”超话，引起粉丝讨论，加强与粉丝的互动，增强粉丝黏性，创造更多的产品价值。

4. 营销效果

2022年2月13日，线上产品发布会观看人数达300多万。2月14日，小米10手机首售，仅用一分钟全平台销售额就破2亿元。2月18日，小米10Pro版手机首售，仅用50秒全平台销售额就破2亿元。小米股价不断走高，2月以来股价大涨11.46%。

资料来源：今日头条。

第一节 视频营销概述

一、视频营销的概念和特征

（一）视频营销的概念

视频营销有两种含义：一是指视频网站如何营销自己；二是指具有营销需求的各类企业、组织机构或个人如何在网络上进行视频形式的营销。本书所指的是后一种定义，营销的主体为具有营销需求的各类企业、组织机构或个人，营销所借助的载体是网络视频，包括在线视频网站、门户网站及社交媒体等各类网站上出现的视频，而不仅限于视频网站上的视频。视频营销的目的一般是推广产品、机构或个人，树立良好形象，加深目标对象与推广标的物之间的感情。营销手法主要为贴片广告和植入，其中，植入有直接露出（即直接将产品、品牌或其他相关符号露出在视频中）、故事演绎等不同方法。

（二）视频营销的特征

“视频”与“互联网”的结合，让这种创新营销形式具备了两者的优点：它既具有电视短片的种种特征，如感染力强、形式内容多样、肆意创意等，又具有互联网营销的优势，如互动性、主动传播性、传播速度快、成本低廉等。可以说，视频营销，是将电视广告与互联网营销两者优点集于一身的营销。其主要具有如下特征。

1. 成本相对低廉

网络视频营销投入的成本与传统的广告价格相比，非常便宜。一个电视广告，投入几十万元、上百万元是很正常的事情，而花费几千元就可以制作一个网络视频短片。网络视频营销相比直接投入电视广告拍摄或者冠名一个活动、节目等方式，成本低很多。因为网络视频营销方式多种多样，一个小小的贴片广告都可以取得一定的营销效果，因此，比起传统的营销方式，企业选择网络视频营销会大大节约成本。再者，有众多不一样的网络视频网站，选择性更多，所以企业可以根据情况选择投入成本更低的平台。哪怕是制作网络视频，成本也比制作电视广告低廉。例如，《网瘾战争》，片长 64 分钟，制作时间超过 3 个月。先由导演性感玉米写好剧本，再请网友在游戏中进行表演，截取视频，然后再通过网络请网友配音，视频的制作和播出几乎零成本。现在还有很多企业为达到营销目的，而招募或征集网友自拍原创 DV 短片，只用些许奖励即可获得具有较好营销效果的网络视频。所以说，网络视频营销不仅成本低，性价比更高。

2. 传播快、覆盖广

视频不受时间和空间的限制，可以自由进行传播，并且传输速度是传统媒体无法比拟的。计算机网络具有广泛链接的特点。网络视频营销可借助互联网的超链接特性快捷迅速地将信息传播开去。

不仅网络发布信息快，网民分享、转发网络视频，也让网络视频传播的速度更加迅速，有效地实现了营销。例如，北京大学艺术学院宣传片微电影《女生日记》在网络上公开播放后，在很短的时间内视频点击量就突破50万次，微博转发率极高，使得这一宣传片在网络上走红。

形象地讲，好的视频会“自己长脚”，靠魅力俘获大量网友并使之成为免费传播的中转站，以病毒扩散的方式蔓延，在这里，用户既是受众群体又是传播渠道，很好地把媒体传播和人际传播有机结合起来，并通过网状联系传播出去，放大传播效应。网络辐射的空间极广，其传播范围远远大于传统视频。即使是地球的另一端也能够看到中国发布的视频。网络“地球村”，让网络营销的辐射面不再局限于国内，还可扩大至海外。这对于一些出口品牌的网络营销是极为有利的。

3. 互动强、效果好

网络视频营销不仅可以实现即时互动，而且具有更高的效率。与传统营销或者传统视频营销相比，网络视频营销表现出来的优势是明显的。跟直播的电视不同，网络视频的互动渠道更为便捷。几乎所有的网络视频网站都开通了评论功能，可以在观看网络视频之后及时发布自己的感想和反馈。而互联网又可以传输多种媒体信息，如文字、声音、图片、影像等，通过“多媒体”信息的交换，网络视频营销的互动性更强，因为有了互动，才能更好地达到双向沟通。反馈的及时和互动的便捷在一定程度上可以提升营销的效率。企业和组织机构可根据受众的反应进行评估营销，进而及时进行调整，让营销的效果和影响力更佳。

视频广告形式丰富多样，兼具声、光、电的表现特点，这种立体的表现效果是图文广告所不能比拟的。网络视频的观众可以播放视频，也可以利用文字对视频进行评论，其他观众也可以针对某个评论进行辩论，另外，观众的回复也为该节目造势，有较高争议率的节目点击率也往往高调飙升，造成异常火爆的曝光率，与此同时，网友可以简单表达，比如“顶”或“踩”一下，还会把他们认为有趣的节目转帖在博客论坛上，或者分享到微博上，或者复制给好友，让网络视频大范围传播出去。网络视频具有病毒传播的特质，好的视频能够不依赖媒介推广即可在受众之间横向传播，以病毒扩散方式蔓延。

案例 8-1

蕉下《简单爱》展现轻量化户外生活方式

2023年，蕉下携代言人周杰伦发布了第二部品牌广告片《简单爱》，展现了蕉下对其所倡导的轻量化户外生活方式的独特理解。视频开篇，一张写着“我们在等你”的纸条和一块石子牵引着周杰伦从城市来到户外，成为“我们”的一员。随着音乐缓缓响起，不同人群的户外生活景象一帧帧展现开来。视频没有复杂的剧情、没有厚重的情绪，但那份在户外轻松自在的品牌质感给人留下了深刻印象。蕉下通过《简单爱》向观众呈现了精彩的户外群像，而每一帧轻松自在的画面，都是品牌“轻量化户外”的心智表达。

资料来源：新浪新闻。

4. 助力精准营销

用户持续访问宣传页面，播放喜欢的视频，并将视频分享给朋友，形成爱好兴趣相近的群体，这样的网络视频营销活动因为用户的广泛参与而精彩，用户的积极参与使得他们对于营销活动承载的品牌或产品的认知度大大增强，从而能够实现精准营销。例如PPS汽车影院的上线，是建立在充分重视和了解年青一代消费者使用网络的习惯、方式以及频率的基础上的。PPS汽车影院的创意正是效仿北美文化尊重年轻人好奇、尝鲜的性格特征，再搭配优质影视内容，打造出业内独一无二的视频营销案例。

二、视频营销的模式

（一）贴片广告

贴片广告又叫随片广告，是指在视频的片头或者片尾以及播放的过程中以各种形式插入的广告。网民在网站上观看视频之前总会弹出60秒左右的广告，或者在播放的过程中会插播30秒左右的广告，而且这些广告是必须观看，只有播放结束后才可观看正片，或者注册开通会员后可享受取消播放广告的服务。这种视频营销中最为明显的广告，我们称为“硬广告”。这类贴片广告是广告的运营商和广告主合作的结果，尽管这种广告形式会受到广大网民的诟病，但是有调查显示，它却能给观众带来深刻的记忆度，如果人们要接着观看必须等待广告结束，而人们面对传统的电视广告则会选择调换节目，所以电视广告的到达率要低于贴片广告的到达率。

另外，贴片广告摆脱了“硬广告”的直白诉求，以更加隐蔽、积极的形态潜入人们的视野。利用视频中的人物形象、服装、道具、台词、情景等巧妙与企业（产品）相结合，将其编排成一段独立的视频或者融入其中成为内容的一部分，一起推送给网民，这种类型的贴片广告称为“植入式广告”。由于人们对广告有天生的抵触情绪，“植入式广告”以一种隐性的、人性化的方式将广告与内容相融合，能让观众在无意识中留下深刻的印象，其效果要优于“硬广告”，这种类型的贴片广告越来越受到市场的追捧。

案例 8-2

美团外卖母亲节短片《妈妈爱花，我们爱她》

花被单、花坐垫、花戒指、花头像……世界上哪个妈妈不爱花？

在2022年母亲节，美团外卖鲜花业务携手SG胜加（上海的一家广告公司），以“妈妈爱花”为主题，开展了一次“花”的营销。短片通过举例来体现妈妈爱花——家里的灯、手上的戒指、微信的头像和表情包等，全天下恐怕没有比妈妈更爱花的人，并通过“妈妈爱花，我们爱她”自然地引出在母亲节通过美团外卖的鲜花业务给妈妈送花这一行动，达到营销的目的。通过“发现感”视角，以多场景、多人物、多性格来还原影片中出现的每一个妈妈，但每一个不同的妈妈却都爱花，以此在画面多样性上形成了统一。此外，影片中出现的每一位妈妈都是普通人，每一张照片都是真实存在的，这种真实生活的呈现，极大地削弱了此次视频的商业味，同时“童谣感”的叙事节奏也为短片增加了趣味性。这种为生活增添色彩的手法也是美团标语“美好生活小帮手”的体现。

资料来源：牛片网。

（二）病毒视频营销

病毒视频是当今网络社会病毒的一种新形态，主要借助微博、视频博客、YouTube 等大型的视频网站、微信等网络平台在互联网上大面积传播。从内容上看，一般都十分诙谐幽默，除了一些精彩原创内容之外，还有为数众多的“改编”作品；从传播方式上看，有些是在某个契机偶然间获得了大量关注和转载，这类视频较为草根，还有一些是经过商业包装引起观众的情感共鸣，从而得到大量的传播，这种一般是广告主精心策划和创作后的结果。病毒视频营销是将企业传播信息用创意性的手段融入视频中，经过精心策划和包装后进行病毒式的传播，或者创造性地巧妙运用偶然性的病毒视频传播企业信息，从而激发市场，产生企业所希望的效果。

（三）互动视频营销

互动视频营销是企业或个人通过在同一网络视频环境下，组织多人在线以视频形式进行聊天、表演、教学等互动活动，从而达到企业或者个人的目标。这种营销模式让受众不再是被动的接受者，而是变成参与者与制造者，增强了受众与组织者之间的互动性，受众会参与拓展视频内容，甚至是内容的一部分，从而带来更为完美的用户体验。

（四）UGC 视频营销

UGC（User Generated Content，用户原创内容）即用户将自己创造的内容上传到互联网平台进行展示或者与其他用户共享，用户既可以作为创作者，也可以是浏览者，具有演员和观众的双重身份，其核心在于给用户提供一个自由发挥的空间，从单向传播转化为双向传播，让用户带动用户，激励参与共创。国内外比较知名的 UGC 平台主要有 YouTube、优酷网、土豆网等。这类网站以视频的上传和分享为中心，它也存在好友关系，但相对于好友网络，这种关系很弱，更多的是通过共同喜好而结合。

UGC 视频营销主要是网络用户自己创作或者加工制作视频上传，从而达到营销的目的。网络用户无论是原创 DV 爱好者，还是网络视频观众，都可以生成为内容的用户，同时，UGC 视频营销是一种低成本的方式，比起请专业摄影团队或者演员拍摄短片的高昂费用，UGC 视频营销能节约很大一部分成本，风险还比较低。

三、视频营销的策略

随着网络成为很多人生活中不可或缺的一部分，视频营销又上升到一个新的高度，各种手段和手法层出不穷，但成功的视频营销包括以下四点。

（一）感官效果最大化

视频之所以受到大众如此的厚爱，与其超强的感官效果不无关系。在注意力被大大分散的时代，感官刺激必不可少。良好的感官效果既能在第一眼引起观众的注意，又提升了用户感官层的体验，如此，观众才有可能喜欢并分享视频。

为追求更好的感官效果，视频网站使用了各种技术手段和方法。例如，优酷网首页的 Channel 的

Video banner 广告就使用了新的 Flash 技术，网友可以看到一双闪动的眼睛，拖拽睫毛膏，眼睛可以切换成彩妆后的模样，视频的创意创新很明显区别于传统 Flash 形式，更逼真更具视觉冲击。

PPS 与通用合作打造的“汽车影院”之所以成功，其独特的北美文化包装是一方面，但更为重要的是，其在网上打造的具有超强感官刺激力的 3D 虚拟汽车影院，而且文化包装也是为感官效果服务的。PPS 汽车影院囊括通用旗下九款经典座驾，进入影院的用户可自主选择 CTS、君威、迈瑞宝、君越、科帕奇等作为自己的爱车，坐在各自的汽车里通过调频收听、观看露天电影，在虚拟的环境下享受“豪车看大片”的影院级观感。

（二）视频病毒化

病毒视频是指一段视频剪辑通过网络共享，像病毒一样传播和扩散，被快速复制，迅速传向数以万计、百万计的受众，其目的是通过“小创意”实现“大传播”。一般情况下，病毒视频是以视频分享网站为病毒源，利用电子邮件、即时通信、论坛博客等方式转载并流行起来的。在所有的网络视频广告的形式中，病毒式传播手段因拥有快速的传播速度、广阔的传播范围、低廉的传播成本以及不容易引起用户抵触的特点，而备受广告主和广告运营商的喜爱。一个优秀的病毒视频所带来的流量，可能会比某些网站一年所带来的流量还要多，所以视频营销中的一个重要策略就是运用病毒视频实现病毒式传播。

让自己的视频像病毒一样传播几乎是所有营销者的梦想。但要真正实现这样的目标却并不容易。病毒性营销战略的基本要素归纳为以下六个方面。

（1）提供有价值的产品或服务。

（2）提供无须努力的向他人传递信息的方式。

（3）信息传递范围很容易从小向很大规模扩散。

（4）利用公众的积极性和行为。

（5）利用现有的通信网络。

（6）利用别人的资源进行传播。

从流程上看，创意视频病毒性营销需要做好以下五个环节的工作。

（1）创意视频病毒性营销方案的整体规划和设计。

（2）进行独特的创意设计，病毒性营销之所以吸引人就在于其创新性。

（3）对网络营销信息源和信息传播渠道进行合理的设计，以便利用有效的通信网络进行信息传播。

（4）对病毒性营销的原始信息在易于传播的小范围内进行发布和推广。

（5）对病毒性营销的效果进行跟踪和管理。

（三）视频搜索引擎最优化

有效利用搜索引擎所掌握的庞大的互联网网民行为数据库，对广告主定义的目标受众进行分析和锁定，根据不同受众进行定向广告投送，进行精准营销。例如，可以根据对用户平时搜索浏览行为的分析，进行精准定位，当用户通过搜索引擎打开网络视频时，即投放有针对性的视频广告。这意味着，当不同的人浏览同一个视频时，出现在网页中的视频广告可能是不一样的，它会依据个人平时搜索、浏览的方向和习惯而定。通过网络视频与搜索引擎的这种整合营销最终达到一个目的：

把最合适的视频广告推送到最合适的用户面前，从而实现更好的营销效果。

目前视频搜索方法主要基于文本的视频搜索方法和个性化搜索技术。基于文本的视频搜索方法，是通过利用视频的元数据信息，如视频时长、上传时间、播放热度等，来重排搜索结果以帮助用户更快地在搜索结果中定位自己所需要的视频。但这种方法需要累积相当多的参与用户数才有意义，而且对视频搜索体验的提高作用也十分有限。个性化搜索技术则是利用用户的偏好信息及相似用户的点击记录信息，对视频搜索序列进行重排，以便更好地满足用户的搜索需求。通过隐式地收集用户的偏好信息，个性化搜索技术可以在完全不侵扰用户的情况下收集用户的偏好信息，并对用户建立偏好模型，最终根据这个偏好模型对视频搜索结果序列进行重排。通过利用用户偏好信息重排视频搜索结果，可以将用户更感兴趣的结果放在视频搜索结果序列的前部，从而减少用户在搜索结果中找到自己所想要的视频的时间，提升用户体验。

百度提出了框计算的概念，即用户在用搜索引擎进行搜索时，所想的不只是找到一个带有搜索关键词的网页而已，普通搜索用户对搜索引擎给予了很高的评价，既能获得超过一般网页搜索的应用，也能通过相关的社区交友网站丰富生活体验。百度的这项新技术是基于用户需求而设定的，目的是满足客户的需求。谷歌的商业模式一直是用户体验至上。

总之，提升用户体验是视频搜索手段革新的主要动力，也是流量变现的基础。此外，百度和谷歌在个性化模式、移动模式、即时搜索模式和语音搜索模式上都进行了拓展。用户体验在视频网站上可以归结为一点，即让用户迅速、准确地找到自己想看的内容。

（四）视频内容原创化

在我国网络视频发展之初，曾大量使用现成的影视节目，网络视频变成了影视节目的网络版。对于用户来说，看网络视频不过是更换了一个播放平台而已；对于视频网站而言，影视剧版权价格水涨船高，各大视频网站陷入同质化竞争的困境，在表面热闹的景象下其实危机四伏，视频网站在核心业务领域，即视频内容提供方面缺乏竞争优势，经营上亦困难重重。在这种背景下，原创内容的价值逐渐显现，成为视频行业备受欢迎的内容资源。视频网站早期均以用户原创起家，但鉴于拍摄器材及技术不够完善，以及知识产权等问题，导致草根原创后劲发展乏力。而网络视频要实施差异化竞争策略，就必须在内容上大下功夫，为此，专业化内容制作团队应运而生，草根文化也逐渐打上专业化制作的标签，原创视频的生存环境日趋成熟。

小贴士

各大平台都在自身垂直领域进行了深入挖掘，以形成差异化布局。

1. 爱奇艺：古装突出、内容均衡

随着《宸汐缘》《从前有座灵剑山》《破冰行动》《动物管理局》等热播剧集接踵而至，爱奇艺在2019年成为首家会员数破亿的视频平台。值得一提的是，在2019年爱奇艺世界大会上，爱奇艺专业内容业务群总裁兼首席内容官王晓晖表示："2019年爱奇艺的内容投入仍然超过200亿元，保持2位数增长；自制内容保持3位数增长，自制戏剧达到100部，头部综艺达到60部。"

爱奇艺在2019年的剧集内容选择上，非常明确地对各类题材进行均衡配比，细分到少女、青年女性、中年女性、少年男性、中青年男性等各年龄层用户。这些垂直领域的内容从一个个“点”变成了包含各类受众群体的“面”，既垂直到深处，又延伸到各大用户层面。

2. 优酷：荷尔蒙的正反吸引力

面对爱奇艺会员数率先破亿、腾讯视频热点剧综频出，2019年的优酷可谓在“内忧外困”之下缺乏“爆款”，一度处于较为落后的位置。

观察优酷2019年的片单可以发现，优酷以古装与悬疑为两大特色，凭借《长安十二时辰》《鹤唳华亭》《东宫》的口碑发酵，吸引了众多流量，赢得阶段性胜利。除了突出以往的“男性向”“硬汉风”内容优势，还加大了青春剧、偶像剧、古装IP剧的内容占比，使得整体内容既有重点，又具有全面包容性。不过根据2019年网剧TOP50榜单来看，优酷的独播剧集虽各有新意，但观众的反响却不大。

3. 腾讯视频：IP剧主导，圈层划分较细

腾讯视频是在题材均衡布局之下，古装与青春题材两开花。在内容涵盖古装、都市、奇幻、悬疑、青春等多元素的基础上，古装剧《陈情令》《庆余年》《倚天屠龙记》与青春剧《全职高手》《致我们暖暖的小时光》均获得较大声量。

值得一提的是，IP成为腾讯视频2019年剧集片单的显著关键词，多部剧集为IP改编或续集，如改编自小说《魔道祖师》的《陈情令》、盗墓笔记系列的《怒海潜沙》和《秦岭神树》，以及改编自同名小说的《全职高手》《庆余年》等，成绩都较为亮眼。

4. 芒果TV：稳中有进，打通小而美路径

芒果TV入局较晚，剧场划分比较模糊，但在题材类型上一直主打青春、仙侠、悬疑，并且在2019年着重对自制剧、独播剧进行了策划。不仅打出电竞题材作品《陪你到世界之巅》，聚焦运动题材的《奋斗吧，少年!》，还有青春题材作品的《海棠经雨胭脂透》《奈何BOSS要娶我》等，这些含有竞技元素、励志故事以及青春甜蜜元素的剧集，均获得了不错的成绩。

资料来源：知乎网。

第二节　短视频营销

一、短视频营销概述

（一）短视频的概念和特点

1. 短视频的概念

短视频是相对于长视频来讲的，长视频播放时间长，用户黏度强，像影视剧、综艺节目视频等

均属于长视频；短视频播放时间短，但数量繁多、内容丰富，能够产生较高的浏览页面数，加之当下智能手机的普及、碎片化时间，人们更喜欢在移动端看一些短视频。短视频的播放时间短、随播随看，内容的多元化，恰好满足了用户的不同偏好，已经被用户接受并深受用户喜爱。

短视频是一种视频长度以秒计数，主要依托于移动智能终端实现快速拍摄与美化编辑，可在社交媒体平台上实时分享和无缝对接的一种新型视频形式。

在我国，2011 年，制作、分享 GIF 动图的工具 GIF 快手上线；2012 年，GIF 快手从工具应用转型为短视频平台；2013 年，腾讯微视等短视频平台上线，短视频进入了新的发展阶段；2014 年美拍的上线和 2015 年小咖秀的上线，使短视频行业形成了“百家争鸣”的局面；2016 年，抖音、梨视频和火山小视频上线；2017 年，短视频进入爆发时期；到 2020 年，短视频行业逐渐形成了以抖音和快手为代表的“两超多强”的态势，它们吸引了大量的内容制作团队，都想在短视频领域中占据一席之地

2. 短视频的特点

（1）视频长度短。短视频一般控制在 30 秒以内，可以说，短视频的出现标志着视频进入“读秒时代”。

（2）制作门槛低。无须传统的专业拍摄设备，依托智能终端就能实现即拍即传，拥有傻瓜式的操作，人人都会，简单可行。

（3）海量的用户规模。《中国网络视听发展研究报告（2023）》数据显示，截至 2022 年 12 月，短视频用户规模达 10.12 亿，已成为吸引网民“触网”的首要应用。

案例 8-3

“西直门三太子”成了北京动物园“顶流”

“出来了，它出来了！”人群中不知谁喊了一声，像千层糕一般的队伍立刻骚动起来，纷纷高举起各种拍照设备，把焦点和目光瞄准在玻璃墙后黑白相间的身影上，一顿狂拍。它就是大名鼎鼎的北京动物园明星——国宝“萌兰”，被网友们称为“西直门三太子”。2023 年 4 月，萌兰晋升为北京动物园“顶流”，吸引了大批游客和熊猫粉丝。2023 年“五一”节，北京动物园凭借“顶流”熊猫的魅力，以 46.78 万人次的游客接待量，成为北京市属公园总游客接待量第三名。萌兰成为“顶流”既离不开央视网“iPanda 熊猫频道”等媒体的报道，也离不开粉丝随手拍摄的短视频宣传。萌兰种种可爱的瞬间经过剪辑，配上《阳光开朗大男孩》的 BGM（背景音乐），使萌兰一跃成为熊猫界的“社牛”“熊猫界的整活代表”，进一步成功收获大量关注。

资料来源：新浪新闻。

（二）短视频营销的优势

营销的方式越来越多，包括网络营销、服务营销、体验营销、病毒营销、整合营销及社交营销等。短视频营销属于网络营销，也是具有巨大潜力的营销方式之一。与其他营销方式相比，短视频营销具有很大的优势。

1. 成本低

与传统的广告营销少则几百万元，多则几千万元的资金投入相比，短视频营销的成本算是比较低的，这也是短视频营销的优势之一。成本低主要表现在三大方面，即制作的成本低、传播的成本低及维护的成本低。

短视频是否能够迅速传播，并不耗费太大的成本，关键在于如何打造短视频的内容，内容有没有真正击中受众的痛点和需求点。随着受众群体对短视频内容的要求的不断提高，短视频的打造也慢慢地开始向专业化、团队化发展。虽然制作短视频的门槛较低，但如果想要借助短视频的力量获得良好的营销效果，就必须以专业化团队的力量作为支撑，而且短视频营销也在逐渐向专业化的方向不断前进。

2. 互动性强

短视频营销很好地吸取了网络营销的优点——互动性很强。几乎所有的短视频都可以进行单向、双向甚至多向的互动交流，对于企业而言，短视频的这种优势能够帮助企业获得用户的反馈信息，从而更有针对性地对自身进行改进；对于用户而言，他们可以通过与企业发布的短视频进行互动，从而对企业的品牌进行传播，或者表达自己的意见和建议。这种互动性使得短视频能够快速地传播，还能使得企业的营销效果实现有效提升。

3. 效果好

短视频是一种时长较短的图文影音结合体，因此短视频营销能够带给消费者图文、音频所不能提供的感官的冲击，这是一种更为立体、直观的感受。因此，短视频只要符合相关的标准，就可以赢得消费者的青睐，使其产生购买产品的欲望。那么，利用短视频进行营销时，要符合内容丰富、价值性强、具有观赏性等特点。

短视频营销的效果比较显著，一是因为画面感更强，二是因为短视频可与电商、直播等平台结合，实现更加直接的盈利。

它的高效性就体现在消费者可以边看短视频，边对产品进行购买，这是传统的电视广告所不能拥有的优势，因为一般消费者在观看了电视广告之后，不能实现快捷购物，一般都是通过电话购买、实体店购买及网上购买等方式来满足购物欲望，但在这些方式中，消费者都不可避免地会遇到一些问题，如在电话中无法很好地描述自己想购买的商品的特征、不想出门逛街购物等。

4. 持续时间久

利用短视频进行营销的一个好处是它的“存活”时间比较久。这么说可能有点抽象，做个比较，如果想要利用电视广告持续向大众展示产品，就必须一直投入资金，一旦企业停止支付费用，就会遭到停播，而如果利用短视频进行营销的话，一时半刻不会因为费用的问题而停止传播，因此“存活”的时间久。这也和短视频打造的成本较低分不开，例如快手、美拍、抖音上的短视频大多都是用户自己制作并上传的，所以与费用的关系不大。

5. 节约用户时间成本

快节奏的生活方式下，人们的时间成本越来越高，就短视频而言，因为其时间较短，更能满足用户的需求，节约用户的时间成本。互联网的信息时代促成了一个快速借力的时代，短、平、快已经成为这个时代的标签，天下武功唯快不破，所以短小精练的视频更让人容易接受。

案例 8-4

一封献给打工人的动人情书

2022 年岁末，东阿阿胶暖心短片适时到来，戳中了人们的内心痛处，触发了大众深度情感共鸣。短片开篇即抛出一个灵魂拷问："你有多久没有好好照顾自己了？"

画面中，常年"996"连轴转的中年男人，去完医院还想着硬撑，在妻子面前，他偷偷收起了报告单；离乡打拼的青年，穿着厚重得令人喘不过气的人偶服匆忙解决三餐，在电话那头，却和母亲说着善意的谎言；失恋的女孩，沉浸在悲痛的情绪中无法自拔，夜里睁着泪眼苦苦等待天明；哺乳期的新手妈妈，被宝宝的到来打破了平静的生活，失去了自己的生活重心。四位不同年龄、不同职业的主角的人生境况，正是普通人的真实生活写照。东阿阿胶用朴素不加修饰的镜头语言，高度还原了不同人群的"疲惫"状态，伴随着与画面适配度极高的温暖歌声，带领观众走进品牌搭建的情绪场景中，让观众沉浸式观看并勾起回忆，增强代入感，与品牌达成情感共鸣。

资料来源：知乎网。

（三）短视频在营销中的运用

短视频的出现是对社交媒体现有主要内容（文字、图片）的一种有益补充。同时，优质的短视频内容亦可借助社交媒体的渠道优势实现病毒式传播。短视频营销，可以理解为企业和品牌主借助于短视频这种媒介形式用以社会化营销的一种方式。在国外，视频营销已经成为一种主流的营销方式；在国内也掀起了利用短视频进行推广企业产品以及分享各种经验的浪潮，并且取得了不错的效果。

1. 推荐产品

每个短视频应用都有自身独特的特性，营销人在制作视频和利用其进行营销活动策划时，需要考虑各自的属性特点，才能最大限度地发挥其作用。根据其拍摄时长、主要用户的群体特征来选择推荐适合的产品。例如，美拍的用户群体主要是爱美、爱自拍的女性，所以可以推荐一些时尚女装、包包、化妆品，建议以秀、指导的形式来植入产品的效果最好。假如企业是做化妆品的，就可以拍一些化妆小技巧类的短视频，如化妆教程之烟熏妆、化妆教程之动画妆、化妆教程之眼线如何画、新手化妆教程、双眼皮贴攻略等。类似这样针对某一个具体的方面来指导，也可以形成一个短视频系列，每天持续发布，也会聚集很多精准人群，在指导的过程中，所使用的化妆品就顺便推荐给大家了，水到渠成。

2. 分享经验

分享经验类型的短视频是最受粉丝欢迎的，各行各业，方方面面的经验都会拥有一大批拥护者，因为大家对有价值、实用的经验都很青睐，喜欢通过学习、交流让自己进步。例如，在线下有一个健身场所，想提高其知名度和吸引一些客户过来，就可以通过注册微博账号或者微信公众号，以健身教练的身份在社交平台上发布一些健身类短视频，非常有专业性、权威性的短视频是深受粉丝们追捧的。例如，2 分钟消脂健身操、4 分钟高强度间歇暴汗燃脂运动、8 种最扎实的减肥法、7 天虐腹计划等，这类短视频的标题也非常重要，一个好的标题点击率会很高。可以选择在短视频中植入产品，也可以在发布内容时，以“文字＋图片＋短视频”相结合的形式来做推荐，这样也容易被大家接受。

3. 产品演示

有些产品适合用短视频的形式进行场景化、生活化的展示，让不了解的朋友们亲眼看到其制作过程、生产过程以及种植过程等。例如，咖啡的制作过程、鞋子的生产过程、水稻的种植过程等，通过观看视频，有如身临其境之感，让大家对产品有了一定的了解，进而购买。

4. 视频抽奖

在大家平时组织策划营销活动环节中，最后都会有一个抽奖环节，为了体现公平、公正、公开性，有一些企业或个人也会以拍摄短视频的形式来展现抽奖的过程，让大家真实地看到抽奖的过程，这样在以后组织类似的营销活动时便会有更多的人参与。

5. 粉丝参与

积极调动粉丝的积极性，可以让粉丝添加统一的活动标签来发布短视频，再从中选择优秀的短视频作品制成视频合辑，这类形式比较适合企业的周年纪念日、老客户的感恩回馈、粉丝福利活动等，通过送祝福等形式来拉近与客户或者粉丝之间的距离。

6. 视频造星

当下的网红大多都会借助短视频、直播的形式来销售产品、展示才艺，塑造个人形象，进而获得广告、打赏、产品推荐佣金等收入，这是最快打造超级网红的方式之一，很多人气网红都将“视频＋直播＋社交”这种形式发挥得淋漓尽致，更近距离地与粉丝之间进行互动。

二、短视频网络平台

（一）在线视频网站

该类平台一般都是提供广告分成，如和大鱼号、UC“抱成团”的优酷、土豆网。当然，也有一些平台并不具备广告分成的功能，但允许用户打赏，如哔哩哔哩。

（二）推荐类客户端

如今日头条、百家号、一点资讯、企鹅媒体平台、网易号等。其中，今日头条在收益政策上更为全面，如广告分成、广告收益、打赏、自营广告都支持，流量也很大。

（三）短视频客户端

短视频类 App 有抖音、快手、美拍、暴风短视频，以及头条旗下的火山小视频。火山小视频是一款 15 秒原创生活小视频社区，收益分为两种：一种是通过直播，另一种就是上传原创的生活小视频。目前，该平台的视频风格很“接地气”，都是为了满足人们的好奇心等。

三、短视频营销的策略

短视频营销的关键是促进短视频的有效传播，借此加强与用户之间的信息传播和沟通，进而提高产品、品牌的知名度，达到促进营销的效果。

为了使营销效果更好，短视频营销人员需要掌握一定的营销策略，如融入场景营销、精准定位账号、重视内容创意、注重人设打造、重视连锁传播和增加互动体验等。

（一）融入场景营销

在移动互联网飞速发展的时代，人们的视觉需求已经从传统的界面浏览转向了短视频的直观视觉体验。在当前的短视频营销中，越来越多的企业开始结合场景打造，结合用户的视觉感受来进行产品展示与植入，与传统直白的植入性营销相比产生了质的飞跃。

（二）精准定位账号

企业在入驻平台前，需明确账号定位、全面贯彻企业的品牌理念、剖析平台所面向受众的用户画像、账号人格、创意内容，以及团队设置等。企业在入驻平台后，应该遵循长期营销战略思维，将品牌理念贯穿短视频拍摄的始终，尽量确保短视频内容风格统一。

（三）重视内容创意

企业选择短视频平台开展营销，主要是希望借由短视频的创意提高产品的曝光度和品牌的知名度。要想短视频获得更多的流量，就需要使短视频的内容、形式等突破既有的思维方式，进行创意改造，通过创意有效吸引用户的关注并引起用户的兴趣，获得裂变式的传播效果。

1. 内容创新

在“内容为王”的营销时代，短视频内容的质量才是短视频的生存之本，大部分用户更愿意主动分享和传播经典、有趣、轻松、有价值的短视频。

此外，大多数脱颖而出并广泛传播的短视频通常都有一个共同点，那就是具有故事性。一个优秀的短视频一定要会讲故事，拥有引人注目的开头、扣人心弦的过程和令人意犹未尽的结尾，这样才能持续吸引用户的注意力。

短视频创作者在构思短视频内容时，可以利用故事情节进行借势营销。这种营销方式不仅可以在线上发挥巨大的作用，而且能成为线下活动的热点，国内很多品牌都依靠这种营销方式取得了成功。

2. 形式创新

有了内容的创新后，形式的创新也很关键。现在的短视频形式非常多元化，精彩的创意内容与恰当的短视频形式相搭配才能获得更好的传播效果，因此短视频的形式也要不断地推陈出新。这就需要营销人员和短视频创作者根据内容不断开发和尝试新的视频形式，将有创意的内容通过创新的形式传播出去。例如，蒙牛慢燃奶昔全民挑战通过达人原创的创意短视频，增强了品牌的影响力，同时活动设置了实物大奖，通过利益引导用户参与，引发大量传播。

（四）注重人设打造

随着短视频的兴起，很多短视频账号火爆不已。短视频账号要想持续火爆，短视频创作者需要打造账号垂直度，打造短视频人设，确立内容创作方向，为作品贴上专属标签，并稳定输出优质内容。

（五）重视连锁传播

在短视频营销过程中，传播渠道也是非常重要的。单一的传播渠道的营销效果可能不够理想，此时就需要采用多渠道、多链接的方式，进行具有连续性的传播，进而扩大短视频的传播范围。

短视频连锁传播主要可以分为两种：纵向连锁传播和横向连锁传播。

1. 纵向连锁传播

纵向连锁传播是指贯穿短视频的构思、制作、发布、宣传和传播的每一个环节，精准抓住每一个环节的传播节点，配合相应的传播渠道进行推广。例如，某账号要制作一条短视频且想通过纵向连锁传播的方式进行推广，那么该账号在短视频制作初期，就可以发布一些短视频制作的消息，进行预热；在短视频的制作过程中，可以不时地发一些剪辑片段，利用各种媒体渠道进行宣传；短视频上线后，进一步加大宣传的力度和广度，最大限度地发挥短视频营销的作用。

2. 横向连锁传播

横向连锁传播贯穿整个纵向连锁传播的过程，纵向连锁传播的每一个环节往往都在进行横向连锁传播。在短视频营销的过程中，选择更多的传播平台，不要局限于某一个媒体或网站，将各种不同的传播平台全部纳入横向连锁传播体系中，扩大每一个环节的纵向连锁传播范围，拓宽传播深度和广度，以获取更好的营销效果。

案例 8-5

一汽奔腾的系列微电影《让爱回家》

一汽奔腾《让爱回家》系列微电影自 2011 年开始推出，每年一集，到 2022 年已拍摄完成第十二集。一汽奔腾希望通过《让爱回家》，传递品牌温度，用温情拉近与车主、网友们心中的距离。2022 年《让爱回家之奔腾中国年》由新华网与一汽奔腾联合发布。该片诠释出世间大爱与家庭小爱的相融、相通，是对中国传统文化的弘扬与传承，也同样表达出奋斗不息的一汽奔腾希望与“悦享新升代”行在一起、拼搏向上的决心。

十二年如一日，一汽奔腾将《让爱回家》系列微电影作为每个农历新年开启时的一件要事去做，从《别让父母的爱，成为永远的等待》到《珍惜相聚的每一刻，就是爱最好的表达》，从《家天下，爱无涯》到《让爱回家・拾年》，每一集都是匠心打造的成果，其中既有对过去一年的回望，也有对未来一年的展望。

资料来源：知乎网。

（六）增加互动体验

增加互动体验是指在短视频营销的过程中，及时与用户互动和沟通，关注用户的体验，并根据他们的需求提供更多的体验方式。一般来说，用户体验越好，短视频营销的效果越出众。

进行短视频互动体验营销的前提是有一个多样化的互动渠道，能够支持更多用户参与互动。目前，在多数短视频平台上，短视频创作者都可以与用户沟通互动。为了吸引用户参与互动，短视频创作者在制作短视频的时候就要综合考虑，设计一些可以引发互动的情节。

四、短视频运营的策略

短视频运营主要是指利用抖音、快手、西瓜视频等短视频平台向粉丝进行产品宣传、推广、企业营销等一系列活动。

短视频运营的关键是平台运营和用户运营。

（一）平台运营

随着短视频行业的快速发展，大量短视频平台应运而生。短视频平台作为短视频的载体，在短视频运营过程中起着至关重要的作用。

短视频运营者在选择平台时，不能局限于一个平台，通常需要根据自身特点，结合各平台的特点、运营规则选择合适的平台，最大化地为短视频账号带来流量和用户量的增长。

1. 选择合适的平台

短视频平台在不断地衍生、发展变化中逐渐形成了字节系、快手系、腾讯系、百度系等多个派系。按照运营属性的差异，短视频平台可分为四大类——工具型、内容型、社区型和垂直型，其中工具型和内容型平台最为常见。

2. 重视月活跃用户

月活跃用户是短视频运营者在选择短视频平台时需要考虑的一个重要指标，通常月活跃用户越多，代表该短视频平台的活跃用户越多。

3. 增加用户时长

用户时长反映的是短视频平台的深度运营能力。短视频平台涵盖内容形式愈加多样，与娱乐直播、带货直播等密切融合，驱动用户时长进一步增加，其中，头部应用日均使用时长 30 分钟以上的用户占比均超六成。

（二）用户运营

短视频的内容再好，如果没有足够多的用户，短视频的曝光率也无法得到保障，短视频成为爆款的可能性就会很低，这势必会影响运营的效果。

图 8-1 所示为短视频的推广方式，为了让更多的用户看到我们创作的短视频，以达到引流的目的，我们可以通过该图中所示的几种方式对短视频进行推广。

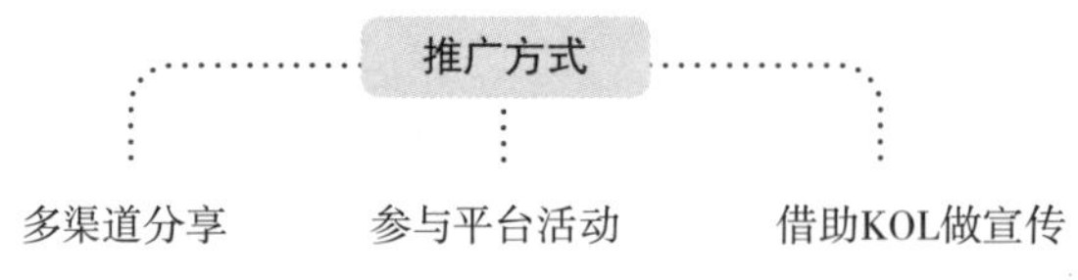

图 8-1　短视频的推广方式

1. 多渠道分享

短视频平台大多是有分享功能的，我们可以利用这一功能将短视频分享到更多的平台上，让更多的用户看到。如果短视频有足够的吸引力，自然会得到越来越多的用户的关注和认可，其成为爆款的概率就会大大增加，运营的效果也会更好。

2. 参与平台活动

短视频平台本身是一个巨大的流量池。短视频创作者积极参与短视频平台发起的各种活动，展示自己的短视频，这样短视频账号及其内容就可能被更多的用户看到并关注。

3. 借助 KOL 做宣传

KOL 是营销学上的概念，通常被定义为拥有更多、更准确的产品信息，为相关群体所接受或信任，并对该群体的购买行为有较大影响力的人。选择借助 KOL 做宣传，是因为 KOL 的粉丝黏性很强，粉丝在价值观等方面都很认同他们，所以 KOL 的推荐是带有“光环”的，粉丝们通常会细读、点赞。

小贴士

抖音账号：从 0 到 1

“现在抖音的新账号真的不好做啊！”这是最近听到的许多抖音创作者都在感叹的一句话。除非是头部 MCN 孵化的账号，不然做新账号似乎真的很难出“爆款”。据了解，抖音确实针对 MCN 机构制订了新账号的冷启动扶持计划。但是对于大多数无法被官方扶持的，又想进入抖音的制作者来说，到底该如何做呢？

一、初期团队精简化

“工欲善其事，必先利其器。”其实一个抖音账号背后设有 3 个岗位即可，即演员、编导、后期。原震惊文化抖音内容负责人提到：“现在很多的账号，其演员同时也负责编导、剪辑等工作，尽量充分利用人员。”就像拥有 700 多万粉丝的抖音账号“灵魂当铺”，其核心团队其实就 3 个人：一个负责写剧本找群演，一个负责写分镜和联系场地，还有一个负责后期的剪辑。

如果有足够的预算，也可以找专业的团队，使导演、编剧、策划、演员、摄影、剪辑一应俱全。但无论配置如何，“网感”和“视频思维”才是十分重要的。能否把握好抖音的热门话题，直接关系所做的短视频能否有播放量，能否成为“爆款”。

二、确定内容垂直领域

对于垂直领域的选择，最直接和简单的方式就是选自己擅长和了解的领域。比如，懂汽车的可以做汽车领域的内容，擅长唱歌的可以做音乐领域的内容，抖音就有很多与音乐有关的账号。若你无法确定垂直领域，也可以参考抖音内的“爆款”，或者尝试做蓝海领域。

蓝海领域中的母婴、汽车、教育培训、医学科普等，都有着非常广阔的前景；而红海领域中的测评、美食、美妆等，只要形式足够新颖，依旧非常值得投入。

三、隐藏步骤：养号

“养号”和“权重”其实都是抖音官方不认可的说法，但是这也不代表注册完账号就可以发内容，因为容易被判定为机器或者是营销号。

那么，究竟何为“养号”？很多人都以为“养号”就是模仿正常活跃用户的行为，每天“刷刷”抖音、点点赞。网络上总结出一些规律，如“每天早上、中午、晚上分别‘刷’垂直领域内容30分钟”“关注至少×个作品相似的账号”“点赞、评论×个相同类型的作品”等，但其实这些规律也都是因账号而异的。

四、抖音涨粉的核心秘诀：“爆款”内容

想在抖音上获取粉丝，具备持续生产优质内容的能力才是关键。播放量、完播率、点赞和评论，都是抖音对于视频流行度预测的维度。这里需要特别注意两个打造“爆款”的法则。

1. 开篇3秒决定成败

抖音视频是按秒计算的。在抖音算法下，真正决定成败的就是开头的几秒。如果作品开头的几秒不足以吸引观众，那么观众可能就直接划走了，被划走的次数过多，这个视频就再难获得推荐。所以在抖音内容的生产中，“减法”比“加法”更重要。创作者需要删掉视频中无用的信息，在第一时间吸引观众的视线。

2. “爆款”内容有迹可循

抖音的算法就是将用户喜欢的内容不断地推送给他们，但“爆款”内容的背后还有用户对优质内容的喜爱。以下总结了“爆款”视频的4条原则。

原则一：情感共鸣，必须引起观众强烈的情感波动。

原则二：形式创新，新颖的形式才能够脱颖而出。

原则三：热点反差，出其不意的反转让效果翻倍。

原则四：互动合拍，两个账号的互动合拍吸引更多流量。

五、抖音账号的精细化运营

只有“爆款”内容还不够，对账号进行精细化运营是一项非常重要的工作。对于抖音创作者来讲，这个账号就是你的产品，如何打造好、保养好账号，是引流的关键所在。具体来说，有以下4点可以参考借鉴。

1. 高频率更新，把握流量高峰点

持续又稳定的内容输出可以获取更多的播放量，有助于涨粉。而每天的更新时间也是颇有讲究的。抖音有3个高峰期：中午12点前后、下午6点前、晚上10点前后。在这3个时间段内发布视频，有机会获得更高的流量。

2. 引导粉丝参与互动

发布内容时有意识地引导用户评论与互动，是抖音精细化运营中的重要一环。如果没有人回复，那就自己“抢沙发”，千万不要出现0评论的视频。对于每一条评论都应该认真回复，尤其是“神评论”。偶尔可以在视频剧情中故意留下些许瑕疵，让用户找到并在评论中交流。

3. 迅速有效的外部助推

抖音的算法是多级推荐模式，如果在发布后短时间内获得了较多的评论、点赞，便有机会进入更大的流量池。

4. “DOU +”：少量多次、小额多投

“DOU+”是抖音官方的助推方式，能够带来一定程度上的曝光和流量增长。但是对于运营初期的账号，是否投放“DOU+”是需要斟酌的。“DOU+”投放对于一定起量趋势的视频是有助力的，能够为其锦上添花，但对于自然流量很差的视频，助推也很难做到雪中送炭。同时，在投放的过程中，尽量采用“少量多次、小额多投”的原则。少量多次的投放会有更大的概率辐射到不同兴趣领域的人群，收获不同类型的粉丝。

资料来源：知乎网。

第三节　直播营销

一、直播营销概述

（一）直播营销的概念和特征

1. 直播营销的概念

“直播”一词由来已久，在传统媒体平台就已经有基于电视或广播的现场直播形式，如晚会直播、访谈直播、体育比赛直播、新闻直播等。词典对直播的定义为：“与广播电视节目的后期合成、播出同时进行的播出方式。”

随着互联网的发展，尤其是智能手机的普及和移动互联网的速度提升，直播的概念有了新的延展，越来越多基于互联网的直播形式开始出现。

所谓“网络直播”或“互联网直播”，指的是用户在手机上安装直播软件后，利用手机摄像头对发布会、采访、旅行等进行实时呈现，其他网民在相应的直播平台可以直接观看与互动。

广义的直播营销，指的是企业以直播平台为载体进行营销活动，达到品牌提升或销量增长的目的。与传统媒体平台（电视、广播）的直播营销相比，互联网直播营销有以下两个显著的优势。

第一，参与门槛大大降低。网络直播不再受制于固定的电视台或广播电台，无论企业是否接受过专业的训练，都可以在网上创建账号，开始直播。

第二，直播内容多样化。除传统媒体平台的晚会、访谈等直播形式外，利用互联网可以进行户外旅行直播、网络游戏直播、发布会直播等。

基于互联网的直播营销，通常包括场景、人物、产品、创意四大要素。一是场景，企业需要用直播搭建销售场景，让观众仿佛置身其中；二是人物，主播或嘉宾是直播的主角，他的定位需要与目标受众相匹配，并友好地引导观众互动、转发或购买；三是产品，企业产品需要巧妙地植入主持人名词、道具、互动等之中，从而达到将企业营销软性植入直播之中的目的；四是创意，网民对于常规的“歌舞晚会”“朗诵直播”等已经审美疲劳，新鲜的户外直播、互动提问等，都可以为直播营销加分。

案例 8-6

格力的“品牌+分销+直播”模式

2020 年 4 月 24 日，董明珠进行了抖音的直播带货首秀，当晚直播间累计观看人数达 432 万，峰值在线人数达 21.6 万，销售额达 23 万元。两周后，董明珠再次尝试直播带货，这一次实现了超 3 亿元的销售额。在 6 月 1 日的“格力健康新生活”直播活动上，董明珠再度上阵，最后全天成交额达 65.4 亿元。格力傲人的成绩，与其采用的“品牌+分销+直播”模式密不可分。截至 2020 年 6 月，格力已拥有 3 万多个线下门店，每个门店拥有多个销售员，全国销售员规模达到几十万人，构成了庞大的消息分发矩阵。6 月 1 日的直播开播前，格力经销商及其销售人员将二维码分发给用户，直播开播后用户扫码进入直播间。系统通过二维码识别用户是由哪个经销商带来的流量，一旦用户产生购买，格力就给相应的经销商分成。经销商负责为直播引流，董明珠在直播间完成销售转化，再返利给经销商，这种互惠模式使销售转化闭环顺利完成。

资料来源：知乎网。

2. 直播营销的特征

直播营销之所以受到越来越多企业的青睐，主要是因为其具备以下三大特点。

（1）即时事件。由于直播完全与事件的发生、发展进程同步，因此可以第一时间反映现场状态。无论晚会节目的最新投票、体育比赛的最新比分，还是新闻资讯的最新进展，都可以直接呈现。

（2）常用媒介。收听或观看直播通常无须专门购买昂贵的设备，使用电视机、计算机、收音机等常用设备即可了解事件的最新进展。也正是由于这一特点，受众之间的相互推荐变得更加方便，从而更有利于直播的传播。

（3）直达受众。与录播节目相比，直播节目不会做过多的剪辑与后期加工，所有现场情况直接传达给观众或网民。因此，直播节目的制作方或主办方需要花更多的精力去策划直播流程并筹备软、硬件，否则一旦出现失误，将直接呈现在受众面前，从而影响制作方或主办方的品牌形象。

（二）直播营销的优势

在传统的市场营销活动中，企业呈现产品价值主要依靠户外广告、新闻报道、线下活动等形式，企业实现价值交换则是借助推销员销售、自动售货机贩卖、电话下单与发货等方式。而互联网直播的出现，给企业带来了新的营销机会。借助直播，企业可以在上述呈现产品价值环节支付更低的营销成本，收获更快捷的营销覆盖；在上述实现价值交换环节实现更直接的营销效果，收到更有效的营销反馈。

1. 更低的营销成本

传统广告营销方式的成本越来越高，楼宇广告、车体广告、电视广告的费用从几十万元到上百万元不等。网络营销刚兴起时，企业可以用较低的成本获取用户、销售产品；但随着淘宝、百度等平台用户增加，无论搜索引擎广告还是电商首页广告的营销成本都开始变高，部分自媒体“大号”的文字类广告费甚至超过 50 万元。而直播营销对场地、物料等需求较少，是目前成本较低的营销形式之一。

2. 更快捷的营销覆盖

用户在网站浏览产品图文或在网店翻看产品参数时，需要在大脑中自行构建场景。而直播营销完全可以将主播试吃、试玩、试用等过程直观地展示在观众面前，更快捷地将用户带入营销所需场景。

3. 更直接的销售效果

消费者在购买商品时往往会受到环境影响，由于“看到很多人都下单了”“感觉主播使用这款产品效果不错”等原因而直接下单。因此在设计直播营销时，企业可以重点策划主播台词、优惠政策、促销活动，同时反复测试与优化在线下单页面，以收获更好的销售效果。

4. 更有效的营销反馈

在产品已经成形的前提条件下，企业营销的重点是呈现产品价值、实现价值交换；但为了持续优化产品及营销过程，企业需要注重营销反馈，了解顾客意见。由于直播互动是双向的，主播将直播内容呈现给观众的同时，观众也可以通过弹幕的形式，分享体验。因此企业可以借助直播，一方面，收到已经用过产品的消费者的使用反馈；另一方面，收获现场观众的观看反馈，便于下一次直播营销时修正。

（三）直播风险防范

由于直播是直接将现场情况呈现在用户面前的，没有剪辑与后期加工，因此企业在进行直播营销策划时，必须做好风险防范。否则在直播过程中，一旦出现失误，不仅无法达到企业营销的目的，还可能会损害企业的品牌形象。

在直播营销策划时，企业必须对直播可能出现的风险进行预测防范，以防止造成不必要的麻烦。

1. 严防环节设置漏洞

策划一场直播活动，主办方必须提前对直播活动各环节进行模拟、彩排、反复推演，尤其是在“转发抽奖”“扫码领取红包”等环节，应采取措施防止奖品或红包被恶意领走，而导致大量观众无法获得奖品或红包，从而引发用户的不满或争议。

2. 反复测试软硬件

为了达到最佳的网络直播效果，新媒体团队需要在直播前对所有软硬件进行反复排查与测试。一方面，需要熟悉直播平台的使用及各环节软硬件的配合，防止误操作；另一方面，需要对网站、服务器进行反复测试，防止大批观众涌入造成服务器瘫痪。

3. 严格审核主持词

随着直播平台用户规模的不断扩大，直播俨然已经成为社交、娱乐等场景的重要入口，因此相关部门也开始重点管理直播平台。国家广电总局、国家网信办等陆续公布了多项管理规定，以保障直播平台和用户的安全。

企业必须对主持人或主播的主持词进行严格审核，防止由于“信口开河”而违反相关规定。错误的主持词不但会影响企业口碑，还有可能触犯法律。

4. 实时监控弹幕

弹幕是指观看直播的用户发送的简短评论，可以滚动、停留等特效方式出现在屏幕上。主持人或主播的发言可以提前审核，但弹幕无法在直播前进行预估，只能依靠现场管理。直播平台通常可以设置“房管”，在直播间主播发言的同时，房管可实时监控网友弹幕，对于利用弹幕发布低俗、过度娱乐化、宣扬拜金主义和崇尚奢华等消极内容的用户，可以直接取消其发言的权利；对于情节严重的可以将其发言截图保存，移交公安机关处理。

5. 检查侵权

企业直播营销通常需要多种物料的支持，如背景板、贴图、玩偶、吉祥物等。企业在直播前必须对这些物料进行仔细检查，避免使用可能侵权的物料，给企业带来不必要的麻烦。

二、直播平台

现阶段在线直播类软件已成为软件市场最火爆的类目之一。根据平台主打内容划分，直播平台可以分为综合类、游戏类、秀场类、商务类、教育类等。需要强调的是，此分类仅表示该平台的主打内容，实际上绝大多数平台并非单一属性，会出现“既有游戏直播，又有教育直播，还有秀场直播”的多维度定位。

（一）综合类直播平台

综合类直播平台通常包含较多的直播类目，网友进入平台后的可选择余地较多，包括游戏直播、户外直播、校园直播、秀场直播等。

目前属于综合类的直播平台有一直播、映客、花椒直播、QQ空间等。其中较典型的是一直播。

一直播是属于一下科技旗下的一款娱乐直播互动App，而一下科技已经与新浪微博达成战略合作伙伴关系，因此一直播约等于新浪微博直播，新浪微博用户可以通过一直播在微博内直接发起直播，也可以通过微博直接实现观看、互动和送礼。一直播之所以包含丰富的直播类目，也是基于新浪微博用户本身的多样化属性。

（二）游戏类直播平台

游戏类直播平台主要是针对游戏的实时直播平台。与体育爱好者痴迷于某项体育比赛甚至某位体育明星相似，游戏爱好者通常会较为规律地登录游戏直播平台，甚至追随某位游戏主播。

目前属于游戏类的直播平台有斗鱼、虎牙、龙珠等。其中较典型的是熊猫直播。熊猫直播是上海熊猫互娱文化有限公司旗下的一款弹幕式视频直播网站，其内容主要是计算机端游戏战况，平台包含英雄联盟、守望先锋、炉石传说等一系列游戏。

（三）秀场类直播平台

秀场直播从2005年开始便在国内兴起，是直播行业起步较早的模式之一。秀场直播是主播展示自我才艺的最佳形式，观众在秀场直播平台浏览不同的直播间，类似于走入不同的演唱会或才艺表演现场。

目前属于秀场类的直播平台有六间房、YY、新浪秀场、腾讯视频等。其中较典型的是六间房。

作为较早进入中国直播领域的企业，六房间曾一度引领互联网视频娱乐消费新方式。六房间早期以视频为主，随后转型为秀场直播，平台包括歌曲、舞蹈、相声、朗诵、戏曲等不同形式的表演内容。

（四）商务类直播平台

与游戏、秀场等平台不同，商务类直播平台具有更多的商业属性，因此在商务类直播平台进行直播的企业，通常带有一定的营销目的。利用商务类直播平台，企业可以尝试以更低的成本吸引观众，并产生交易。

商务类直播平台又可以分为两大类，即常规商务直播和电子商务直播。其中，脉脉、微吼等直播平台属于常规商务直播平台，而京东、天猫等直播平台属于电子商务直播平台。

较典型的常规商务直播平台是脉脉直播。

脉脉直播在脉脉 App 内的“职播广场”内，专门针对职场人士和公司职员，主要目的是让直播观众了解到不同职业和行业从业者的想法，分享职场经验，给职场人提供一个可以交流的商务平台。

较典型的电子商务直播平台是京东直播。

作为京东旗下的直播平台，京东直播运营紧扣京东商城的整体活动策划，曾举办过人气较高的“京东吃货嘉年华”“锤子 2016 新品发布会”等品牌专场直播。

（五）教育类直播平台

传统的在线教育平台以视频、语音、PPT 等形式为主，虽然呈现形式足够丰富，但互动性不强，无法做到实时答疑与讲解。因此，教育类直播平台应运而生，其中网易云课堂、沪江 cctalk 等平台都是直接在原有在线教育平台的基础上增加直播功能；而千聊、荔枝微课等平台则属于独立开发的教育直播平台。

较典型的教育类直播平台是网易云课堂。网易云课堂的直播课程目前属于邀请制，以确保直播课程的质量。2016 年 6 月 7 日，在线教育领域的“知识型网红”秋叶大叔进行了“你的工作经验为什么不值钱”的直播，有上万人观看，引起全场好评。

三、直播营销的步骤

一场直播活动，看起来只是几个人对着镜头说说话而已，但背后却有着明确的营销设计——要么通过直播营销提升企业品牌形象，要么利用直播营销促进产品销量。

将企业营销目的巧妙地设置在直播各个环节，这就是直播营销的整体设计。直播营销的整体设计主要包括五大环节，新媒体团队需要对每个环节进行策划，一个环节一个步骤，用“五步法”设计直播营销，确保其完整性和有效性。

（一）整体思路

直播营销的第一大环节是整体思路。在做营销方案之前，企业新媒体团队必须先把整体思路理清，然后有目的、有针对性地策划与执行。刚接触直播营销的新手容易进入一个误区，认为“直播营销只不过是一场小活动而已，做好方案然后认真执行就够了”。实际上，如果没有整体思路的指导，直播营销很有可能只是好看、好玩而已，并没有达到企业的营销目的。

直播营销的整体思路设计，需要包括三部分，即目的分析、方式选择和策略组合。首先是目的分析。对于企业而言，直播只是一种营销手段，因此企业直播营销不能只是简单的线上才艺表演或互联网游戏分享，还需要综合产品特色、目标用户、营销目标，提炼出直播营销的目的。其次是方式选择。在确定直播目的后，企业新媒体团队需要在颜值营销、演员营销、稀有营销、利他营销等方式中，选择其中的一种或多种进行组合。最后是策略组合。方式选择完成后，企业需要对场景、产品、创意等模块进行组合，设计出最优的直播策略。

（二）策划筹备

直播营销的第二大环节是策划筹备。好的直播营销需要“兵马未动，粮草先行”。首先，将直播营销方案撰写完善；其次，在直播开始前将直播过程中用到的软硬件测试好，并尽可能降低失误率，防止因为筹备疏忽而引起不良的直播效果。

为了确保直播当天的人气，新媒体运营团队还需要提前进行预热宣传，鼓励粉丝提前进入直播间，静候直播开场。

案例 8-7

直播筹备

如果某女装品牌要在抖音平台开展直播营销，其筹备阶段的 SOP（Standard Operating Procedure，标准作业程序）通常是：首先根据服装的风格来装修直播间，其次根据产品情况组建团队，最后准备直播起步阶段的福利品。第一步，确定所选品牌中一款线下卖得较好的 T 恤作为福利品；第二步，确定直播间需要上架的 20～30 款产品；第三步，从这些产品中选择 3～5 款作为起步阶段的主推品；第四步，选择 2 款雪纺衫和 3 款裤子作为首推品；第五步，准备与首推品搭配的产品（如同风格的小白鞋、平底鞋、配饰、包包等）；第六步，确定起号（新号对于系统来说就是一张白纸，起号就是给账号打标签，目的就是让系统知道给账号推送什么人以及给账号推送多少人）的策略（例如，新号开播全场买二送一）；第七步，主播准备话术，与团队进行流程彩排，直到团队配合比较默契就可以正式开播了。

资料来源：搜狐网。

（三）直播执行

直播营销的第三大环节是直播执行。前期筹备是为了现场执行更流畅，因为从观众的角度，只能看到直播现场，无法感知前期的筹备。

为了达到已经设定好的直播营销目的，主持人及现场工作人员需要尽可能按照直播营销方案，将直播开场、直播互动、直播收尾等环节顺畅地推进，并确保直播的顺利完成。

1. 直播开场形式

（1）直白介绍。在直播开场时，直接告诉观众直播相关信息，包括主持人自我介绍、主办公司简介、直播话题介绍、直播大约时长、本次直播流程等。一些吸引人的环节（如抽奖、彩蛋、发红包等）也可以在开场中提前介绍，促进观众留存。

（2）提出问题。开场提问是在一开始就制造参与感的好方法。一方面，开场提问可以引导观众思考与直播相关的问题；另一方面，开场提问可以让主播更快地了解本次观众的基本情况，如观众所处地区、爱好等。

（3）抛出数据。数据是最有说服力的。直播主持人可以将本次直播要素中的关键数据提前提炼出来，在开场时直接展示给观众，用数据说话。特别是专业性较强的直播活动，可以充分利用数据开场，第一时间让观众信服。

（4）故事开场。相对于比较枯燥的介绍、分析，故事更容易让不同年龄段、不同教育层次的观众产生兴趣。通过一个开场故事，带着听众进入直播所需场景，能更好地开展接下来的环节。

（5）道具开场。主持人可以借助道具来辅助开场。开场道具包括企业产品、团队吉祥物、热门卡通人物、旗帜与标语、场景工具等。其中，场景工具可根据直播内容而定，例如，知识分享直播，可借助书籍作为场景工具；户外运动直播，可以加入足球、篮球等作为道具。

（6）借助热点。一般来说，网民对于互联网上的热门事件和热门词汇都有所了解。主持人可借助热点拉近与观众之间的心理距离。

案例 8-8

开场话术

"欢迎刚进咱们直播间的姐妹，工厂直播间开播了，刷到我直播间的姐妹，先不要着急划走，今天我要给新进直播间的姐妹送见面礼。我身上这件小高领内搭是德绒面料，保暖效果特别好，外面可以搭卫衣、羽绒服、羊绒大衣，颜色有黑色、白色、卡其色，喜欢哪个颜色就把颜色刷起来。这件德绒小高领内搭只要 39 元，暖风出不去，冷风进不来。大家点一点关注，就给大家上链接啦……"

2. 直播互动

常见的直播互动包括弹幕互动、剧情参与、直播红包、发起任务、礼物打赏。

（1）弹幕互动。弹幕，即大量以字幕弹出形式显示的评论，这些评论在屏幕上飘过，所有参与直播的观众都可以看到。目前，直播弹幕主要包括两类：第一类是网友相互之间的评论，如"支持刚才这个朋友说的""给刚才这条弹幕点赞"等，主播对这类弹幕无须处理；第二类是网友与主播之间的互动，如"能介绍一下台上坐着什么人吗""一会该抽奖了吧，主播"等，这类弹幕需要主播与其及时互动，幽默地回应网友提出的质疑，或详细地帮助网友解答相关问题。

（2）剧情参与。此类互动多见于户外直播，主播可以通过邀请网友一起参与策划直播下一步的进展方式，增强观众的参与感。邀请观众参与剧情发展，一方面，可以使观众充分发挥创意，令直播更有趣；另一方面，可以让被采纳建议者获得更多的尊荣感。

（3）直播红包。直播间观众可以为主播或主办方赠送"跑车""游艇"等虚拟礼物，表示对其认可与喜爱。主播也可以利用第三方平台发红包或等价礼品，与观众互动。

直播红包发放步骤分为以下三步。

第一步，约定时间。主播告诉观众“5 分钟后我们会发红包”，通知在场观众抢红包时间，也暗示观众邀请朋友加入直播等待红包，促进直播人气。

第二步，平台说明。除直播平台本身发红包外，主播可以选择支付宝、微信、微博等平台抢红包，提前告知观众。这样可以为站外平台引流，便于直播结束后的效果发酵。

第三步，红包发放。到约定时间后，主播或其他工作人员在相应平台发红包。在红包发放前，主播可以倒计时，让“抢”红包更有氛围。

(4) 发起任务。在直播中可以发起的任务包括以下三种。

第一种，建群快闪。邀请观众共同进入一个 QQ 群，在群内喊出自己不敢说的话，直播结束后此群解散。

第二种，占领留言区。邀请观众共同在某论坛的帖子下方或微信公众号评论区留言。

第三种，晒出同步动作。号召粉丝一起做出相同的动作，随后大家分别晒在社交网站等。

(5) 礼物打赏。无论斗鱼直播、熊猫直播还是花椒直播、映客直播等平台，“感谢打赏”已经成为默认的规矩。只顾着自己说话或与观众聊天，对打赏无动于衷的主播，会被观众打上“没礼貌”“不懂规矩”的标签。

案例 8-9

粉丝福利示例

在某场直播中，为了进一步活跃直播间气氛，主播推出粉丝福利。新款包包邮免费送，条件是要求直播间的人点关注，成为粉丝并踊跃互动，如让粉丝在评论区输入“1”，倒计时 3 分钟，最后主播抽取幸运粉丝送出福利。这个粉丝福利一经推出，直播间迅速涨粉、互动热烈，为此场直播制造了一个高潮。

3. 直播收尾

直播结束后，需要解决的最核心问题即流量问题，无论现场观众是十万人还是百万人，一旦直播结束，观众马上散去，流量随之清空。为了利用直播现场的流量，在直播结束时的核心思想就是将直播间的流量引向销售平台、自媒体平台和粉丝平台 3 个方向。

(1) 销售转化。将流量引导至销售平台，从收尾表现上看即引导进入官方网址或网店，促进购买与转化。通常留在直播间直到结束的观众，对直播都比较感兴趣。对于这部分网友，主播可以充当售前顾问的角色，在结尾时引导观众购买产品。需要注意的是，销售转化要有利他性，能够帮观众省钱或帮观众抢到供不应求的产品；否则，在直播结尾植入太生硬的广告，只会引来观众的弹幕。

(2) 引导关注。流量引导至自媒体平台，从收尾表现上看即引导关注自媒体账号。在直播结束时，主播可将企业的自媒体账号及关注方式告诉观众，以便直播后继续向本次观众传达企业信息。

(3) 邀请报名。流量引导至粉丝平台，从收尾表现上看即告知粉丝平台加入方式，邀请报名。在同一场直播中积极互动的网友，通常比其他网友更“同频”，更容易与主播或主办方“玩”起来，也更容易参加后续的直播。因此，此类观众在直播收尾时邀请入群，通过运营该群，将直播观众转化成忠实粉丝。

（四）后期传播

直播营销的第四大环节是后期传播。直播结束并不意味着营销结束，新媒体运营团队需要将直播涉及的图片、文字、视频等，继续通过互联网传播，让其抵达未观看现场直播的粉丝，让直播效果最大化。

（五）效果总结

直播营销的第五大环节是效果总结。直播后期传播完成后，新媒体团队需要进行复盘，一方面进行直播数据统计并与直播前的营销目的作比较，判断直播效果；另一方面组织团队讨论，提炼出本场直播的经验与教训，做好团队经验备份。

每一次直播营销结束后的总结与复盘，都可以作为新媒体团队的整体经验，为下一次直播营销提供优化依据或策划参考。

需要强调的是，直播营销的第四大环节“后期传播”与第五大环节“效果总结”虽然都是在现场直播结束后进行的，但是作为直播的组织者，必须在直播开始前就做好两个方面的准备。

第一，提前设计数据收集路径，如淘宝店流量来源设置、网站分销链接生成、微信公众号后台问卷设置等。第二，提前安排统计人员。不少直播网站后台的数据分析功能不够细化，因此一部分数据（如不同时间段的人气情况、不同环节下的互动情况等）需要人工统计，便于后续分析。

四、直播营销技巧

（一）直播营销的模式

1. 直播营销模式的类型

为了吸引网友观看直播，企业新媒体团队需要设计最吸引观众的直播吸引点，并结合前期宣传覆盖更多网友。根据“直播吸引点”划分，直播营销的常见模式共六种，包括名人营销、稀有营销、利他营销、才艺营销、对比营销和采访营销。企业在设计直播方案前，需要根据营销目的，选择最佳的一种或几种营销模式。

（1）名人营销。社会各界的名人经常会得到人们的关注，因此当名人出现在直播中与观众互动时，会出现极热闹的直播场面。名人营销适用于预算较为充足的项目，在人员筛选方面，尽量在预算范围内寻找最贴合产品及消费者属性的名人进行合作。

（2）稀有营销。稀有营销适用于拥有独家信息渠道的企业，其包括独家冠名、知识版权、专利授权、唯一渠道方等。稀有产品往往备受消费者追捧，而在直播中稀有营销不仅体现在直播镜头为观众带来的独特视角，更有助于利用稀有内容直接拉升直播室人气，对于企业而言也是最佳的曝光机会。

（3）利他营销。直播中常见的利他行为主要是知识的分享和传播，旨在帮助用户提升生活技能或动手能力。与此同时，企业可以借助主持人或嘉宾的分享，传授关于产品使用技巧、分享生活知识等。利他营销主要适用于美妆护肤类及时装搭配类产品，如某美妆主播经常使用某品牌的化妆品向观众展示化妆美甲技巧，在让观众学习美妆知识的同时，增加产品曝光度。

（4）才艺营销。直播是才艺主播的展示舞台，无论主播是否有名气，只要才艺过硬，都可以带来大量的粉丝关注，如古筝、钢琴、脱口秀等通过直播可以获取大量该才艺领域的忠实粉丝。才艺营销适用于围绕才艺所使用的工具类产品，比如古筝才艺表演需要使用古筝，制作古筝的企业则可以与有古筝使用技能的直播达人合作，如花椒主播“琵琶小仙小蜜”经常使用某品牌琵琶进行表演。

（5）对比营销。有对比就会有优劣之分，而消费者在进行购买时往往会偏向于购买更具优势的产品。当消费者无法识别产品的优势时，企业可以通过与竞品或自身上一代产品的对比，直观展示差异化，以增强产品说服力。

（6）采访营销。采访营销是主持人采访名人嘉宾、专家、路人等，以互动的形式，通过他人的立场阐述对产品的看法。采访名人嘉宾或专家，有助于增加观众对产品的好感；而采访路人，有利于拉近他人与观众之间的距离，增强信赖感。

2. 直播营销模式的选择

企业新媒体团队在选择直播营销模式时，需要从用户角度，挑选或组合出最佳的直播营销模式。从互联网消费者心理上看，从初次接触某企业或某产品直到产生购买行为，通常会经历听说、了解、判断和下单四个过程。

对应互联网消费者的以上四步，企业需要进行相应的准备工作。在消费者可能会听说的渠道进行新品推介；在消费者了解产品的平台重点描述产品；在消费者进行判断的平台优化口碑与评价；在消费者下单的平台设计台词及促销政策、促进订单达成。因此，相对应的企业直播营销的重点工作即推新品、讲产品、提口碑、促销售。

对应以上六种不同的直播营销模式，直播活动中的重点各有不同。颜值营销可以把推新品与讲产品作为直播重点，用颜值高的帅哥或美女进行新品展示或产品的详细讲解。

演员营销除讲产品外，其他三个重点都可以尝试。由于演员通常会引发粉丝追星热，“促销售”可以作为重中之重来设计。与颜值营销不同，演员一般不会有太多时间了解产品性能并对产品侃侃而谈，因此“讲产品”可以不作为演员营销的重点。

稀有营销常以发布会直播形式出现，现场可以展示新品、讲解现有产品，尤其是提升口碑。现场邀请粉丝谈感受、讲心得，是在侧面对产品质量与品牌进行背书。

利他营销与才艺营销的营销重点在“推新品”与“促销售”，通过现场展示或道具引申，向直播间观众展示新产品，达成直播销售。

对比营销的重点在于“讲产品”，通过对比，突出产品差异化优势，从而让消费者对购买及使用更有信心。

采访营销通常以室外采访居多，对产品本身的展示与讲解较少，更多是通过被采访者之口说出产品的使用心得及感受，从而达到“提口碑”的作用。

需要特别注意的是，以上六种直播营销模式并不是相互独立的。将直播营销模式进行组合，可以强化营销重点，达到“1＋1＞2”的效果。

（二）直播营销的方案

作为传达的过渡或桥梁，直播方案需要将抽象概述的思路转换成明确传达的文字，使所有参与人员，尤其是直播相关项目的负责人既了解整体思路，又明确落地方法及步骤。由于直播方案一般用于企业内部沟通，目的是用最精练的语言让直播相关的所有人员熟悉活动流程及分工，因此没必要在时代背景、营销理念、实施意义等宏观层面花过多的笔墨，正文简明扼要、直达主题即可。完整的直播方案正文，需要包括直播目的、直播简述、人员分工、时间节点、预算控制五大要素。

1. 直播目的

方案正文首先需要传达直播目的，告诉团队成员，通过这场直播需要完成的销售目标、需要提升的口碑关键词、现场期望达到的观众数量等信息。

例如：“春节将至，现在这段时间是老百姓采购年货的主要时间段。为了宣传我公司的春节新品套装，并在春节放假前将我公司天猫店销；量提升至6000万元，我们将于近期进行一场网络直播。”

2. 直播简述

方案正文需要对直播的整体思路进行简要描述或以“一页PPT”形式展示，包括直播形式、直播平台、直播亮点、直播主题等。

3. 人员分工

直播需要按照执行环节对人员进行项目分组，包括道具组、渠道组、内容组、摄制组等。每个项目组的负责人姓名、成员姓名等，需要在方案正文中予以描述。

4. 时间节点

时间节点包括两部分，第一是直播的整体时间节点，包括开始时间、结束时间、前期筹备时间、发酵时间段等，便于所有参与者对直播有宏观印象；第二是项目组时间节点，方案正文清晰传达每个项目组的任务截止时间，防止由于某项目组在某环节延期而导致直播整体延误。

5. 预算控制

每一场直播活动都会涉及预算，新媒体团队整体预算情况、各环节预期需要的预算情况，都需要在方案正文中进行简要描述。当某个项目组有可能会出现预算超支的情况时，需要提前知会相关负责人，便于整体协调。

思考题

1. 视频营销的策略有哪些？
2. 短视频营销的优势有哪些？
3. 直播营销主要有哪些步骤？

课后实训

策划并执行一场直播

实训目的

明确直播的前期规划，锻炼直播过程中的控场能力。

实训内容

(1) 前期准备及宣传。

① 内容准备：整理要讲解的知识要点，形成提纲。

② 直播硬件：手机。

③ 直播软件：抖音等 App。

④ 直播场地：多媒体教室。

(2) 热场。

① 预约好直播间，制作宣传视频，提前一天将其发到抖音、微信朋友圈和微博等渠道进行预热。

② 开始前 30 分钟将直播入口发送至微信朋友圈和抖音。

③ 开始前 5 分钟再将直播快速入口发送至微信朋友圈。

(3) 直播现场活动安排。

① 播放几个直播营销的成功案例，引入主题。

② 向观众提问，询问其是否对直播营销感兴趣，引导观众互动。

③ 进行知识讲解，在讲解过程中，可以安排 1～2 名小助手，协助答疑解惑，调节气氛。

④ 讲解结束，感谢观众，并询问观众是否有疑问，可以一起探讨。

第九章

营销带货

本章导读

大部分的企业都对新媒体非常重视，纷纷开始利用新媒体为企业和产品做宣传。在这个互联网时代，要想快速抢占市场，营销推广是必不可少的。新媒体因较强的互动性、交互性、渗透性、体验性与传播力，对企业、个人及产品拥有极大宣传力度，已经成为各大企业及产品竞相抢占的宣传“制高点”，并且其带来的关注度和效益都是十分可观的。本章详细介绍了常见的带货平台和主要的带货策略。

开篇案例

“新媒体+带货”济南日报报业集团舜网荣获电商领域两项大奖

在第六届（济南）电子商务产业博览会上，2020 年电子商务创优评选活动结果揭晓，济南日报报业集团舜网荣获“互联网+”创新应用奖，被授予“十佳新媒体电商”称号。该评选由（济南）电子商务产业博览会组委会组织开展，共吸引 600 余家企事业单位参与。

经过近半年的自主研发，2020 年 3 月舜网直播拼团服务平台正式上线。其集合直播带货、拼团分销、电商分账系统及产品产销大数据分析四大主要功能，利用“社区拼团”的新型电商模式，借力直播平台“互动直播”的带货模式，充分利用社交流量传播。通过“社区拼团+直播电商”的垂直销售思路，实现产品从田间地头、生产车间到社区的订单化交易，没有中间商赚差价，被用户亲切地称为“舜心团”。

2020 年上半年，舜网通过技术输出，基于该项目集成化功能及电商互动新模式，为山东福瑞达医药集团量身定制了微信商城小程序，该系统上线当天销售额便超过 40 万元。

2020 年，为保供促消费，助力数字经济发展，济南市商务局与舜网联合发起了一场爱心助农公益活动，上线全市首个“爱心助农”服务平台，面向全社会征集滞销农产品信息，为解决农产品滞销提供了新路径。

为给予农产品更多曝光，舜网在自主研发的“济南市民防疫服务手册”中同步开辟活动专区，面向社会发布滞销农产品信息，为农产品寻找销售机会。

凭借互联网基因及自主研发实力，近年来，舜网聚焦创新应用技术与服务媒体融合发展。2016 年，舜网联合济南市商务局打造了济南电子商务公共服务平台，吸引上百家本地优质服务机构入驻平台，深度参与全市电商发展工作。2019 年，在济南日报报业集团打造的济南电商直播基地的基础上，舜网打造了西部新媒体电商直播基地，并承办了首届电商直播节，助力济南打造“直播经济总部基地”。

资料来源：news. e23. cn。

第一节　带货

一代人有一代人的使命，一个时代有一个时代的准则，在新媒体时代寻求生存与发展的企业，其营销的模式也在发生变化。简单、直接的销售出于各种各样的原因越来越不被人接受，这时带货这种新型营销方式应运而生。

一、带货概述

随着时代和社会的进步，人们的消费观念正在不断发生改变，越来越多的人选择通过自己的主观认知和周围人的客观推荐来决定购买商品。换句话说，企业的营销在信息化高度完成的现在，基本不再具备决定消费者心智的作用。由于发生这种变化，企业也开始纷纷寻找新的营销方式。在这些营销方式中，带货可以说是近几年较为流行的方式。

（一）带货的定义

所谓带货，简单来说就是一些具备社会影响力的名人，通过自己的分享或者推荐，带动其他人进行消费的行为过程。需要注意的是，这里提到的名人是指广泛意义上的名人，包括影视、文体名人，某个领域的“网红”和 KOL。带货作为一种新兴的企业营销模式，在国内已经逐渐形成新的潮流。例如，“种草”一词的广泛流行就是最好的证明。

从带货的过程不难看出，带货的基本模式是不同行业的红人，利用超强的个人影响力，通过社交分享的形式，吸引粉丝以及信任他们的用户进行消费。其中的关键就在于带货的社交属性。

（二）带货的构成要素

带货除了具有社交属性，还以数据沉淀和算法支撑来提供更加高效的带货内容。

企业通过自己选择的明星，在一些网络社交媒体平台上发布一些带有宣传和营销色彩的分享内容；而算法和数据一般是平台自带的功能，平台能够经过科学的数据分析和算法计算，将这些分享内容有效地推送到用户浏览的页面中，也就是个性化推荐。经过这样的过程，分享内容中的带货信息就可以高效地影响用户，继而通过社交的推动力，实现带货效果。

从构成要素来看，算法和数据共同构成了带货行为发生的“场”；内容指的是广义上的“货”，分为标品和非标品（标品即标准化产品，而非标品则各有各的不同）；而社交强调了带货过程中“人”的重要性。人、货、场的精准搭配，最终成就了带货。

从技术角度来解读，所谓带货，就是“有算法支撑，通过社交媒体分发内容、有数据沉淀”的营销形式。

1. 内容

在移动互联网时代，内容的含义已经得到了无限延展。传统意义上的内容是指门户网站的新闻信息、音频和视频作品等，但互联网发展到今天，新闻信息、音频和视频作品，以及平台上的商品、基于内容的社交等，都是内容的具体形式。

为了更好地生存，人们不得不积极地提升自我，而这种需求在实际生活中最明显的表现就是人们越来越愿意为了一些非实体的内容买单，而网络的应用为其获取这些内容创造了良好的先决条件。

这种趋势造就了一批知识付费企业的崛起与成长，如喜马拉雅、一书一课等。这些知识付费企业通过发布具有指导意义的内容，引导用户付费观看或者收听。从这种角度来看，内容其实就是一种特殊形式的商品。企业录制内容并将其上传至自己的平台上，人们通过网络进行付费以及观看。在这种模式下，企业要做的是不断提升内容的深度和广度，以保证能持续不断地为用户提供有效的内容。

好的内容自带光环，可以成为内容中的"明星"。在移动互联网时代，信息铺天盖地，渗透在各行各业的各个角落，但并不是所有的内容都能有效地进行带货。只有那些自带光环，即自带传播属性的内容，才具有真正强大的带货能力，才会形成"刷屏"甚至是"霸屏"的效果。

在带货的过程中，内容充当的是"带货信息承载者"的角色。不管是产品、产品的特点，还是推荐的信息，甚至购买的链接都会在内容中得到呈现。而且，内容作为带货信息的载体，也是直接吸引用户关注的主体。在带货平台上，用户往往都是先被内容吸引，然后才会注意到内容中的带货信息，继而被影响而购买商品。

2. 算法

懒惰是人类的天性，在大多数场合下"懒惰"这个词都是贬义的。但实际上，懒惰也不一定都是坏事。正是因为人类的"懒惰"，所以才促进了科技的进步。因为不愿意进入工厂工作，所以手工作坊被淘汰，大工业机械化生产应运而生，工业发展进入了新纪元；因为不愿意自己制作食物，所以外卖出现，餐饮行业焕发勃勃生机；因为不愿意耗费时间和精力在各个平台上寻找自己需要的内容，所以算法逐渐成形并发展。

从某种意义上来说，算法其实也是一种人工智能。其指通过数据的积累和运算分析，得到某种特定结果用以描述人或事。算法分 3 个步骤进行：首先，平台会对用户平时的浏览以及阅读习惯进行统计，包括主要的内容类型以及不同类型的阅读频率；其次，根据统计的数据进行分析，综合用户的个人基本信息，如年龄、性别等，得到用户偏爱的内容类型；最后，根据分析结果，有针对性地向用户分发内容。

通过算法，我们可以有效地描绘出用户的个人"画像"，从而明确他们的喜好偏向，实现更加高效的内容分发，提高带货对用户产生影响的可能性，而且用户进入平台之后，能自动获取自己需要或者想要的内容，省略了搜索的环节。这可以提升用户的体验，进一步加强带货内容的有效性。

算法毕竟是机械性的分析，目前来看，算法的完善程度还没有达到尽善尽美，尤其是对于内容有效性的筛选，以及满足用户突然产生的随机需求等方面的问题还没能解决。但用算法促进带货是每一个带货平台未来发展的趋势，随着算法的不断完善，这种趋势会越发明显。

3. 数据

如果说算法是带货内容高效分发的未来道路，那么数据就是这条道路坚实、准确与否的基础，因为算法的准确性建立在数据的积累和分析之上。数据是平台了解给用户提供什么带货内容的主要依据。拥有的数据越详细，通过分析得到的最终结果也越准确。

对于企业来说，数据一般可分为 3 种：日常运营数据、销售数据和用户行为数据。后两种是带货实现的技术依据，销售数据较为直观且容易理解，用户行为数据的抽象理解便是记录用户在客户端的关键操作行为。

除此之外，带货平台还能捕捉到用户浏览的访问数据，在此基础上加以分析，找到潜在的用户群体。

对于一些特殊情况，仅凭机械的数据分析并不能保证结果的正确。这时候，平台在数据分析的过程中，也会加入人工干预的环节，通过人工分析与机械分析的结合，得到最终的准确结果。

对于企业来说，网络让数据的获取变得更加便利。很多企业都可以通过专业的数据分析机构获取行业发展的具体情况，但需要付出一定的资金，而且因为数据分析机构并不是本行业的从业者，在信息和预测的准确度方面存在一定隐患。所以很多行业顶尖的企业都是选择自己开设专门的部门进行数据收集与分析。

4. 社交

如今，很多企业都会开设自己的企业自媒体账号，与用户进行直接交流，目的是通过满足用户的社交需求，引导其消费行为。很多企业开发的应用、网站等官方渠道，也都加入了与用户直接沟通的社交功能。在未来，只要“天生带社会属性”的人类生生不息，社交需求就会源源不断地出现，社交方向的网络技术开发也不会终止。一方面是因为网络自身的传播能力；另一方面是因为随着智能设备的普及，人们的社交需求进一步增多。

想要通过带货实现有效的消费，离不开流量的积累。早期互联网信息很少，门户网站就可以满足用户的基本需求。门户网站相当于一个集成页面，点进去就是各种各样的链接。随着网页的增多，用户网站开始需要检索，于是就有了谷歌、百度等。后来由于娱乐大发展，网络游戏、视频行业也获得了极速发展。这些从源头来讲，都是因为用户社交的需求，才得以产生并发展的。但从总体上来说，互联网的发展始终是围绕“连接”展开的，而这种连接被称为流量。

过去，不同类型的平台为了获取更多的流量，会选择以广告或者其他方式进行宣传，从而吸引用户进入平台，然后实现内容与用户的连接。而现在随着信息传播的广度与深度进入一个极高的层次，人们对于直接或间接的广告，已经逐渐免疫，甚至产生了反感的情绪。

那么如何使内容与用户形成有效的连接，获取更多流量，从而强化带货的有效性？企业需要强化带货内容的社交元素。例如，在带货内容的标题中加入提问和质疑的语句，即使这些并不是用户需要的，但出于好奇心和想要获取解答后的满足感，有些用户会主动点击并阅读，从而产生流量。也就是说，通过社交，带货的传播可以变得更加广泛与高效。又如，我们经常会在名人的微博或者短视频平台上，看到他们分享某些产品使用体验的内容。他们往往不会直接让自己的粉丝或者其他用户去购买这些产品，也不是简单的宣传和代言，而是利用自己使用的过程和效果来展示产品的特性。对于粉丝和用户来说，这正是最能够刺激自身需求的方法。名人通过自己的社交账号分享内容，同时利用粉丝对自己的追随，刺激了用户的某种消费倾向，然后带货的目的自然而然就实现了。

需要注意的是，在这个过程中，用户看到的内容一般来自平台的数据分析后的算法推荐，所以用户看到的内容基本都是自己感兴趣的。例如，微博会实时推荐用户关注的名人的最新消息。而在这些内容中，又会包含产品的信息。同时，社交平台的互动作用也让用户与名人产生了有效沟通，从而形成了一个完整的人、货、场搭配的带货过程。

二、带货的本质

想要探究带货的本质，我们可以从带货行为发生的过程来分析。首先，企业将需要销售的产品的相关信息，与非营销性质的内容结合在一起，打造成优质的带货内容发布在平台上。其次，平台会根据带货内容的类型，以及平台利用数据分析得到的用户偏好，通过算法进行有针对性的内容分发。最后，用户在带货内容的影响下，成功被“种草”，消费行为也随之形成。

在这个过程中不难看出，带货的存在，使得用户、企业或者说企业的商品以及带货平台三者成功地连接在一起，即带货的本质——人、商品、平台之间产生联系。在实际的带货行为中，带货的本质往往是通过具体的内容来呈现的。因为带货信息单独存在的时候，与单纯的宣传营销没有太大的区别，但如果带货信息与内容结合起来，在丰富的内容填充下，带货信息的营销特性就会被减弱，这样用户才会将其看作一种“种草”的带货行为。

从带货的本质出发，想要充分发挥带货的作用，企业需要做的就是加强人、商品、平台之间的联系。换句话说，就是要提高内容的互动性。

从内容的社会学意义上来说，内容是用于社交和传播的，人与人之间的沟通就是内容。好的故事自带传播属性。一直以来，人们喜欢看到的都是故事。简单来说，如果想让内容被别人记住，归根结底就是要将内容变成好的故事。从企业的角度来看，这就意味着如果想把产品卖出去，那么就要讲好企业的品牌故事，或者讲好产品故事。因为在“互联网+”时代，传统的营销模式已经逐渐衰落，新型的互联网营销模式已经悄然兴起，这时候内容营销，即故事营销开始越来越受欢迎。当带货与品牌故事的内容结合在一起的时候，带货就形成了自己独特的 IP，在这种情况下，不只是对产品有需求的用户，对品牌故事感兴趣的用户也可以成为有效的流量。随着流量的增加，带货成功的概率自然也逐渐提高。

对于现代企业营销的发展来说，掌握故事力就能提升竞争力。当然，具备 IP 能力只是带货内容获取更多流量的基础，因为并不是所有自带 IP 的内容都能够成为大众喜闻乐见的类型，想要得到更加广泛的传播，带货还必须具备“网红”效应。在传统的销售技巧中，这种方式通常被称为打造消费热点。

小贴士

具备“网红”效应与打造消费热点的差异

二者之间的差异在于以下两个方面。

一是具备“网红”效应在线上，而打造消费热点在线下。

二是具备“网红”效应更侧重于内容的流行，而打造消费热点更强调产品的有效贩卖。

无论是具备“网红”效应，还是打造消费热点，最终的效果都是一样的。消费者在潮流的影响下，购买欲望会得到有效提升。

但是，想要打造有流量的内容，让带货具备“网红”效应并不是一个简单的过程，因为不是所有的企业都拥有强劲的内容创作能力。所以大多数企业都采取了相对简单的途径，那就是与某些领域的红人进行合作，利用他们的影响力，推动带货内容成为流行的“种草”浪潮。

除了拥有 IP 能力、具备“网红”效应，带货的实现也离不开平台的扶持。在平台的算法推荐下，现在的用户更习惯被动地获取内容，只有在出现特定需求的时候才会去主动检索。这也就意味着，想要提升带货的效果，获取更多的流量，得到更多的平台推荐必不可少。

所以，对于企业而言，在带货的过程中，要充分考虑产品适合何种平台，结合平台和平台用户的特点，创作有效的带货内容。

总而言之，带货的本质是人、商品、平台之间的联系，带货的效果会在 IP 作用、“网红”效应和平台扶持下大大加强。

三、带货平台的类型

在当下，带货平台呈现出多样化发展的趋势。原本以门户网站为主的传统平台，也在潮流的推动下逐渐转型，在原有的基础上增加了多种新媒体形式。从整体来看，当前的带货平台可以按照内容载体的差异分为 4 个类别，分别是以文章为载体的带货平台、以音频为载体的带货平台、以视频为载体的带货平台以及以商品为载体的带货平台。

（一）以文章为载体的带货平台

这类平台主要包括微信公众号、微博账号、各大门户网站等，其主要特点是通过文字的形式来记录、讲述和说明内容。有时也会加上图片，图文并茂，便于加深用户的理解。

最典型的以文章为内容的带货平台是今日头条。作为依托智能手机而存在的信息发布平台，今日头条的内容大多是结合时事的新闻或者评论文章。其内容的丰富程度以及深度，在文字的作用下得以提升，但也是出于同样的原因，这类带货平台的用户类型受到了限制，只有具备一定文化程度和阅读习惯的人才会选择使用以文字为主要载体的平台。

在同类型的平台中，今日头条还具有一定的特殊性。第一，今日头条平台上的内容相对全面，几乎囊括了生活、政治、经济等各个方面；第二，在今日头条平台上，用户获取内容的方式来自平台的分发，而这种分发是根据用户的偏好和需求来进行的，所以基本不需要用户自己去检索需要的内容，而其他平台上的用户则需要一个寻找的过程。

（二）以音频为载体的带货平台

多数人都有过使用智能手机或者计算机上的音乐播放器的经历，这种音乐播放器就是以音频为载体的平台的一种。除此之外，知识付费平台也是前述平台重要的组成部分，如喜马拉雅 FM、得到、一书一课等。

知识付费是随着人们对于知识重要性的认知逐渐深化而产生的一种新式内容平台。用户主要通过听的方式，在平台上获取信息，同时也需要付出一定的费用。而信息的主要内容大多是某些专业知识的答疑解惑。也就是说，知识付费平台的存在，将以往只能在线下进行的专业教学，扩大到了线上，简化了用户接收知识的过程，也逐渐将学习行为社会化和生活化。

（三）以视频为载体的带货平台

虽然形式相同，但视频载体也可以简单地分成两类：长视频和短视频。从字面上看，虽然二者之间的差距只是时间长短的不同，但实际上区别很大。还有一种是小视频，指时长在 10 秒之内的视频，多见于微信朋友圈，一般可将其划归为短视频的范畴。

长视频平台一般指传统的视频点播平台，如爱奇艺、腾讯视频、优酷视频等。这些平台主要的功能是提供视频点播服务，用户可以在平台上选择自己想看的电视剧、电影以及其他视频作品进行观看。这种服务其实在互联网早期阶段就已经出现，只不过现在能看到的视频内容更多、种类更丰富。目前跟早期相比，长视频平台新增了弹幕功能，企业可以通过弹幕发送相关商品信息或宣传信息。需要注意的是，在弹幕内植入带货内容，需要克制与隐蔽，不能引发观看者的反感，否则便容易适得其反，引发负面效应。

短视频平台指的是如今在年轻群体中非常受欢迎的抖音、快手等。在这些平台上，主要内容一般是视频创作者发布的短视频，通常情况下，时长大概为 15 秒。相比长视频而言，短视频的社交互动性更强，内容、风格上也更贴近生活。在短视频载体的内容平台上，原创气息要相对浓烈，创作的环境也更加自由，这就意味着视频创作者有更多的操作空间，来实现流量变现。

值得一提的是，现在有不少网络购物平台为商家提供了视频和直播的带货渠道，将视频和直播的间接带货属性转变为直接带货的一大手段，带货效果显著。

（四）以商品为载体的带货平台

在前三种载体不同的内容平台上，内容等同于平台提供的商品，而用户就是主要消费者。但内容不一定必须是文字、音频或者视频等特定形式，有时候，实际的商品信息也可以称为内容。这就是以商品为载体的带货平台，典型的代表就是各种网络购物平台，如淘宝、京东等。

之所以说商品也是内容，是因为在这些平台上，商品的存在承载了大量信息，而这些信息来自提供商品的商家，平台只是提供展示商品的位置。换句话说，网络购物平台给商家创造了一个全面展示自家商品的舞台，和其他带货平台提供空间供人们发布自己创作的内容这一形式并没有太大的区别，所以将网络购物平台称为以商品为载体的带货平台。

第二节　常见的带货平台

水无源不活，树无根不立，内容没有平台承载，也很难发挥自身的作用。而在这个关注流量的时代，传统社交媒体热度依旧，但一些新兴的综合型平台的热度也并不低。其中，拼多多、小红书、快手是常见的带货平台。

一、拼多多

2014 年 3 月 10 日，京东与腾讯建立了战略合作伙伴关系，获得了腾讯提供的微信和手机 QQ 客户端的一级入口位置及腾讯其他主要平台的支持，成为腾讯电商业务领域的首选合作伙伴。两年后，腾讯又投资了社交电商拼多多，并对其进行战略支持。如今，拼多多的市值一路飙升。据统计截至 2023 年 7 月，拼多多年活跃买家数接近 9 亿。

（一）拼多多简介

拼多多是国内移动互联网的主流电子商务应用产品，它是专注于 C2M 拼团购物的第三方社交电商平台。用户通过发起和朋友、家人、邻居等的拼团，可以更低的价格，拼团购买优质商品。这旨在凝聚更多人的力量，用更低的价格买到更好的东西，体会更多的实惠和乐趣。通过沟通、分享形成的社交理念，形成了拼多多独特的新社交电商思维。

小贴士

C2M 简介

C2M 全称为 Customer-to-Manufacturer，是指用户直联制造商，即消费者直达工厂，强调的是制造商与消费者的衔接。事实上，它是一种“聪明”模式：在 C2M 模式下，消费者直接通过平台下单，工厂接受消费者的个性化需求订单，然后根据需求设计、采购、生产、发货。其主要包括纯柔性生产，小批量、多批次的快速供应链反应。

C2M 模式省略了库存、物流、总销、分销等一切可以省略的中间环节，砍掉了包括库存在内的所有不必要的成本，让用户以超低价格购买到超高品质的产品，同时让高端制造业直接面对用户需求。

2015 年 7 月，全球首家 C2M 电子商务平台必要商城上线。这是 C2M 模式（短路经济模式）首次应用在互联网电子商务中。以必要商城为代表的 C2M 电子商务平台，正带动汽车、家居、箱包、服装、眼镜等行业的一批企业向 C2M 模式转型。

资料来源：MBA 智库百科。

2015 年成立的拼多多，到 2017 年，全年 GMV（Gross Merchandise Volume，一定时间段的成交总额）就已经超过千亿元！取得上千亿元的成就，京东用了 10 年，唯品会用了 8 年，淘宝用了 5 年，而拼多多只用了 27 个月。之后，2018 年 7 月 26 日，拼多多在美国纳斯达克挂牌上市，再一次刷新了国内电商企业上市准备时间的纪录。

同样是电商企业，拼多多只用了 3 年就达到了其他很多电商企业用 5 年甚至 10 年才能达到的发展高度。

（二）拼多多的成功之道

拼多多的快速崛起不是偶然，而是在消费升级大背景下的必然。拼多多成功的根本原因在于，以拼团模式为主的消费模式，满足了人们在体验高质量生活的同时对于性价比的追求。

自从进入21世纪，互联网终端技术的飞速发展进一步提高了社交的频率和强化了社交的功能。在过去，人们的交往会受到时间和空间的限制，虽然电子通信设备的应用在一定程度上解决了这个问题，但网络的兴起却直接将不同地域串联起来，形成了一个沟通无距离的社会。而拼多多正是因为发现了这种主流社交方式的变化，并有针对性地进行了引导，才能在短短的3年时间里，抓住网络社交红利，成功上市并成为国内第二大电商企业。

不同于其他电商企业搭建平台，提供店铺信息供消费者挑选，提供商品供消费者购买的经营方式，拼多多在经营中还加入了拼单的元素。简单来说，就是消费者可以选择多人一起购买同一件商品，通过增加购买数量，降低商品的单位价格。如果说低价策略是拼多多的取胜之匙，那么社交电商就是其低价策略的有力后盾。

因此，拼多多的崛起在很大程度上要归功于微信好友的裂变式传播，即利用微信的去中心化节点进行精准的商品分发，实现“货找人”的目的。简单地讲，拼多多巧妙利用了微信平台的扩散作用，让用户主动帮它寻找有同样潜在需求的好友进行分享和拼单，实现精准的人货匹配和快速交易。

随着PC互联网时代向移动互联网时代过渡，人们开始更多地利用手机、平板电脑等移动网络终端进行网络购物。屏幕的缩小，意味着智能设备App的普遍性大幅提升，也正因为如此，App的娱乐和生活作用也随之加强。而拼多多在这个背景下，进一步强化了自身的娱乐和社交因素，这一点从拼多多的页面布局就可以看出。不同于传统的电商平台，拼多多并没有设置购物车功能，这就决定了用户不会单纯进行有目的性的购买，而是更多地进行浏览和分享，这样便减少了品牌的沉淀成本，并且能够促使用户快速决策，下小额订单。

拼多多的成功可以归结为以下原因。

第一，拼多多深入大数据、供应链、物流等关键环节，带动上游产业链的转型升级。以农产品为例，拼多多实现了农产品上行全流程信息物流联网，以严格的产地监测确保质量。未来拼多多还将努力实现对所有商品库存量单位（Stock Keeping Unit，SKU）进行全程管理，以技术手段规范质量源头。

第二，拼多多设立了精选机制。平台上的热卖商品均为运营部门筛选推荐，针对不同受众群体进行选品，基于个性化推荐系统，使商品尽可能贴合相应消费阶层的质量诉求。

综合可见，抓住社交红利让拼多多以“病毒式传播”的方式迅速扩散开来；而对商品质量的控制，解决了拼多多快速发展阶段口碑方面的后顾之忧。二者合一，才是拼多多取得成功的独家秘诀。

（三）拼多多的启示

拼多多的成功并不是偶然的，而是由于它对人们社交需求的把握，对网络传播的深刻认知，对商品成本和质量的有效协调，以及一些深层的原因，以下是拼多多给我们的启示。

1. 理念至上

拼多多的低价策略让很多人都认为，它的目标群体只是三线及三线以下城市的人群。实际上，拼多多针对下沉市场的发展战略，可以看作一种切入市场的针对性措施，目的是在竞争激烈的电商行业中争得一席之地。

自始至终，拼多多最核心的理念是把社交因素与电商巧妙结合。在成功占领了三线及三线以下城市的市场之后，拼多多的扩张并没有因为低价策略的限制而止步，反而逐渐在一线、二线城市提高着自己的影响力，这一切的根源都是“无社交、不电商”理念的作用。

无论是高收入水平人群，抑或三线及三线以下城市低收入人群，对于社交的需求都是一样的。拼多多一贯秉持的社交电商理念，对于人们的影响也是同步的。随着分布式人工智能的运用，拼多多也越来越多地用算法来智能、高效地匹配供需。

所以，拼多多给新媒体运营者的第一个启示就是理念至上。无论你选择的发展战略是怎样的，理念的作用最终将决定你的发展上限在哪里。

2. 勇敢者的游戏

在拼多多之前，我国已经存在两家电商行业的巨头，一家是阿里巴巴，另一家是京东；还有很多其他的具备一定规模和一定影响力的电商品牌，如苏宁、唯品会等。而对于高性价比电商模式，这些电商企业也不是没有进行过探索。例如，淘宝就有聚划算模块，但最终没有形成气候。而拼多多敢于在这样的市场环境下选择进军电商行业，并采用低价拼团策略作为主要切入点，正面对抗强大的对手以及失败的经验直至取得最终的成功，说明电商始终是勇敢者的游戏。相信自己的理念与发展战略，才能赢得最终的胜利。

二、小红书

在众多现象级流量平台中，小红书一直被用户视作商业潮流下的一股清流。当其他平台都在绞尽脑汁地思索并实践流量变现“套路”的时候，小红书一直作为点评分享平台活跃在用户的网络设备当中。于无声处听惊雷，当数据积累到一定程度时，带货的作用也会水涨船高。

（一）小红书简介

2013 年 6 月，小红书在上海成立。小红书是一个生活方式平台和消费决策入口。截至 2019 年 7 月，小红书用户数已超过 3 亿；截至 2019 年 10 月，小红书月活跃用户数已经过亿，其中 70％的新增用户是“90 后”。在小红书社区，用户通过文字、图片、视频笔记，记录了这个时代年轻人的正能量和美好生活。小红书通过机器学习对海量信息和用户进行精准、高效的匹配。小红书旗下设有电商业务。

（二）小红书的成功之道

小红书的成功得益于它的点评数据沉淀。

过去，人们在消费时，相比广告中出现的光鲜亮丽的商品，更倾向于选择熟人推荐的品牌。而在如今的网络时代，用户获取信息的渠道大大增加，但大家依然比较相信更多人选择的商品。因此，用户在购买商品（尤其是网购）时，会详细地查看商品的销售和评价数据。例如，月销量是多少、好评率是多少，这也是现在很多网店卖家为了一个好评绞尽脑汁地讨好消费者的主要原因。小红书与传统电商平台先销售、后评价的方式不同，它采用的是先“种草”、后销售的模式，利用少数具备较大影响力的“网红”或艺人，以及大量普通用户的评价，形成数据打造的“种草”势能，强有力地拉动商品的销售。

小红书上的内容基本是用户自己对某种产品的使用体验和生活技巧的分享，也被称为“距离消费者最近的内容凭条”。实际上，内容是小红书的命脉所在，毕竟分享没有成本。用户可以自由地在小红书上发布自己的消费体验和记录。

虽然内容的丰富造就了小红书的全面性，但同时也导致了内容质量的参差不齐。为了规范、管理用户发布的点评数据，小红书建立了自己独有的评分体系“小红心”，以及消费决策榜单“小红心大赏”。在用户发布了点评内容之后，小红书会让用户根据产品使用的具体情况，进行综合维度的评分，形成该商品的“小红心”；在各个品类的不同维度下推出“小红心大赏”榜单。

在评分体系的约束下，小红书的点评内容得到了合理的分类和规范，用户也可以通过搜索或者精准筛选找到自己需要的产品点评数据。

小红书的成功，并不只是因为发现并应用了点评内容、对用户的消费起到了引导作用，长时间积累的点评数据也是重要的因素之一。当相同的意见达到一定数量，即使事实并非如此，人们也愿意相信。而在小红书这样的平台上，对用户消费引导作用的强弱，与点评数据积累的多少有着紧密的联系。

例如，同类型的产品在小红书上进行销售，其中一个有着成百上千条的点评数据记录，其中并不都是好评，也有一部分评价认为该产品存在一些问题；而另一种产品，点评数据记录寥寥无几，但都是好评。对于用户来说，前者显然更加真实、有效。

小红书在进行点评数据沉淀的时候，也非常重视内容的挑选，所以我们在小红书上看到的点评大多都是图文并茂、内容翔实的。这也是为了保证点评数据的有效性而进行的操作。

当然，点评数据是用户“种草”的重要促进因素。但是，除此之外，名人的点评及推荐也是促进用户“种草”的一个非常重要的原因。发展至今天，小红书已经在商业化方面取得阶段性的结果，除了电商业务，其还与美妆、时尚、出行、汽车、母婴等领域的品牌展开了广告合作。从一个非营利性质的点评分享社区发展为一个综合的购物平台，小红书通过人与内容的有效结合，激发了用户各个方面的需求，从而成功实现了转型。

案例 9-1

小红书：线上线下循环驱动“新消费”

走在上海的大街小巷，咖啡店星罗棋布，“网红店”比比皆是。在实体商业受到新冠疫情影响的日子里，消费需求被转移到了线上。小红书上，宅男宅女们翻出手机里的美照，纷纷在线上“打卡”，绘成一张张“咖啡手绘地图”，更多人“种草”了。

这个消费循环并没有在线上戛然而止。2020 年 3 月，小红书联合上海的 OPS、一木家、铁手等十多家咖啡馆展开“手边的咖啡地图”话题活动。Bathe Coffee 2019 年 6 月在永康路开业，以洗浴的清新风与咖啡相结合，别具一格。受新冠疫情影响，门店客流量大幅下降，店主李惟沁 2020 年 3 月底在小红书上做了一场直播，收获众多粉丝，为线下生意复苏提前圈住了顾客。

通过“线上分享”消费体验，引发“社区互动”，并推动其他用户“线下消费”，“线下消费”反过来又推动更多“线上分享”的出现，最终形成一个正循环——这是小红书生活方式社区正在做的努力。这家总部位于上海新天地的互联网企业，拥有员工2000多人，它精准、有效地打通了线上线下的消费循环，所释放的“在线新经济”潜力不容小觑。

小红书联合创始人瞿芳更喜欢把这片“种草之地”称为“三次元社区”。在她看来，这个社区的独特性就在于，大部分互联网社区更多的是依靠线上的虚拟身份，而小红书用户发布的内容都来自真实生活。她说：“用户在平台上不论是找到了适合自己的口红，还是发现了想去的景点或餐厅，必须在现实生活中才能完成，这种新模式也帮助小红书成为‘爆款’和品牌的孵化器。”

如今，这种“来自生活又反作用于生活”的社区功能被再次验证，其连接的能力被进一步增强。仍以注重线下体验的咖啡店为例，数据显示，新冠疫情暴发后，小红书社区内咖啡“打卡”的笔记量有了明显增长，用户发布的“咖啡馆”“咖啡厅”“咖啡店”类笔记累计已超过50万篇，铁手、OPS等咖啡馆的“打卡”笔记均在1000篇左右，消费者的兴奋点、关注点、聚焦点被成功点燃，线下消费的信心和积极性被明显拉动。

上海正在打造“在线新经济”发展高地，抓住新模式、新技术成长起来的互联网企业，与实体经济之间的配合日益默契，足以创造出更大增量。就在2020年3月26日，路易威登在小红书进行商业化直播首秀，一次增粉2万人，这也是其进入中国市场近30年来首次通过互联网平台进行新品介绍的直播。在品牌方看来，小红书社区的强互动特质是品牌和消费群体对话的重要桥梁，也是在新冠疫情防控常态化条件下消费市场率先复苏的新尝试。

如今，线下商业大都恢复营业，小红书也有了新打算，在2020年4月中旬联合上海的TX淮海等百余家线下商业综合体和门店发起“打卡”活动，通过用户到店消费、线上分享笔记、笔记社区“种草”的闭环，带动消费的增长。

资料来源：今日头条。

三、快手

腾讯董事会主席兼首席执行官马化腾先生曾经对快手做出评价：“快手专注于为普通人记录和分享日常生活提供服务，拉近了人与人之间的距离，是我国移动互联网中一款非常贴近用户、有温度、有生命力的产品。”之所以这样说，是因为一方面快手上的短视频生活气息非常浓厚，用户观看时很容易产生代入感，所以说它是一款贴近用户、有温度的产品；另一方面，快手在带货方面的独特优势，使它能够直接创造经济价值，不会因为内容运营缺乏经济效益而衰落，所以说它是一款有生命力的产品。

（一）快手简介

快手是北京快手科技有限公司旗下的产品。快手的前身，叫作“GIF快手”，诞生于2011年3月，最初是一款用来制作、分享GIF图片的手机应用。2012年11月，快手从纯粹的工具应用转型为短视频社区，成为用户记录和分享生活的平台。

在快手上，用户可以用照片和短视频记录自己的生活点滴，也可以通过直播与粉丝实时互动。快手的内容覆盖生活的方方面面，用户遍布全国各地。在这里，人们能找到自己喜欢的内容，找到自己感兴趣的人，看到更真实、有趣的世界，也可以让世界发现真实、有趣的自己。

（二）快手的成功之道——普通人玩快手，“网红”带内容

快手真正以短视频平台的形式出现在市场上是在2013年，其前身是一款制作、分享GIF图片的手机应用。由于人们社交分享形式的发展和智能网络终端的逐渐普及，快手发现了短视频行业的商机，果断进军并做出了优秀的成绩。另外，快手成功还有一个原因，那就是私域流量。快手对私域流量价值的深耕，正在为普通人打开获取新一波互联网红利的大门。

在以私域流量为主的平台中，即使创作者的粉丝数不多，但只要有支持、喜欢并且信任他的粉丝，创作者依旧可以通过适当的运营手段，如直播带货、电商带货、广告、知识付费等多种方式变现。私域流量利于普通人变现，它的优势是流量稳定、变现可控。

其中，私域流量指的是能被内容创作者掌握的流量。它的主动权在个人，像微信公众号、朋友圈等都属于私域流量。

而微博、各大电商则属于以公域流量为主的平台。在这些平台上，内容创作者的流量几乎不受自己控制，依赖于平台的分发逻辑。作品的流量不稳定，也导致了变现难以掌控。在以公域流量为主的平台上，内容创作者作品的曝光度受限于平台的控制；可以说，他们的命脉被牢牢掌握在平台手中。这无疑会让创作者感到焦虑、不安，他们更希望主动掌控流量，时间一长，便慢慢转向快手等以私域流量为主的平台。

快手短视频带货能力强，效果也更容易评估。因为快手平台上有直接的购买渠道，带货的效果可根据商品销售的情况，清楚地分析出来。

更重要的是，短视频行业整体的流量在增长，快手更是堪称移动互联网时期继微信和微博之后的极大流量入口。各大企业都想依傍快手这个超级平台，生产出有价值的内容，进而与用户形成有效连接，获取内容和价值的变现。

快手上的“网红”大多走的是接地气的路线，但还是有很多不同的类型，这就意味着不同的“网红”吸引到的用户群体也是不同的。例如，年轻漂亮的“网红”，吸引的大多是对外貌有一定追求的用户；而才艺出众的“网红”，吸引的主要是有才艺方面喜好的用户。

所以，企业在选择“网红”进行带货的时候，要根据自己产品与“网红”类型的匹配程度进行衡量。假设企业销售的是一款美容类产品，那么青春靓丽的“网红”自然是首选。这样在带货的过程中，对外貌有一定追求的用户也会有更高的概率被影响。而如果销售同样的产品，企业选择与以才艺为主、形象一般的“网红”合作，那么在视频内容中，即使“网红”大力宣传，但由于其自身的条件和产品并不匹配，反而会起反作用，让人觉得这个产品的效果不过如此。这样会导致只有少数用户选择购买。

快手是一个全民平台，用户多代表市场广阔，但同样也意味着众口难调。而“网红”的存在给了快手一个划分用户特点的良好契机。通过“网红”的气质、特点，新媒体运营者可以直观地分析出他的粉丝群体是什么类型。然后根据这个分析结果，有针对性地选择合作的“网红”，就可以确保产品有效地到达目标消费者面前，发挥良好的带货作用。

（三）快手的启示

短视频虽然是一个新兴行业，但国内的各种相关平台层出不穷，都想要瓜分行业红利。那么，

在众多竞争对手中，快手是如何做到名列前茅的？这中间有很多需要新媒体运营者学习的地方。

1. 细节决定成败

快手有一个口号，叫作“记录世界，记录你”，这一口号充分显示了快手对用户的尊重。快手把自己放在了一个工具的位置，用户才是这个应用的主体。而在抖音的口号“记录美好生活”中，更多的是把内容放在了主位。同时，快手也是在强调用户的个性，你就是你，真实而独一无二，我们要记录的也是这个充满个人风格的你。在这种尊重的前提下，用户可以更加自由地展示真实的自我，抒发真实的感情，而真情实感最终又能够让用户自发地生产出高质量的内容。

其实对用户的尊重只是一个小小的细节，其他短视频平台虽然没有明确表示出来，但在实际使用中也会让用户有同样的感受。但快手胜在它把这种尊重直白地表达了出来，让人们直截了当地感受到这种尊重，从而让人们更加偏爱这个平台，这就是细节的力量。

从平台对作品的偏好来看，抖音平台上经过前期设计和后期精心剪辑的内容更加受人欢迎，所以很多 MCN 旗下的“网红”可以在抖音上成名。而快手对于普通人原创的内容更加偏爱，能够让真正的“素人”在平台上走红。

对普通用户的尊重和友善，让快手成为一个有温度的短视频平台，业界对此有口皆碑。

2. 参与感

短视频平台是一个用户创作、用户观看、用户分享的平台，在这个过程中，用户是永恒不变的主题。短视频平台想要保持用户创作的持续性，就需要让用户在制作、分享的过程中，得到心理满足感。而满足感和参与感是成正比的，用户的参与感越强，最终获得的满足感也越强。而用户在观看、制作的过程中收获了参与感和满足感，就会“反哺”优质内容，这是一个正向循环。

当用户在快手平台上发布视频的时候，视频作品上会有明确的作者名称，这也就意味着在视频作品上会打上强烈的用户个人标签。除此之外，在视频页面还会有直观的点赞、评论数据统计，视频制作者可以随时看到数据的变化，增加自己的成就感。

3. 有温度

快手至今也没有醒目的分栏标签，也不会有“大 V”平台推荐，更多的是普通人在快手上记录日常生活的点滴片段，可能是记录自家孩子叫的第一声爸爸，或者自己反手扣了一个漂亮的篮，也可能是终于又完成一幅石刻……

“普惠”是快手词库里最近常提及的词语，快手对于大众而言不只是一个展示的平台，许多人通过在这里分享和记录生活，找到快乐。这种快乐，每一个人都可以拥有。无论是在写字楼格子间工作的白领，还是在高空作业的“蜘蛛侠”，在快手上并没有职业的区别和年龄的界限，只要用户愿意，都能在快手上找到自己的一方天地。

当年创始人宿华给快手制定了这样的基本原则——给普通人用，没有名人导向，不捧红人，做一只隐形的手。他将这种原则应用在快手的算法上，相对公平地推荐分发机制和注意力分配原则，让每个人都有机会被看到。换句话说，快手的算法是有价值观的。

技术使得每一个微小的生活片段都能被找到和被认可，每个用户都可以在快手上得到世界的关注，消减一点儿孤独感，提升一点儿幸福感。这就是快手的温度，也是快手成为知名带货平台之一的根源所在。

第三节　带货的策略

人口红利消失，消费需求饱和，消费市场已经从“增量时代”开始迈入“存量时代”，企业的增长也进入存量竞争的时代。在这场博弈中，纯粹的电商模式显然不如娱乐化、社交化的营销方式更有吸引力。借助移动互联网工具产生的多种新带货模式，正在成为这个时代企业生存、发展和竞争取胜的方式。谁能够更好地利用这些带货模式，谁就是这场竞争的胜者。

一、无条件相信年轻人，并允许试错

年轻人从来都是社会的新生力量，他们有着更新的消费观念，也有着更新的文化和社会价值观念。新媒体时代的年轻人，对于当下的商业社会非常重要。他们人数众多而且手头宽裕，所以他们既是未来市场上的消费担当，也是企业中负责创新和发展的中坚力量。

因此，我们要相信年轻人对市场消费趋势的判断，要相信他们的消费能力，把更大的市场留给年轻人。同时企业也要敢于把更多的权力交给本企业的年轻人，相信他们对年轻人市场的理解和判断，给他们一些试错的机会，让他们有更多的创新和突破。给年轻人更多信任，就等于给企业更多机会。

（一）无条件相信年轻人

信息时代正在让人类社会从前喻文化迈向后喻文化，这就意味着新媒体时代的年轻人，已经具备接管商业世界话语权的潜质。企业要想让自己的品牌和产品被新媒体时代的年轻人接受，除了要相信年轻人对消费趋势的判断和其消费能力，更重要的是，要大胆地在企业中起用年轻人，让年轻人做年轻人的营销，因为年轻人才更了解年轻人的需求。这样才能让企业与时俱进，占领全新的市场。

（二）允许试错，企业在试错中成长

许多企业害怕犯错，不敢尝试，担心自己“玩不起”。但是，可以毫不夸张地说，绝大多数企业都是在不断地试错中成长起来的。尤其是在移动互联网时代，面对一些新玩法，如果企业不去主动尝试，就不会知道这个玩法是否适合当前年轻人的市场。尤其是对于创业公司来说，不断试错、不断迭代，是成长的必经之路。

“失败乃成功之母”，每个成功的认识都源于无数次失败，每个正确的结论都来自无数次的试错。一个企业也是如此，无论是产品开发还是市场营销，甚至创业者的创业模式，可以说每一次成功的背后，都会有若干试错的过程。

1. 产品开发上的试错

从研发到做出成品，一定要经过反复地试错、迭代，才能成功。将产品推向市场后，还要继续接受市场的检验，这个过程也是一个试错的过程。从某种程度上来说，产品研发本身就是一个试错的过程。

一款普通的方便面产品都需要经过很多次的尝试、试错，才能最终成为成品走向市场；那么对

于更为复杂的产品来说，要经过多少次试错才能成功也就可想而知了。所以，不要害怕试错，没有哪款产品是不经过试错就可以做得出来的。

2. 业务模式上的试错

在拓展新业务的同时，停止不合适的业务，一边扩张、一边试错，是整个中国互联网行业通用的逻辑。所有的产品和模式，在推向市场之前，运营者并不知道它们行不行。市场有自动纠错功能，到市场上一检验，自然就知道了，尤其是对于创业公司来说更是如此。

在互联网领域，所有企业，无论规模大小、实力强弱，都是在不断试错的过程中完成了自己的扩张。实力较弱的中小企业是在一个赛道上，一个项目、一个项目地试错；而实力雄厚的企业可能同时在几个赛道上试错。

3. 市场营销方式上的试错

一个产品能不能成功占领市场，市场推广和营销在其中占据非常大的比例，有时候甚至会超过产品本身。在产品的推广方式上，更是有着诸多方式上的创新，而每一次创新都是从无数次试错中总结出来的。

营销从来没有一个绝对正确的方式，只有更合适的方式。在移动互联网时代，营销创新的赛道变得更加宽广。所以，相信年轻人，鼓励年轻人大胆创新，允许年轻人试错，是这个时代应该赋予年轻人的权利，也是企业应该赋予年轻人的权利。

乔布斯说过："试错比前进更重要。"试错是前进的基础，每一个在竞争中出局的产品、项目或者营销方式，都是此后不断改进和调整的基础和动力。只有经历这个过程，最终才能得到最适合市场的答案。

二、小步快跑，快速迭代

在移动互联网时代，迭代的速度很快。因为用户的心智在飞速变化，如果跟不上用户的需求，企业就会被淘汰出局。在移动互联网时代，企业如果不前进，那么不是停止也不是后退，而是死路一条。

（一）迭代，让产品走在趋于完美的路上

迭代就是重复反馈过程的活动，每一次对过程的重复就是一次迭代，每一次迭代的结果都是下一个过程的开始。简单来说，产品的迭代就是根据用户的反馈不断调整产品的质量，从而让产品更符合用户的需求，为用户提供更好的服务。同时，产品迭代的过程也是一个不断发现问题、解决问题的过程，在这个过程中，项目失败的风险也会降低。换句话说，迭代是产品在走向完美的路上不断改进升级的过程。没有一个产品从一开始就是完美的，只有在投放到市场上接受用户的检验之后，根据市场的反馈进行不断调整，产品才能逐渐趋于完美。产品要根据这些外界的变化随时进行更新迭代，这样才能保证拥有持续的市场竞争力。

（二）瞄准最简单的需求，快速冲到第一

任何产品都不可能一下子做到完美，所以在迭代的时候，不需要把产品所有的缺陷都改正之后再迭代，那样需要太长时间，或者根本无法做到。迭代需要小步快跑，瞄准消费者在某一方面的需

求，然后在产品相关的细节上作出调整和改进，快速升级然后推向市场。这样才能以最快的速度，第一时间在这个领域占领第一的位置，甩开其他产品。

迭代既包括产品的迭代，也包括项目和经营模式的迭代。无论是拥有多个项目、在多条轨道发展的大企业，还是依靠一个项目打天下的创业企业，在项目和经营模式的选择上，都需要一个不断试错、不断迭代的过程。

（三）天下武功，唯快不破

生意的好坏，并不完全取决于商品利润的多少，而是能不能快速周转。很多看起来利润很少的生意，只要快速周转、小步快跑，也会获得很好的商业回报。而不少看起来利润很高的生意，则会因为周转不起来，最终变成“高收入的穷光蛋”。互联网竞争的最大利器就是快。只有快跑，才能不被落下。

1. 消费者永远期待更新的东西出现

如今是新媒体时代，用户的思维更加敏捷，更愿意尝试新东西、新事物来满足自己的需求，同时也愿意为新生事物的试错买单。在这样一个用户心智飞速发展的时代，唯有与时俱进、不断迭代，才能跟上用户的心智发展，跟上用户的需求。

新媒体时代的年轻人愿意接受挑战，喜欢尝试，只要你敢卖，他们就敢买。所以，快速的迭代是抓住这股新生代消费力量的重要手段。

2. 网络和科技的发展为快跑提供了条件

移动互联网的出现带动了社会的飞速发展，而随着5G时代的到来，流量、信息、数据的获取都会变得很简单，甚至瞬间即可完成。在这样的大环境下，很多互联网企业借助人工智能、虚拟现实、大数据、互联网的加持，以人们无法想象的速度在飞速发展。其实，除了互联网企业，许多传统企业也已经发现了快速迭代的秘密，从而走上了快速迭代的道路。

网络和科技的发展，为产品更新迭代提供了越来越好的环境和条件。消费者观念的变化，为产品更新迭代提出了越来越多的要求。在这个时代，产品只有不断更新迭代，才能不被时代落下。

在这个时代，企业的速度决定了企业的高度。产品不断更新迭代，才能满足消费者持续变化的需求，所以快速迭代是这个时代企业发展的必经之路。在网络、科技和消费者心智都飞速发展的情况下，唯有快速迭代，才能抢占市场。

三、立足于品类属性、企业人设及企业家人设

产品是企业存在的价值证明，销售产品、获得利润是企业能够生存和持续发展的重要前提，也是企业经营的最终目的。但是，要想做好销售，首要的一点就是做好营销工作，而企业的营销工作包括品类属性、企业人设和企业家人设。

明确产品的品类属性，能够帮助企业迅速找到市场定位和消费者的定位；管理和利用好品牌资产，能够帮助企业的新产品在市场上获得生存的机会，提高旧产品的销量；立好企业的人设，能够创立一个正面的企业形象；建立企业家人设，能够为企业赢得好的口碑，甚至产生粉丝效益。

（一）品类属性

明确品类属性是企业开展营销的第一步。只有找准了产品定位，才能将产品顺利地推到目标消

费者面前。

品类是指产品的一个类型，是目标消费者购买产品的单一利益点。例如，茶和酒属于饮料品类，但饮料品类中除了茶和酒，还有奶茶和果汁等。品类还能进行细分，如茶下面还能分绿茶和红茶等子品类，酒下面还有啤酒、白酒和红酒等子品类。属性是指产品的本质和功能，是目标消费者购买产品的主要原因。如茶的属性，能解渴、修养身心等，消费者购买茶也是看中了它能够为自己带来的利益或者能够满足自己的需求。

品类属性是指在某品类产品的目标消费者心智中，直接反映出的事物所能提供利益的集合。品类属性是按照相关的消费者群体的感知、需求和利益生成的，它会对品类产品的所有营销活动形成一定的约束力。消费者在商场看到某些商品时，脑海中会自动出现其品类属性信息。如果它与自己的需求和利益相关，就会产生购买行为；如果它与自己的需求和利益不相关，消费者就会放弃该商品。品类属性有一个很大的特点就是继承性，即最大的品类或者说母品类的最基本属性会遗传给下面所有的子品类。例如，饮料中，茶、果汁和可乐等子品类最基本的解渴属性来自矿泉水这个母品类的最基本属性，只是茶、果汁和可乐等又在最基本属性的基础上有了自己独特的属性。彼此不同，各有价值，才使每个饮料子品类都在市场上获得了一席之地。

如果不重视产品的品类属性，从研发开始就难以对新产品有一个精准定位；而在产品营销的时候也无法依据品类属性去为产品设计宣传内容、定位目标市场和寻找目标消费者。不仅营销容易失败，产品也很容易被市场淘汰出局。

确定产品的品类属性要在产品的共性与个性之间找好平衡点。所以企业要敏锐地认识到自己的产品基于哪个品类、有何种基本属性、应该有什么独特的属性、目标市场是什么等，再依据这些去制定营销策略，开展营销活动。例如，智能手机最基本的属性是通信，如果企业研发出来的拍照手机、音乐手机、商务手机等都没有手机基本的通信功能，有个性、无共性，那么该商品“必死无疑”。

（二）企业人设

打造和营销好企业的人设是企业获得社会认可和可持续发展的重要条件之一。只有具备一个正面的形象，经营的定位又非常清晰，加之生产的产品主题明确，企业才有可能被消费者认可。

企业人设指的是企业对外展示的形象，消费者会以此对企业产生相应的看法和态度。企业人设包括企业的产品定位、市场定位和社会定位。产品定位即企业经营的产品主题，如华为手机的产品定位是国货品牌；市场定位即企业在市场上的主要存在意义，如一提到公牛集团，消费者立即就会联想到生产王牌插座的企业；社会定位即企业在大众心目中的形象，如在天灾面前，很多企业会对灾区人民伸出援助之手，这些企业就会被大众熟知并记住。

企业的人设远比想象中重要。它需要用心经营，而且在经营成功之后，还能够反馈到产品的销售上，使产品的营销变得更加轻松、有效。

企业的人设必须保持住，要永远与企业的品牌、企业的主题一致，才能保证企业有基业长青的机会。当企业在市场上有了一席之地，企业人设定型后，才可以在企业人设的基础上做产品营销。这样既可以提高产品销量，也可以为企业人设进行更进一步的定位。

关于利用企业人设进行营销，有一点需要注意，当消费者已经在心里认定了企业的人设之后，千万不要尝试去突破，做出与企业人设不符的战略。例如，曾经很成功的某品牌洗发水在防脱发洗发水领域占得半壁江山之后，却调整企业人设，推出了一款同名可乐，结果惨败。因为这家企业的人设已经在消费者心目中根深蒂固，一提起该品牌，大家想到的就是防脱发洗发水。所以，当同名可乐推出之后，消费者最直观的感受就是，看到可乐就想起了防脱发洗发水，这样的企业人设转变注定会以失败告终。

（三）企业家人设

企业家人设与企业人设是相辅相成的，尽管现在很多人认为不应将企业家和企业捆绑在一起，但二者之间的关系却很难割裂。

每个企业都有一个代表人物，一般是企业的创始人。他们是企业的灵魂人物，一言一行都被大众关注，这也直接影响着企业的经营和消费者对企业的态度，如华为的任正非。

如同企业的产品在研发设计的时候就已经有了大致的市场定位一样，企业家最初在面对大众时往往也会有一个相应的形象，当这个形象固定在消费者心目中时，企业家人设就建立起来了。企业家人设与企业以及企业产品之间的关系是密不可分的，因为很多时候，企业产品的定位都是企业家想法的投射。企业家的人设多种多样，无论是何种人设，只要建立起来了，就可以从不同人设的不同特点入手，以此为立足点来为企业和产品营销。任正非向来低调，但是，当人们看到他为数不多的采访及谈话片段之后，几乎都会被他“圈粉”。在消费者眼里，任正非的人设就是民族企业家，所以他对华为产品的介绍，都能够引发消费者对产品的关注和购买。由此可见，当企业家有了稳定、正面的人设之后，一定要好好经营，并要通过这种人设给企业的营销带来无形的正面影响。如果出于某些原因导致企业家人设崩塌，也不能自暴自弃，而是应该及时做好危机公关，尽最大努力去重新树立正面人设，把对企业造成的负面影响降到最低限度。

四、赢家通吃，头部效应

在企业的经营中，只有在行业中拥有更高的地位，才能获得更多的关注和收益。这就是企业利润的守护神——头部效应。

严格来说，对“头部”最准确的解释是：“企业所在赛道里的高价值并且有优势的领域。”而所谓的头部效应，指的是企业在经营的过程中，通过合理地认清高价值的行业头部位置，从而获得发展优势的过程。

头部企业相比同行业其他企业，具有三种突出的优势。

首先，从消费者的角度来看，随着收入水平的逐渐提高，大多数人在消费时不再只是单纯地比较价格，而是开始更多地考虑产品的使用体验。而在这种转变中，企业的名气和口碑也在逐渐发挥越来越重要的作用。虽然品牌的名气不能完全代表产品的质量，但在某种程度上，口碑可以证明消费者对它的认可程度。而消费者在购买某种产品的时候，除了自己实际的体验，最具有影响效力的就是别人对产品的评价。在这种情况下，品牌名气越大的企业，口碑方面自然也越有保障；正是因为如此，名气大的企业才更容易有优秀的销售业绩，从而获得大量的利润。

其次，从企业自身的角度来看，在大多数情况下，企业的名气与规模是成正比的，而规模与资本也是成正比的。这就意味着，排在行业前列的企业的规模通常也较大，自身建制也会相对完整，最重要的是大型企业往往拥有强大的技术研发或者产品开发团队。与此同时，大型企业能够动用的发展资本也远超其他小型企业，所以大型企业能够提供充足的资源和资金辅助技术以及产品的创新进步。在这个基础上，头部企业开发的产品，无论是从质量还是前瞻性方面，都能比其他企业占据更多的优势，从而吸引更多的消费者消费。

最后，从整个行业的角度来看，头部企业在自身所处的行业中，地位等同于羊群中的“领头羊”，行业整体发展的方向和趋势大都是由头部企业引领的。因此，无论是产品的更新迭代，还是销售渠道的拓展，大多数企业都只能跟随头部企业的脚步进行调整。

在当今的市场环境下，头部企业所具备的三种优势，能够更加有效地吸引消费者。所以，从当下到未来，对于头部效应的追求和实现，应该是企业经营中需要着重考虑的课题之一。

五、用足品牌推广的红利期

企业的品牌要经过一定时间才能形成，形成品牌之后，企业的产品才能够在目标市场上得到大部分消费者的认可和喜爱。当消费者想要购买某一品类的产品时，首先想到的就是市场上的相关品牌。例如，买插座时想到的是公牛，买空调时想到的是海尔和格力，买国产手机时想到的是华为、小米、vivo、OPPO 等。

企业有了口碑，有了品牌，就有了品牌资产，品牌资产也是企业固有的一种资产。如果能够利用品牌资产为新研发的相关产品做营销，既能为新产品打开销路，也可以很好地管理品牌资产，双管齐下。不仅可以加快企业品牌的传播，也可以加深消费者对品牌的认可度和忠诚度。

如果企业不重视对品牌资产的经营，即使品牌曾经很受消费者认可，企业也很可能在激烈的市场竞争中失去先机。所以，企业必须具备“品牌资产需要进行维护和提升”的危机意识，这样才能保证消费者不会遗忘自己的品牌。建设和经营企业品牌的方法有很多，当一个新建品牌刚被推向市场时，有一个有限的时间窗口，企业如果能够抓住该时间窗口对市场进行攻击，为自己的品牌做宣传，将品牌推广出去，就能顺利地在市场上生存下来。当一个现有品牌旗下的产品或者所处的相关联的行业，有很高的热度和很强的话题性时，如果企业能够站在热度的风口眼疾手快地为自己的品牌开展推广活动，提高品牌的知名度，那么对品牌日后的发展是很有利的。

这两种情况都是利用品牌推广的红利期，企业抓住红利期能提高品牌曝光量，迅速占领市场或者开发更大的市场。因为红利期流量大，消费者会不自觉地去关注相关品牌信息，这就能够为品牌带来更高的曝光率，将品牌更深地植入消费者心智。

（一）抓住红利期，快速开展品牌推广

推广是指企业通过某些渠道将品牌信息告诉消费者的行为，目的是使消费者快速了解产品的优势和特点，能够认同产品的价值。品牌推广是品牌营销系统中最核心的环节，是通过广告、宣传活动等方式在线上、线下传播品牌，从而让更多的人认识企业的产品或服务，使企业的核心理念到达受众方。

红利期是指某行业、某品类正处于受到社会大众关注的时期，有足够的话题性和巨大的流量，如现在的电商行业、短视频行业和直播行业，以及 5G 手机和生活型人工智能等。用足品牌推广的红利期指的是企业在新建品牌时间窗口期间通过全渠道去推广品牌，对市场进行饱和式攻击，迅速占领市场；企业利用相关行业、相关品类在当下拥有的热度大力宣传现有品牌，提高消费者对品牌的认知度。

品牌推广不仅是对品牌标志的推广，还是对品牌形象的传播，将品牌的核心价值观传达给消费者，在提高品牌知名度的同时使消费者对企业有一个准确的认识。品牌推广包括推广的内容和推广

的媒介，即企业想要通过什么渠道将什么信息传递给消费者，内容设计的有效性和媒介选择的准确性都影响着推广效果。如果品牌推广时的内容质量低下且方式不恰当，品牌信息就难以引起消费者的重视，通过各个渠道发布的广告也会在信息的海洋中逐渐被蒸发。

对于新建品牌而言，快速把握和抓住重要的市场时间窗口进行饱和式攻击，迅速进入消费者心智、扩张市场份额，是品牌生存下来的机会，是企业能够在最短的时间内得到发展、壮大的最佳捷径。

（二）如何用足品牌推广的红利期

企业要如何用足品牌推广的红利期，如何在时间窗口期间为企业赢得发展机会，在红利期时帮助企业更上一层楼呢？

一是对品牌推广的内容进行设计，保证传达给消费者的信息是有用的、有效的和高质量的。在设计推广内容时，既要与新建品牌的特性、红利期的话题紧密贴合，又要符合品牌精准的定位，狠抓质量，将品牌的优势传递给消费者，最大限度地保证消费者能够被这些信息吸引。

二是注重品牌推广的渠道，在时间窗口时期，企业最好利用全渠道做宣传，力求让广告信息多出现在消费者眼前，让其被动接收信息来引起其对品牌的兴趣，最后让其主动接收信息及了解品牌。在某些行业品类有高热度时，企业可以依据现有品牌特性，结合渠道特性来设计和策划，将优质的内容推到消费者面前。

推广要在线上和线下同时进行。线下如张贴社区海报、承包街道电子屏幕和开展宣传活动等；线上就是利用网络自媒体来传播，如各种网站的网页、微信、电商平台、短视频平台和直播平台等。

思考题

1. 简述带货的含义。
2. 简述带货平台的类型。
3. 简述企业要如何用足品牌推广的红利期。
4. 简述企业应该怎样让用户自发传播。
5. 简述什么是私域流量。

课后实训

抖音带货

实训目的

能够初步学会运用抖音营销实现产品转化。

实训内容

内容营销时代，单刀直入地硬性推广产品及品牌已经很难取得预期效果，创造打动人心的优质内容并运用合理的带货策略才是抖音营销的关键所在。

（1）由教师介绍实训的目的、内容，调动学生实训的积极性。

（2）由教师布置模拟实训题目。

①秀出产品，直接展示。当产品本身在某一方面具有一定的优势，可以引发话题讨论时，企业在开展抖音营销的过程中可以直接展示产品。

②策划周边，侧面呈现。如果产品本身缺乏特色，和竞品基本处于同一水平，此时，企业可以从其周边产品着手，通过策划周边，侧面展示产品的营销价值。

③挖掘用途，产品延伸。对产品用途的深度挖掘也能帮助企业更好地营销推广。

④聚焦优势，夸张呈现。聚焦优势和直接展示产品颇为类似，它强调对产品具有的一个或少数几个优势，以适度夸张的手法进行展现，从而给目标用户留下深刻的印象。

⑤借助场景，尝试植入。将产品或品牌植入场景，尤其是人们的某种生活场景，可以激发人们的情感共鸣，从而刺激冲动消费及口碑传播。

⑥呈现口碑，突出火爆场景。通过呈现口碑来对产品进行营销推广远比一味地强调产品多么优秀要有效得多，而产品热卖的火爆场景是呈现口碑的有效手段。

参考文献

[1] 张克夫，李丽娜．微信营销［M］．上海：同济大学出版社，2020.

[2] 刘伟．H5 移动营销［M］．北京：清华大学出版社，2018.

[3] 叶龙．新媒体引流完全操作手册［M］．北京：清华大学出版社，2019.

[4] 王冠雄，张从祥．超级带货［M］．北京：机械工业出版社，2019.

[5] 杜一凡，胡一波．新媒体营销：营销方式＋推广技巧＋案例解析［M］．北京：人民邮电出版社，2017.

[6] 白东蕊，岳云康．电子商务概论［M］．4 版．北京：人民邮电出版社，2019.

[7] 曾卉．互联网大数据营销［M］．北京：清华大学出版社，2023.

[8] 李昕．全能运营：新媒体营销和运营实战手册［M］．北京：清华大学出版社，2019.

[9] 龚铂洋．左手微博右手微信 2.0：新媒体营销的正确姿势［M］．北京：电子工业出版社，2017.

[10] 袁国宝．抖音营销［M］．北京：电子工业出版社，2019.

[11] 勾俊伟，哈默，谢雄．新媒体数据分析：概念、工具、方法［M］．北京：人民邮电出版社，2017.

[12] 王子超，吴炜．抖音短视频运营全攻略［M］．北京：人民邮电出版社，2020.

[13] 王玮．网络营销［M］．2 版．北京：中国人民大学出版社，2022.

[14] 王震．网络营销与网上创业［M］．北京：首都经济贸易大学出版社，2020.